복 있는 사람

오직 여호와의 율법을 즐거워하여 그 율법을 주야로 묵상하는 자로다.
저는 시냇가에 심은 나무가 시절을 좇아 과실을 맺으며 그 잎사귀가 마르지 아니함 같으니
그 행사가 다 형통하리로다.(시편 1:2-3)

내가 자랑하는 복음

D. Martyn Lloyd-Jones
I Am Not Ashamed

내가 자랑하는 복음

마틴 로이드 존스 지음 | 강봉재 옮김

복 있는 사람

내가 자랑하는 복음

2008년 11월 21일 초판 1쇄 발행
2022년 3월 14일 초판 11쇄 발행
지은이 마틴 로이드 존스
옮긴이 강봉재
펴낸이 박종현
(주) 복 있는 사람
서울특별시 마포구 연남동 246-21(성미산로 23길 26-6)
Tel 723-7183(편집), 723-7734(영업·마케팅)
Fax 723-7184
hismessage@naver.com
등록 1998년 1월 19일 제1-2280호

ISBN 978-89-90353-91-7

I Am Not Ashamed
by D. Martyn Lloyd-Jones

Copyright © 1994 by Elizabeth Catherwood and Ann Desmond
Originally published in English under the title *I Am Not Ashamed*
Published by Hodder and Stoughton Limited
338 Euston Road, London, NW1 3BH, England.
All rights reserved.

Translated and used by the permission of Hodder and Stoughton Limited
through the arrangement of rMaeng2, Seoul, Korea.
This Korean edition Copyright © 2008 by The Blessed People Publishing Co., Seoul, Korea.

이 책의 한국어판 저작권은 알맹2 Agency를 통해 Hodder and Stoughton Limited와 독점 계약한 (주) 복 있는 사람이 소유합니다. 저작권법에 의하여 한국 내에서 보호를 받는 저작물이므로 무단 전재와 복제를 금합니다.

차례

서문	9
1. 인생의 문제	13
2. 진정한 기독교	47
3. 올바른 진단	81
4. 인간은 어떤 존재인가	113
5. 우리 구주 그리스도	143
6. 하나님의 변함없는 뜻	173
7. 하나님의 구속방식	199
8. 풍성한 삶	227
9. 두려움에서 해방되다	255
10. 그날	289
11. 확신하노니	317

서문

"불붙은 논리! 마음을 움직이는 이성!" 이는 저의 할아버지 마틴 로이드 존스 박사가, 이제는 고전이 된 자신의 저서 『설교와 설교자*Preaching and Preachers*』에서 설교의 본질을 묘사하기 위해 사용한 두 가지 표현입니다. 이 두 가지 표현은, 그분이 1964년 웨스트민스터 채플에서 디모데후서 1장을 본문으로 전하신 전도설교의 스타일을 매우 정확히 묘사하고 있습니다.

마틴 로이드 존스는 항상 "박사님!"이라는 정감어린 애칭으로 불렸는데, 이보다 더 적절한 호칭은 없다는 생각이 듭니다. 무엇보다 그분은 신학박사가 아닌 의학박사였으며, 이로 인해 그분의 전도설교는 독특하면서도 예리하다는 평판을 얻었습니다. 그분은 성 바솔로뮤 병원에서 저명한 내과의사인 호더 경卿의 지도를 받아 1921년에 의학사MB와 외과의학사BS 학위를 취득했습니다. 그 후

의학박사MD를 취득함과 동시에 왕립내과의원의 회원MRCP이 되었습니다. 1923년에는 스물세 살의 나이로 호더 박사의 수석 임상조교가 되었습니다. 당대 최고의 진찰 전문의였던 호더 박사는 모든 제자들에게 자신의 사고방식을 전수했습니다. 그분은 수제자인 마틴 로이드 존스에게 자신의 소장도서 중, 지본Jevon이 써서 유명해진 「과학의 원리: 논리적이며 과학적인 방식에 대한 논문Principles of Science: A Treatise on Logical and Scientific Method」라는 책을 선물로 주었습니다. 그러나 로이드 존스 박사는 1927년 고향인 웨일스로 돌아가 애버라본Aberavon에 있는 교회의 목사가 되었습니다. 하나님이 복음을 설교하라고 자신을 부르셨다고 생각했기 때문입니다. 1938년에는 런던의 웨스트민스터 채플의 목사가 되어 1968년까지 사역했습니다.

비록 그분은 장래 유망한 의사의 길을 버리기는 했지만 세상을 떠날 때까지 의사의 관점에서 생각했습니다. 달라진 것이라고는 질병이 아닌 영혼을 치료하는 의사가 되었다는 점입니다. 그분은 호더 박사에게서 배운 원리들을 병동이 아닌 강단에 적용했습니다. 로이드 존스 박사는 기독교가 무엇보다도 합리적이라고 생각했습니다. 그분은 애버라본에서 사역을 시작한 지 얼마 되지 않아 웨일스 사람들이 감동은 쉽게 받지만 마음은 좀처럼 변화되지 않는다는 사실을 알았습니다. 그래서 그분은 설교할 때 "그들의 피부에 직접 와 닿으며 촉각을 다툴 만큼 중요한" 메시지를 전했습니다. 그분은 당시 대다수 목사들이 구사하던 현란한 수사修辭를 의도적으로 피했습니다. 기독교는 하나님의 진리였고, 이 세상의 문제들과 기독교의 주장에 귀를 기울였던 사람들의 문제들에 대한 유일한 답이었습니다.

그 까닭은 로이드 존스가 진료했던 바솔로뮤 병원의 환자들이 아파서 신음했듯이, 하나님을 믿지 않는 사람들 또한 신음하고 있었기 때문입니다. 그들에게는 치유가 필요했습니다. 십자가에 달리신 예수 그리스도로 말미암은 구원을 통한 치유 말입니다. 하지만 그들에게 가장 시급한 것은 스스로 자신들의 필요를 바라볼 수 있도록 돕는 일이었습니다. 그래서 로이드 존스 박사는 언제나 사람들이 볼 수 있는 세상—길을 잃고 헤매며 도무지 소망 없는—을 언급하며 설교를 시작했습니다. 인간은 항상 나름의 다양한 해결책을 내놓았지만 그것들은 실패로 끝났습니다. 그렇다면 이제 어떻게 해야 할까요? 문제의 근본 원인은 무엇일까요? 그것은 인간이 하나님께 반항하여 죄인이 되었다는 것입니다. 이제 문제를 정확히 진단하고 엉터리 처방을 버려야 할 때입니다. 로이드 존스 박사는 호더 박사에게서 배운 빈틈없는 논리를 사용해 설교를 듣는 사람들에게 독생자 예수 그리스도를 통한 하나님의 구원 약속만이 유일한 해결책이 된다는 증거를 제시하곤 했습니다.

이 방법론이 마틴 로이드 존스의 설교를 누구도 흉내 낼 수 없을 만큼 독특하게 만듭니다. 특히 이 책에 수록된 설교들을 돋보이게 합니다. 로이드 존스의 의사로서의 다른 면모는 그분이 디모데의 기질—종종 "소심한 디모데"로 불리는—을 다루는 방식에 나타나 있습니다. 저의 할아버지가 논증하듯이, 기질과 성품이 중요하기는 하지만 이른바 기독교적 유형이라는 것은 없습니다. 복음은 사람들의 기질과 상관없이 모든 사람을 위해 있습니다. 무엇보다도, 바울이 로마 감옥에서 디모데에게 편지를 썼을 때나 지금이나 복음의 메시지는 변함없는 진리입니다. 바울은 예수 그리스도의 복음을 부끄러워하지 않았습니다. 오늘날 하나님의 백성 된 우리 또한 그렇습니다.

1985년 6월
크리스토퍼 캐서우드

※ 이 책에 수록된 설교의 원본은 당시 로이드 존스의 비서였던 버니 여사(Mrs. Burney)가 기록한 것입니다. 저의 할아버지가 세상을 떠나면서 가족들에게 남기신 설교 원본을 편집하고 각색한 끝에 이 강해서가 세상에 모습을 드러냈습니다. 이 책이 출간되기까지 저는 할머니 베단 로이드 존스와 할아버지의 장녀이자 저의 어머니인 엘리자베스 캐서우드로부터 정말 큰 도움을 받았습니다. 이 자리를 빌려 두 분에게 깊은 감사를 전합니다. 우리는 마틴 로이드 존스가 생전에 사용한, 각 설교의 도입부에는 있지만 책으로 출간하는 데는 불필요한 반복을 없애는 방식을 고수했습니다. 그렇지 않았더라면 여러분 앞에 있는 이 책은 1964년 봄에 웨스트민스터 채플에서 행해진 설교와 매우 흡사할 것입니다. 또한 나의 대리인인 에드워드 잉글랜드와 호더 앤드 스토튼사의 편집자인 데이비드 웨이버의 도움과 조언에 심심한 감사를 전하고 싶습니다.

제1장
인생의 문제

이로 말미암아 내가 또 이 고난을 받되 부끄러워하지 아니함은 내가 믿는 자를 내가 알고 또한 내가 의탁한 것을 그날까지 그가 능히 지키실 줄을 확신함이라.　　(딤후 1:12)

우선 저는 이 특별한 구절을 강조하고자 합니다. 하지만 1장의 나머지 구절들을 읽다 보면 이 구절이 더 큰 진술의 일부임을 여러분은 알게 될 것입니다. 그러므로 앞뒤 문맥이나 정황을 고려하지 않은 채 이 구절만을 따로 떼어 낸다면 우스꽝스럽다는 느낌이 들 수도 있습니다. 그럼에도 불구하고 제가 이 구절을 강조하는 것은, 사도 바울이 디모데후서 1장에서 다루는 전체 주제를 소개할 때 그렇게 하는 것이 최선의 방법이라고 생각하기 때문입니다. 바로 여기, 이 특정한 구절에서 바울은 자신과 자신이 쓴 서신들의 특징이 잘 드러나는 웅장하고 감동적인 진술을 하고 있습니다. 그는 이 심오하고 기초적인 진술을 통해 기독신앙의 위대한 진수들을 보여 줍니다. 그 진술이 그것을 진심으로 믿는 사람들에게 무엇을 의미하는지를 보여줍니다.

제가 이 진술과 이 안에 담긴 전체 논증에 여러분의 주의를 환기시키는 것은, 이것이야말로 이 시대를 살아가는 우리에게 더없이 중요하다고 생각하기 때문입니다. 여기서 제기되는 중요한 문제는 어떻게 살 것인가, 어떻게 승리하는 삶을 살 것인가, 그리고 불확실하고 문제투성이인 삶에 맞서 어떻게 승리를 거둘 것인가 하는 것입니다. 바꿔 말하면, 지배당하는 삶이 아니라 승리하는 삶을 어떻게 살 수 있을까 하는 것입니다. 그러나 복음 전체를 끌어들이지 않고서는 이 중대한 주제, 혹은 다른 어떤 주제를 생각할 수 없습니다. 이 주제를 다룰 때 두 가지 핵심 사항을 반드시 그리고 필연적으로 고려해야 합니다. 그것은, 바로 삶에서 승리하는 방법과 복음의 진정한 본질을 파악하는 것입니다.

삶과 관련된 어떤 가르침이나 철학을 검증하는 길은 결국, 그 가르침이나 철학이 효과가 있는가, 그것이 도움이 되는가, 그것이 실제적인 변화를 가져오는가 확인하는 것입니다. 우리 모두는 철학적으로 설명할 수 있습니다. 의견을 개진하고 진술할 수 있습니다. 그러나 이 모든 진술들의 가치를 검증하는 길은 결국 그것들이 진리인가, 그것들이 우리의 주장을 대변하는가, 그것들이 우리의 필요를 채워 주는가 확인하는 것입니다. 오늘날 세상에는 온갖 종류의 가르침과 이론과 사상들이 난무하지만 문제는 그것들이 효과가 있는가, 그리고 예상할 수 있는 모든 상황에 비추어 검증할 때 그것들이 특별히 도움이 되는가 하는 점입니다.

기독교 복음은 효과가 있습니다. 그저 이론에 불과한 것이 아닙니다. 복음은 그의 주장을 실천에 옮길 능력이 있습니다. 복음은 인간으로 하여금 진정한 의미에서 이 세상을 살아갈 수 있게 합니다. 그것이 바로 우리가 복음에 대해 주장하는 바입니다. 더 나아가 우리는 복음, 오직 복음만이 그렇게 할 수 있다고 주장합니다.

그런데 사람들은 간혹 이런 주장이 주제넘는 일이라고 생각합니다. 하지만 그렇지 않습니다. 만약 그런 주장이 진실이라면 그것은 주제넘는 일이 아니기 때문입니다. 저는 복음이 진실하다고 주장하며 이 점을 입증하고자 합니다. 복음은 스스로 독특하다고 주장합니다. 복음은 다른 가르침이나 다른 종교와 한데 엮이는 것을 거부합니다. 복음은 복음이 전적으로 절대적인 독특성을 지닌다고 말합니다. 이것이야말로 구약과 신약 선체에 나타나는 위대한 주장입니다. 만약 기독교회가 그런 주장을 그만둔다면 차라리 사역을 중단하고 기독교라는 이름을 떼어 내는 편이 나을 것입니다. 왜냐하면 교회가 이 위대한 주장을 그만둔다면 복음의 독특성이 하나도 남지 않을 것이기 때문입니다. 우리가 복음에 대해 말하고자 하는 바는 이것입니다. 교회가 막 시작되었을 무렵 사도 베드로가 당국자들에게 했던 주장, 곧 "천하 사람 중에 구원을 받을 만한 다른 이름을 우리에게 주신 일이 없음이라"입니다(행 4:12). 구주는 오직 하나입니다. 구원도 오직 하나입니다. 우리 인생과 우리가 사는 세상에서 일어날 수 있는 모든 상황을 실제로 직면할 수 있게 해 주는 가르침도 오직 하나입니다.

이것이 복음이 주장하는 바입니다. 바울은 그것을 자신의 체험이라는 형식으로 여기서 표현하고 있습니다. 그로 인해 복음의 주장은 더 가치를 지닙니다. 바울은 자신의 젊은 제자 디모데에게 편지를 쓰고 있습니다. 디모데가 다소 낙담하고 처지가 비참하기 때문입니다. 사도가 편지를 쓰는 것은, 단순히 디모데의 안부를 묻기 위해서가 아닙니다. 당시 디모데의 처지가 어떤지 알고 있기 때문입니다. 디모데는 성품이나 기질상 분명 쉽게 좌절하고 낙담하는 사람이었습니다. 그런 부류의 사람들이 있습니다. 우리는 저마다 다릅니다. 우리는 다르게 태어나며 그 사실을 인정해야 합니다. 기독교 복음은 우리가 날 때부터 다르다는 점을 인정합니다. 이런 표현을 써도 괜찮을지 모르겠지만, 우울증 환자인 디모데는 위대한 사도가 감옥에 갇혔다는 소식을 듣고 걱정이 이만저만이 아니었습니다. 우리 또한 이 점을 아는 것이 매우 중요합니다. 여러분은 이같은 위대한 진술을 읽고서 이렇게 말할 수 있습니다. "아, 그래요. 문학작품에 이와 비슷한 진술이 나오죠. 이따금 시인들도 이런 주목할 만한 진술을 하죠." 하지만 시인들이 언제나 이처럼 말하지는 않습니다. 그들이 그렇게 할 수 없을 때도 더러 있습니다. 시인은 특별한 감상에 젖거나 특별한 환경에 처해 있어야 합니다. 어떤 의미에서 시인은 자신의 감상이나 느낌이나 주변 환경에 좌우되는 사람입니다. 하지만 그리스도인은 그렇지 않습니다. 자, 여기에 상상할 수 있는 최악의 상황에 처한 사도가 있습니다. 그는 감옥에 갇혀 있어 언제 죽을지 모릅니다. 모든 여건이 그에게 불리합니다. 이처럼 최악의 상황에도 불구하고 그는 다음과 같은 놀라운 진술을 하고 있습니다. "내가 이 고난을 받되 부끄러워하지 아니함은 내가 믿는 자를 내가 알고 또한 내가 의탁한 것을 그날까지 그가 능히 지키실 줄을 확신함이라." 자신의 비참한 처지에도 불구하고 진술한 장엄한 승리의 곡조, 압도하는 선율이 그 안에 담겨 있습니다.

사도는 이것을 매우 특징적인 방식으로 우리 앞에 선보입니다. 저는 사도가 하는 방식에 여러분의 주의를 환기시키고자 합니다. 바울이 복음을 이런 방식으로 설명할 때 저는 더욱 기쁨과 환희를 느낍니다. 사도는 말합니다. "내가 이 복음을 위하여 선포자와 사도와 교사로 세우심을 입었노라. 이로 말미암아 내가 또 이 고난을 받되……"(딤후 1:11-12). 사도는 복음을 전하는 자라는 이유만으로 감옥에 갇혔습니다. 복음을 전하지 않았다면 감옥에 갇힐 이유가 없었습니다. 바리새인으로 남아 있었다면 감옥에 갇힐 이유가 없었습니다. 복음을 전했기 때문에 지금 감옥에 갇혀 고통받고 있습니다. 정말 고통받고 있습니다. 그래서 그는 "내가 또 이 고난을 받되……"라고 진술합니다. 바로 이것입니다! 바로 여기에서 복음의 전모가 드러납니다. 그는 고난을 당하고 있지만, "[그럼에도 불구하고] 부끄러워하지 아니"합니다. 그가 보낸 서신들은 이러한 고백으로 가득합니다. 그는 로마에 있는 교인들에게 편지를 쓰면서 이렇게 말합니다. "우리가…… 하나님의 영광을 바라고 즐거워하느니라. 다만 이뿐 아니라 우리가 환난 중에도 즐거워하나니"(롬 5:2-3). 이것이 기독교의 전형이며 기독교의 핵심적인 가르침입니다. 그 점을 다음과 같이 설명해 보겠습니다. 기독교는 어떤 의미에서 "그럼에도 불구하고"라는 이 한 단어에 들어 있습니다. 이 단언, 다른 그 무엇보다 우선하는 이것이 바로 "[그럼에도 불구하고] 부끄러워하지 아니"한다는 말입니다.

저는 이 말씀을 우리의 인생관에 궁극적으로 적용할 시금석으로 삼을 것을 제안합니다. 그리고 여러분에게 다음과 같은 질문을 드립니다. 여러분은 이러한 삶을 살고 있습니까? 여러분의 삶 속에, 여러분의 경험 속에 이 "그럼에도 불구하고"가 있습니까? 여러분은 너무도 암담하고 음울하며 황량한 여러분의 상황과 처지를 바라보면서 "그렇지, 내가 처한 현실은 그래.…… 그럼에도 불구하고!"라고 말할 자신이 있습니까? 여러분은 그렇게 할 수 있습니까?

그렇다면 우리 앞에 놓인 질문은 이것입니다. 사도는 어떻게 이처럼 말할 수 있었을까요? 우리는 어떻게 이처럼 살 수 있을까요? 이것은 위대한 탐구가 아닙니까? 이것은 우리 모두의 관심사가 아닙니까? 우리는 만만치 않은 세상에서 살고 있습니다. 수많은 방식으로 우리를 거스르고 우리에게 반대하는 세상에서 살고 있습니다. 이 세상에는 시련과 고통과 문제가 있습니다. 질병과 사고와 죽음과 슬픔이 있습니다. 이러한 것들이 언제 들이닥칠지 우리는 결코 알 수 없습니다. 우리가 그것들과 부딪쳤을 때 "그럼에도 불구하고"라고 말하면서 그 모든 것을 헤쳐 나가는 것이야말로 삶의 위대한 기술이 아니겠습니까? 위대한 사도처럼 말입니다. 이것이 기독교의 약속입니다. 이것이 기독교의 본질입니다.

바울이 그렇게 할 수 있었던 비결은 무엇일까요? 우리는 어떻게 바울과 똑같이 할 수 있을까요? 분명 많은 사람들이 이 질문에 대한 답이 아주 단순하다고 말할 것입니다. 그들은 이렇게 말하려 듭니다. "물론…… 거기에는 문제 될 것이 전혀 없습니다. 사도가 그렇게 쓴 것은 그가 원래 그런 부류의 사람이었기 때문입니다. 당신이 방금 말했듯이, 우리는 저마다 기질이 다릅니다. 기질상 희망적이고 낙천적이며 명랑한 사람들이 있습니다. 우리 모두는 그들이 디모데 유형—우울증 환자 유형—의 정반대임을 알고 있습니다. 디모데 유형은 언제나 역경을 바라보며 불길한 예감을 떠올리지만, 이와 반대 유형의 사람도 있습니다. 두 차례 세계대전 동안에 있었던 유형의 사람들을 떠올려 보십시오. 그들은 얼마나 많은 전투에서 패했든, 얼마나 많은 일들이 잘못되었든 별로 개의치 않았습니다. 그들의 얼굴에서는 미소가 떠나지 않았습니다. 그들은 사태가 회복될 것으로 낙관했습니다. 특별히 근거가 없으면서도 낙천적 기질을 갖고 태어난 사람처럼, 그들은 언제나 사물을 긍정적으로 보고 언제나 밝은 면만을 바라보았습니다! 당신이 말하는 사도도 분명히, 활달할 뿐 아니라 언제나 오뚝이처럼 쓰러져도 다시 일어나고 절대 좌절하지 않는 그런 부류의 사람이었을 겁니다. 천성적으로 그런 기질이었을 것이 분명합니다."

이것은 대단히 매력적이고 흥미로운 이론입니다. 하지만, 말할 필요도 없이 완전히 잘못되었습니다. 이것은 제 견해가 아닙니다. 저는 제 말을 입증할 수 있습니다. 사도 바울을 잘 살펴보면, 우리는 그가 타고난 낙천주의자가 아니었다는 사실을 분명히 알 수 있습니다. 그는 타고난 염세주의자였습니다. 지나치게 예민하고 걸핏하면 신경질을 부리며 쉽게 좌절하는 사람이었습니다. 바울 스스로 그 사실을 인정하고 있기에 굳이 설명할 필요가 없습니다. 그는 고린도 교인들에게 이렇게 말합니다. "우리가 마게도냐에 이르렀을 때에도 우리 육체가 편하지 못하였고 사방으로 환난을 당하여 밖으로는 다툼이요 안으로는 두려움이었노라"(고후 7:5). 처음에 그는 "약하고 두려워하고 심히 떨면서"(고전 2:3) 고린도에 갔습니다. 바울은 고린도 사람들이 자신을 박대하고, 자신에 관해 쌀쌀하게 말하자 의기소침해질 만큼 매우 예민하고 비판에 민감한 사람이었습니다. 바울의 천성이 그러했습니다. 그는, 사물을 언제나 긍정적으로 바라보는, 낙천적인 성격의 외향적인 사람과는 거리가 멀었습니다. 바울은 그런 부류의 사람이 아니었습니다. 그가 본래 낙천적인 사람이었기 때문에 디모데에게 그런 편지를 쓴 것이 아닙니다.

이런 해석이 옳지 않다는 것으로 인해 하나님께 감사드립니다. 만약 예수 그리스도의 복음이 천성적으로 낙천적인 사람들만 이런 편지를 쓸 수 있게 한다면 복음은 비관적인 사람들과는 무관한 것이 되기 때문입니다. 게다가 우리 가운데 많은 사람들이 천성적으로 비관적인 사람들입니다. 따라서 복음이 특정 부류의 사람들만 이렇게 쓸 수 있게 한다면 그것은 복음이 아닙니다. 그러나 복음이 기질이나 심리와 상관없이 사람들의 마음을 사로잡아 사도처럼 말할 수 있게 하는 데에 복음의 영광이 있습니다. 복음은 디모데 같은 사람의 마음까지도 사로잡을 수 있습니다. 복음을 절실히 깨닫기만 하면 그는 위대한 사도가 했던 바로 그 일을 할 수 있습니다.

이것이야말로 복음의 찬란한 영광이라고 말씀드리고 싶습니다. 여러분의 기질이 어떠하든, 여러분의 심리가 어떠하든 그것은 중요하지 않습니다. 정말 중요한 것은 복음의 능력입니다. 복음은 우리의 능력이 아닌 하나님의 능력에 달려 있습니다. 이것이 가장 큰 원칙입니다. 그렇기 때문에 저는 복음을 강조합니다. 오늘날 똑똑한 사람들은 이렇게 말합니다. "그렇죠. 종교적으로 콤플렉스가 있고 기질적으로 종교적인 사람들이 더러 있긴 하죠. 좋습니다. 그런 걸 원하는 사람이 있다면 그렇게 하도록 내버려 두세요. 그렇다고 우리 모두가 종교를 가져야 한다고 말하지는 마세요." 사랑하는 여러분, 저는 지금 콤플렉스를 이야기하고 있는 것이 아닙니다. 제가 말하고자 하는 바는 이것입니다. 여러분은 승리하는 삶을 살고 싶지 않습니까? 인생의 폭풍우가 몰아치는 가운데서도 큰 기쁨을 맛보고 싶지 않습니까? 고난 가운데서도 즐거워하고 싶지 않습니까? 확신하건대, 복음은 여러분으로 하여금 능히 그렇게 하도록 만들 수 있습니다. 여러분의 기질이 어떠하든, 여러분의 본성이 어떠하든, 여러분의 성장 과정이 어떠하든, 머리가 좋든 나쁘든 그것은 중요하지 않습니다. 복음은 "구원을 주시는 하나님의 능력"입니다(롬 1:16). 복음은 인간에 의해 좌우되는 것이 아닙니다. 이것이 바로 복음의 영광입니다! 복음은 기적입니다. 복음은 인간을 새로 태어나게 하고, 옛 사람을 새롭게 변화시킵니다. 그러므로 그 사람의 천성은 최종적인 결정 요인이 아닙니다.

그 다음으로 저는 누군가 이렇게 말하는 것을 상상해 봅니다. "사도가 그 당시 선풍적인 인기를 끌고 있었던 스토아 철학에 심취해 그것을 추종한 것은 아닐까요?" 스토아 철학자들에 대한 언급은 바울이 아덴에서 일단의 스토아 철학자들과 에피쿠로스 철학자들에게 복음을 전하는 사도행전 17장에 나옵니다. 스토아 철학자들은 매우 흥미롭고 생각이 깊은 사람들이었습니다. 반면 에피쿠로스 철학자들은 생각이 깊지 않은 사람들이었습니다. 그들은 생각을 적게 할수록 더 나은 사람이 된다고 생각했습니다. 해야 할 일이라고는 자신을 즐기는 것이며, 자신을 즐기기 위해서는 너무 많이 생각하지 말고 차라리 쾌락에 몸을 맡기는 편이 낫다고 주장했습니다.

그러나 스토아 철학자들은 그러한 견해를 받아들이지 않았습니다. 그들은 진지하고 생각이 깊은 사람, 삶의 현실을 있는 그대로 직시해야 한다고 믿는 정직한 사람들이었습니다. 그런 이유로 스토아 철학자들은 삶이란 고행이자 고역이며, 이것을 헤쳐 나갈 수 있는 유일한 길은 자신을 엄격하게 단련하는 것이라고 결론지었습니다. 그들은 삶이 우리를 공격해 무참히 쳐부술 것이라고 말합니다. 그래서 삶의 위대한 기술은 자신의 힘으로 꿋꿋이 버티는 데 있다고 말합니다. 그렇게 할 수 있는 유일한 길은, 위축되지 않고 윗입술을 꽉 깨물며 용기의 철학을 품고 나아가 "사내답게 굴어야 해"라고 외치는 것이라고 주장합니다.

스토아 철학자들의 태도는 2차 세계대전 당시 많은 사람들의 마음을 사로잡았습니다. "영국은 견뎌 낼 수 있어." "런던은 견뎌 낼 수 있어." 이것이 전형적인 스토아 철학입니다. 여러분은 "절대로, 히틀러는 우리를 꺾을 수 없어"라고 단호히 말합니다. 이것은 전형적인 런던 토박이의 반응 아닙니까? 좋습니다. 전쟁중이라면 그러한 태도는 매우 유용할 것입니다. 하지만 그것은 기독교가 아니라 스토아 철학입니다. 여러분은 굴복하지도 물러서지도 않겠다고 결심합니다. 무슨 일이 있어도 꿋꿋이 서서 투지의 철학, 용기의 철학, 불굴의 철학을 끝까지 고수하려 할 것입니다.

사도 바울 당시에도 스토아 철학의 가르침은 많은 사람들을 매료시켰습니다. 그래서 어떤 이는 말합니다. 사도 바울이 그 가르침을 받아들여 스토아 철학자가 되었기 때문에 자신이 감옥에 갇혀 모든 것이 불리하게 전개되는 가운데서도 두려워하지 않았다고 말입니다. 일리가 있는 주장입니다. "머리가 피투성이가 되어도 굴복하지 않겠다"거나 "나는 내 운명의 주인, 나는 내 영혼의 선장"이라고 말했던 시인처럼 말입니다.* 하지만 그렇지 않습니다. 사도 바울이 흔들리지 않은 것은 스토아 철학 때문이 아니었습니다. 저는 이 차이를 아주 쉽게 증명해 보일 수 있습니다.

제가 앞서 소개한 스토아 철학—저는 여기서 그것을 비판하기보다는 공정하게 다루고자 합니다—은 순수한 인간적 차원에서는 멋진 것이지만 기독교는 아닙니다. 스토아 철학은 체념의 철학이요, "참아 내는", "견뎌 내는", "굴복을 거부하는" 철학입니다. 스토아 철학은 언제나 부정적인 반면, 사도가 하는 진술의 핵심은 그 자체로 긍정적입니다. 스토아 철학자는 결코 기쁨으로 충만하지 않지만, 바울은 기쁨으로 충만합니다. 그는 말합니다. "고난을 받음에도 불구하고 나는 부끄러워하지 않는다. 사랑하는 나의 동역자 디모데야, 대체 네게 무슨 일이 생겼느냐? 나와 네 자신에게 미안한 마음을 갖지 말고, 우리를 구원하신 하나님의 능력을 바라보

---

* 윌리엄 헨리William Henry, '굴하지 않으리Invictus' 중에서.

고 복음과 함께 고난을 받으라. 나는 이 고난을 부끄러워하지 않는다." 왜 그렇습니까? "내가 믿는 자를 내가 알고" 있기 때문입니다.

아시다시피, 바울은 선교여행 동역자인 실라와 더불어 한때 빌립보의 감옥에 갇힌 적이 있었습니다. 그들은 체포되어 깊은 감옥에 던져졌습니다. 잘못한 것이라고는 눈곱만큼도 없었지만 당국은 그들을 터무니없이 부당하게 대했습니다. 그들은 발에 차꼬가 채인 채 깊은 감옥에 갇혀 있었습니다. 그들이 투옥된 감방에는 다양한 죄인들이 있었지만 바울과 실라는 그들과 달랐습니다. 무엇이 달랐을까요? 성경은 "한밤중에 바울과 실라가 기도하고 하나님을 찬송하매"라고 말하고 있습니다(행 16:25). 이것은 스토아 철학자들이 단 한번이라도 했거나 할 수 있는 일이 아닙니다. 스토아 철학을 따르는 사람들도 그러한 것을 참아 낼 수는 있습니다. 그들도 투덜대거나 불평하거나 도망치려고 하지 않을 것입니다. 사내답게 행동할 수 있습니다. 큰 용기를 내어 그런 일을 극복해 나갈 수 있습니다. 그렇습니다. 하지만 그들은 결코 찬송을 부르지는 못합니다! 그들은 찬송한다는 것이 무엇인지, "넉넉히 이기"는 사람(롬 8:37)이 된다는 것이 무엇인지 알지 못합니다. 실족하지 않고 어떻게든 목적지에 도달하겠지만, 찬양하면서 의기양양하게 행진하거나 고난 가운데서 기뻐하는 일은 하지 못합니다.

저는 두 편의 시를 통해 스토아 철학과 기독교의 차이를 여러분에게 보여드리고자 합니다. 먼저 드라이든John Dryden의 시 한 구절을 인용하겠습니다. 이 시는 전형적인 스토아 철학으로, 그 철학의 면면을 아주 완벽하게 그려 내고 있습니다.

산 자는 모두 죽기 위해서 태어나고
아무도 참된 지복을 자랑할 수 없으니
한결같은 마음으로 무슨 일이 닥치든
견디자.
자신이 어쩔 수 없는 일에 너무 기뻐하지도, 슬퍼하지도 마라.
정해진 곳을 향해 걸어가는 순례자처럼.
세상은 여인숙이요 여행의 끝은 죽음이다.

자, 보셨습니까? 이것이 바로 전형적인 스토아 철학입니다. 이제 이 시를 분석해 보겠습니다.

"산 자는 모두 죽기 위해서 태어나고." 조금 전에 말씀드렸듯이, 스토아 철학자는 인생에 무관심한 사람이 아니라 인생을 숙고하는 사람입니다. 그는 인생을 직시하며 이 같은 기본 명제로 시작합니다. "산 자는 모두 죽기 위해서 태어나고." 산 자는 무엇을 위해서 태어났습니까? "죽기 위해서"입니다. 죽기 위해서! 이 같은 사실을 인정하지 않으려는 어리석은 사람들이 세상에 있습니다. 자신이 죽을 수밖에 없다는 사실에서 출발하지 않는 사람들은 경솔한 사람들입니다. 그런데 스토아 철학자는 이 사실을 알 만큼 매우 현명합니다. 그는 이렇게 말합니다. "당신도 알다시피, 태어나는 순간부터 죽음이 시작된다. 방금 태어난 아기를 두고 당신은 '아무튼, 누군가 이제 막 삶에 첫 발을 내딛었다'라고 말한다. 이에 못지않게 나는 '누군가 이제 막 죽음에 첫 발을 내딛었다'라고 말할 수 있다. 인생은 하나의 여정이다. 입구가 있고 출구가 있다. 인생의 여정에 발을 내딛는 순간, 언젠가 그 여정이 끝난다는 것을 알고 있다." 스토아 철학자는 그 사실을 알기 때문에 회피하지 않습니다. "산 자는 모두 죽기 위해서 태어나고."

또 무엇이 있습니까? 시인은 "아무도 참된 지복을 자랑할 수 없으니"라고 말합니다. 그 말은 현세적 삶에서 그리고 이 세상에서 완전하면서도 온전한 행복—참되고 순전한 지복과 기쁨—을 찾을 수 없다는 것입니다. 스토아 철학자는 매우 현명합니다. 그는 행복과 기쁨이 이 세상에서 영원히 지속되지 않는다고 합니다. 많은 영화와 연극에서는 참되고 순전한 지복이 존재한다고 말합니다. 여러분은 텔레비전에서 그렇게 연출되는 것을 보고 있습니다. 하지만 그것은 사실이 아닙니다. "인생은 현실, 인생은 진지한 것"이어서* 문제와 시련과 고난이 존재합니다. 지복 같은 것은 절대 없습니다. 크림에는 파리가 꾀이는 법입니다. 완전하면서도 온전한 행복을 맛본 사람은 이제껏 한 사람도 없었습니다. "아무도 참된 지복을 자랑할 수 없으니."

그렇다면 우리는 어떻게 해야 합니까? 여기에 스토아 철학의 진수가 나타납니다. "한결같은 마음으로 무슨 일이 닥치든 견디자." 그것은 안정을 유지하는 "평정심"의 철학입니다. 균형의 철학입니다. 한치 앞도 내다볼 수 없는 세상에서 어떻게 해야 할까요? 내일 아침에 제게 무슨 일이 일어날까요? 저는 알지 못합니다. 무슨 일이든 일어나게 마련이니까요. 인생은 예기치 않은 것

---

* 롱펠로Henry Wadsworth Longfellow, '인생찬가A Psalm of Life' 중에서.

으로 가득 차 있어, 불현듯 나타나 우리를 놀라게 합니다. "아무도 참된 지복을 자랑할 수 없으니." 어떻게 해야 할까요? 스토아 철학자는 "평정심"을 가지라고 말합니다. "한결같은 마음으로 무슨 일이 닥치든 견디자." 이것이 여러분이 할 수 있는 전부입니다. 견디십시오!

하지만 여러분은 어떻게 견딥니까? 여기에 그의 해답과 처방이 있습니다. "자신이 어쩔 수 없는 일에 너무 기뻐하지도, 슬퍼하지도 말라." 스토아 철학자는 이렇게 경고합니다. "스스로 삶을 마치고 싶다면, 지나치게 행복해 하거나 지나치게 기뻐하지 말라. 무슨 슬픔이 너에게 닥쳐올지 결코 알 수 없기 때문이다. 기쁨에 겨워 자제심을 잃는 일이 없게 하라. 절대로 없게 하라. 특히 오늘날의 젊은이들이 종종 이성을 잃을 정도로 지나치게 기뻐하는 것은 큰 문제다. 그렇게 하다가는 인생의 쓴맛을 보게 될 것이니 조심하라."

그는 덧붙여 말합니다. "그렇다고 너무 불행하다고 생각하지 말고, 지나치게 기뻐하지도 슬퍼하지도 말라. 인생을 성공적으로 마치고 싶다면 기분과 감정을 잘 다스려야 한다. 그것들을 잘 통제하면서 주도권을 놓치지 말아야 한다. 유혹에 넘어가 기쁨에 겨워 할 수도 있다. 그런 일이 없게 하라! 절제하라! 슬픔이 찾아오더라도 지나치게 슬퍼하지 말라. 그때에도 절제하라. 보기보다 상황이 그렇게 심각하지는 않다. 시간은 훌륭한 치료자다." 이것이 바로 스토아 철학입니다. 참고 견뎌라. 지나치게 기뻐하지도 지나치게 슬퍼하지도 말라. 자신이 어쩔 수 없는 일에 너무 기뻐하지도, 슬퍼하지도 말라.

스토아 철학의 진수를 드러내는 이 시는 이렇게 끝납니다. "정해진 곳을 향해 걸어가는 순례자처럼." 지극히 타당한 말이 아닙니까? 정해진 곳은 어디일까요? 스토아 철학자들에게 이 세상은 여인숙, 하룻밤 묵은 후 아침이면 방값을 치르고 다시 길을 떠나는 여관과 같은 곳입니다. "세상은 여인숙이요 여행의 끝은 죽음이다."

이것이야말로 전형적인 스토아 철학입니다. 이것은 오늘날 대다수 사람들의 신조이자 신념입니다. 기독교를 버린 그들은 이런 방식으로 살아갑니다. "어쨌든, 인생에는 우리가 어쩔 수 없는 것이 있다"라고 그들은 말합니다. 이 말에는 장차 무슨 일어날지 결코 알 수 없다는 일종의 숙명론이 엿보입니다. 그렇다면 여러분은 어떻게 해야 할까요? 여러분은 자신을 다스려야 하고, 교육의 도움을 받아야 하고, 용기를 내야 하고, 윗입술을 꽉 깨물어야 합니다. 지나치게 행복해 하거나 지나치게 슬퍼해서는 절대 안 됩니다. 묵묵히 나아가다 보면 어떻게든 홀로 설 수는 있을 것입니다. 여러분이 견지하는 균형의 철학으로 안정을 유지하면 마침내 여정의 목적지에 도달할 것입니다. 그곳은 바로 죽음이며, 그 너머에는 아무것도 없습니다. 여러분은 그렇게 최선을 다해 삶을 마칠 것입니다. 그것이 인생입니다! 하지만 그것은 절망이기도 합니다. 사랑하는 여러분, 그것이 스토아 철학입니다. 스토아 철학은 부정적입니다! 거기에는 기쁨도, 행복도, 승리도 없습니다. 다만 쓰러지지 않으려고 애쓸 뿐입니다. 스토아 철학은 의기양양하게, 자랑스럽게 전진하지 않습니다.

이제 다른 시를 인용해 기독교의 입장을 설명하겠습니다. 먼저, 그 시를 쓴 사람에 대한 이야기를 하겠습니다. 그는 19세기에 미국 시카고에 살았던 그리스도인으로, 이름은 스패포드H. G. Spafford입니다. 그는 네 딸을 둔 변호사로서 크게 성공하여 엄청난 돈을 벌었습니다. 어느 해 여름, 스패포드의 부인과 딸들은 유럽의 여러 나라를 두루 다니면서 이름난 도시의 박물관 등을 구경하기로 했습니다. 떠날 때가 되자, 스패포드는 아내와 딸들을 배웅하기 위해 항구로 갔습니다. 그는 여객선에 올라탄 가족들을 바라보며 손을 흔들었고 배는 대서양을 가로질러 나아갔습니다. 그런데 애석하게도 배가 대서양 한가운데를 지나던 중 다른 배와 충돌하고 말았습니다. 배는 얼마 후 침몰했습니다. 네 딸은 익사했고 부인은 근처를 지나던 프랑스 선박에 의해 기적적으로 구출되어 프랑스에 도착했습니다. 망연자실한 부인은 남편에게 전보를 보냈습니다. "이제 모든 게 끝장이에요! 저 혼자 살아남았어요. 이제 어쩌면 좋죠?"

하지만 그것으로 끝이 아니었습니다. 부인과 네 딸이 유럽으로 떠난 후 은행이 갑작스레 파산했습니다. 당시에는 그런 일이 비일비재했습니다. 시카고에서 일어난 은행 파산으로 스패포드는 전 재산을 잃었습니다. 떵떵거리던 부자에서 하루아침에 알거지 신세가 된 것입니다. 자, 여기에 전 재산을 잃고 애지중지하던 네 딸의 익사 소식을 느닷없이 듣게 된 그리스도인이 있습니다. 이 비극에 스패포드는 어떤 반응을 보였을까요? "눈물을 보여선 안 돼. 어떻게든 살아남자. 포기해선 안 돼. 용기를 내야 해. 사내답게 굴어야지. 물러서거나 좌절해선 안 돼"라고 했을까요? 아닙니다. 결코 아닙니다! 그의 반응은 달랐습니다. 그는 자리에 앉아 다음과 같은 시를 써내려 갔습니다.

    내 평생에 가는 길 순탄하여
    늘 잔잔한 강 같든지
    큰 풍파로 무섭고 어렵든지
    나의 영혼은 늘 평안해!*

여러분은 스토아 철학과 기독교의 차이를 이제 아시겠습니까? "내 평생에 가는 길 순탄하여 늘 잔잔한 강 같든지." 그렇습니다. "큰 풍파로" 사랑하는 네 딸을 순식간에 빼앗겼습니다. "무섭고 어렵든지." 순탄하든 어렵든 말입니다. "나의 영혼은 늘 평안해!" 그는 크게 기뻐하고 있습니다! 기쁨에 겨워하고 있습니다! 스패포드는 마지못해 삶을 지탱해 가거나 자신의 운명을 체념하여 어떻게든 계속해 나가야겠다고 결심하지 않습니다. 그는 그렇게 하지 않습니다! "나의 영혼은 늘 평안해……!" "내가 또 이 고난을 받되 부끄러워하지 아니함은 내가 믿는 자를 내가 알고 또한 내가 의탁한 것을 그날까지 그가 능히 지키실 줄을 확신함이라."

여러분은 기질이나 스토아 철학이나 그 밖의 인간적인 방식으로 사도 바울을 설명하지 못합니다. 어떤 사람이 바울처럼 말할 수 있게 된 것에 대한 설명은 하나뿐이기 때문입니다. 대답은 단 하나

---

* 찬송가 470장 1절.

입니다. 우리 주님이시요 구주이신 예수 그리스도의 복음을 신뢰하는 믿음, 이것 말고는 사도 바울을 달리 설명할 길이 없습니다.

그러므로 이것이 핵심적인 요지입니다. 물론, 전체 문맥에서 취할 수 있는 하나의 요지이기도 합니다. 저는 지금 여러분에게 이 주제를 소개하는 정도에서 그치지만 앞으로 좀 더 살펴보기를 바랍니다. 제가 이 주제를 소개하는 것은, 우리가 이 시점에서 올바른 입장을 취하지 못한다면 모든 곳에서 잘못될 것이기 때문입니다. 제가 말하는 핵심 요지는 이것입니다. 복음을 믿을 때에만 한 인간은 사도 바울과 같은 방식과 태도로 역경을 극복할 수 있습니다.

여기서 우리는 복음이란 무엇인가라는 중대한 질문을 제기하게 됩니다. 어쩌면 이것이 오늘날 우리가 가장 혼란스러워하는 부분일지도 모릅니다. 따라서 저는 여러분이 고찰할 수 있도록 몇 가지 일반적 원리를 제시하고자 합니다. 사도들이 우리에게 가르쳐 주는 첫 번째 원리는, 분명 복음이 완전한 인생관으로서 예측할 수 있는 모든 상황을 망라한다는 점입니다. 바꿔 말해, 복음은 단순히 윤리와 행위와 도덕과 행동의 문제가 아닙니다. 그런데 복음이 그런 것이라고 생각하는 사람들이 꽤 많습니다. 그들은 그리스도인이란 선한 삶을 살며, 이런 일은 피하고 저런 일은 하려고 애쓰는 사람에 불과하다고 생각합니다. 그것이 일반 사람들의 기독교관입니다.

하나님의 이름으로 저는 그런 입장에 이의를 제기합니다! 바울의 사례만을 보아도 그런 입장이 잘못된 것임을 입증하기에 충분합니다. 기독교는 모든 것을 망라하는 인생관입니다. 제가 알고 있는 많은 도덕적인 사람들은 죽음 및 종말과 직면했을 때 매우 비참해지면서 삶의 버팀목을 잃었습니다. 기독교는 단지 정치개혁이나 사회개혁의 문제가 아닙니다. 거듭 말씀드립니다. 기독교는 단지 전쟁에 반대하거나 정치에 개입하지 않는 차원이 아닙니다. 그것은 기독교가 아닙니다. 기독교는 아주 의기양양하게 삶과 죽음 그리고 모든 것을 조망할 수 있게 해주는 총체적 관점입니다. 기독교는 총체적 관점입니다. 기독교는 그저 편협하고, 근시안적이며, 특정 영역에 국한된 사소한 체계가 아닙니다. 기독교는 폭풍 한가운데 있어도 기뻐할 수 있게 하는 그 무엇입니다.

이제 두 번째 원리를 소개하겠습니다. 복음이라는 기독교 메시지는, 단지 위안과 격려를 주는 모호한 메시지가 아닙니다. 복음은 단지 우리로 하여금 당면한 고통과 문제를 잊도록 도와주는 것이 아닙니다. 복음이 우리의 고통과 문제를 잊게 해준다고 생각하는 사람들이 많습니다. 기독교는 "대중의 마약"이니 "인민의 아편"이니 하는 말을 우리는 이 20세기에 귀가 따갑도록 들었습니다. 술을 마시고 마약을 하듯이, 고통을 잊기 위한 수단으로 기독교를 여긴다는 것입니다. 그런 사람들은 그리스도인들을 세상과는 완전히 담 쌓고, 예배당에서 살다시피 하면서, 찬송가를 부르고, 황홀경에 빠져 행복을 만끽하는 사람 정도로 여깁니다. 그들은 우리가 기독교라는 마약에 빠져 희열을 맛본다고 생각합니다. 그들은 우리가 생각하는 일을 그만두었다고, 상상의 세계에 빠져 옴짝달싹 못한다고 믿습니다. 그들은 우리가 현실과 현실의 모든 문제를 외면하고 있다고 말합니다.

그러나 이것은 얼마나 우스꽝스러운 주장입니까! 얼마나 거짓된 주장입니까! 기독교는 현실적입니다. 오늘날 전 세계를 통틀어 성경보다 더 현실적인 책은 없습니다. 여러분도 아시다시피, 성경은 온갖 부류의 사람들에게 충격을 줍니다. 일부는 성경이 매우 유익하다고 생각하는 반면, 일부는 매우 해롭다고 생각합니다. 성경 반대론자들은 이런 주장을 펼칩니다. "구약성경에는 다윗 왕의 간음을 비롯해 온갖 치부가 드러나 있어 순진한 젊은이들에게 권장할 만한 책이 아니지요." 하지만 성경이 솔직한 책이라는 사실에 대해 하나님께 감사드립시다. 올리버 크롬웰Oliver Cromwell의 말을 빌리면, 성경은 "있는 그대로의" 책입니다. 성경은 현실적이고 솔직하며 숨김없는 책입니다. 기독교를 믿으면 인생과 인생의 여러 문제를 외면하게 된다는 주장은 전적으로 잘못된 것입니다. 우리로 하여금 삶과 모든 사실들을 직면하라고, 최악의 상황에 놓인 사실들을 직면하라고 요구하는 책은 성경, 오로지 성경뿐입니다. 성경이 완전한 관점이라고 제가 강조하는 이유가 여기에 있습니다.

여러분은 자신의 인생철학으로 세상을 살아갈 수 있다고 말할지도 모릅니다. 그러나 저는 그렇게 사는 것이 무슨 의미가 있는지 묻고 싶습니다. 그런 삶이 쾌락을 줄 수 있을지 모릅니다. 그러나 그런 삶이 평안을 줄 수 있습니까? 영혼의 만족을 줄 수 있습니까? 위로가 절실할 때 그것을 줄 수 있습니까? 환경에 얽매이지 않는 삶을 살 수 있게 합니까? 상황이 갑작스레 바뀌더라도 그 인생철학을 견지할 수 있습니까? 이러한 질문들이 바로 시금석입니다. 임박한 죽음 앞에서 여러분의 인생철학이 죽음을 책임질 수 있습니까? 스토아 철학자의 말을 다시 한번 들어 보십시오. "……여행의 끝은 죽음이다." "산 자는 모두 죽기 위해서 태어나고." 여러분의 철학은 죽음의 문제를 진지하게 다루고 있습니까? 여러분은 당당하게 죽음을 맞이할 자신이 있습니까? 아니면 벽을 향해 얼굴을 돌린 채, "이제 끝났군! 모든 게 끝났어. 이젠 가야지. 별 수 없잖아"라고 체념합니까? 그것은 승리도 아니고 분별력도 아닙니다. 사랑하는 여러분, 여러분의 철학이 문제 해결에 적합하다면 그것은 모든 사실들과 모든 가능성들을 망라해야 합니다. 기독교 메시지가 정확히 그렇게 합니다. 기독교 메시지는 그저 따뜻한 격려와 위안을 분별없이 제공하는 메시지가 아닙니다. 기독교 메시지는 일종의 최면제가 아닙니다. 거기에는 엄중함과 늠름함, 그리고 솔직함이 있습니다. 기독교 메시지는 자기를 부인하라고, 자기 십자가를 지고 그리스도를 따르라고 말합니다. 이런 삶은 쉬운 것이 아닙니다. 사도 바울은 빌립보 교회를 향해 "그리스도를 위하여 너희에게 은혜를 주신 것은 다만 그를 믿을 뿐 아니라 또한 그를 위하여 고난도 받게 하려 하심이라"고 말합니다(빌 1:29). 사도행전 14:22에서 바울은 "우리가 하나님의 나라에 들어가려면 많은 환난을 겪어야 할 것"이라고 말합니다. "이것을 믿으면 문제는 절대로 생기지 않을 것"이라고 기독교가 주장한다고 생각한다면 그것은 정말 어처구니없는 일입니다. 그것은 사실이 아닙니다. 주님은 죽음을 앞두고 "세상에서는 너희가 환난을 당하나 담대하라. 내가 세상을 이기었노라"고 친히 말씀하셨습니다(요 16:33). 여러분은 이것이 언제나 동일하다는 것을 알 것입니다. 기독교는 사실을 외면하지 않습니다. 사실을 무시하거나 모른 체함으로써 여러분을 기쁘게 하지 않습니다. 기독교는 사실을 넘어섭니다. 기독교는 그것을 끊임없이 주시하고 그것을 넘어섭니다. 기독교는 여러분으로 하여금 당당하고 영광스럽게, 기쁨과 찬양과 감사로 충만하게 그것을 통과하고 넘어서게 합니다.

이제 아주 명확한 세 번째 원리를 제시하겠습니다. 기독교 메시지는 우리가 아무 일 하지 않더라도 자동적으로 작동하는 것이 아닙니다. 기독교 메시지를 그렇게 생각하는 사람들이 있습니다. 심지어 기독교를 그런 식으로 사용하려고 하는 사람들이 있다는 것은 걱정스러운 일입니다. 기독교는 그런 식으로 역사하지 않습니다. 기독교는 저절로 자동하지 않습니다. 기독교는 우리로 하여금 생각하게 하고, 그 메시지를 적용하게 합니다. 보시다시피, 그것이 바로 디모데가 당면한 문제의 전부였습니다. 사도 바울은 이렇게 말합니다. "디모데야, 너는 왜 내가 한 말을 잊고 있느냐? 왜 내게 들은 메시지를 적용하지 않느냐? 왜 그렇게 낙담하고 있느냐? 이제라도 내가 너에게 했던 말을 떠올리고 네 안에 있는 은사를 활용해라." 그런 일은 저절로 이루어지지 않습니다. 거듭 말씀드리지만, 이것은 오늘날 가장 중요한 사실입니다. 우리는 기독교를 효과가 당연히 나타나는 일종의 약으로 생각해서는 안 됩니다. 기독교는 무엇보다 지성mind으로 깨닫는 진리입니다. 기독교는 이해를 요구하며, 그 이해를 바탕으로 우리가 바울의 말과 행동을 본받을 수 있게 합니다. 기독교는 자동적으로 작동하는 것이 아닙니다.

이제 마지막 근본 원리를 살펴봅시다. 마지막 원리는 기독교 진리를 믿지 않으면 기독교 메시지, 기독신앙이 우리에게 어떤 위로나 위안을 제공하지 않는다는 사실입니다. 이것은 핵심 원리입니다. 기독교는 우리에게 곧바로 위로를 주지 않습니다. 위로는 부산물이며, 위안과 용기 또한 그렇습니다.

바로 여기에서 상당히 많은 사람들이 다시 걸려 넘어집니다. 사람들은 난관에 봉착하고, 그들의 삶은 어디선가 삐걱거립니다. 갑작스레 병에 걸리거나, 실직하거나, 남편이나 아내를 잃습니다. 문득 무언가를 상실했다는 자각이 듭니다. 목표를 두고 살았던 모든 것이 순식간에 사라져 버립니다. 전에는 너무 행복했고 인생철학이 있었다고 생각했지만 지금은 삶의 토대가 무너져 내리고, 아무것도 남지 않았음을 깨닫습니다. 그들은 어찌할 바를 몰라 사교 邪敎와 이런저런 것들에 기웃거립니다. 그런 후에 그들은 기독교회가 도움을 줄 수 있지 않을까 생각해 봅니다. 그들은 위로가 필요합니다. 그것도 지금 당장 말입니다. 하지만 그들은 위로를 얻지 못합니다. 기독교는 그들에게 곧바로 위로를 주지 않습니다. 복음을 믿기 전에는 성경과 복음의 위로와 위안이 무엇인지 결코 알 수 없습니다. 그리스도인이 되기 전에는 결코 기독교의 위로를 얻을 수 없습니다. 바로 이 점이 사람들을 당혹스럽게 합니다. 사람들은 그리스도인이 되지 않고서 기독교가 주는 혜택들을 누리려 합니다. 그럴 수는 없습니다. 기독교가 제공하는 혜택들은 부산물입니다. 본질적인 것은 믿음을 갖는 일입니다.

사도는 이 점을 매우 분명하게 설명합니다. "이로 말미암아 내가 또 이 고난을 받되 부끄러워하지 아니함은." 왜 그럴까요? 바울은 그 이유를 이렇게 설명합니다. "나는 부끄러워하지 않는다. 나는 압도당하지 않는다. 나는 낙담하지 않는다. 나는 절망 가운데 포기하지 않는다. 나는 망연자실하거나 방황하지 않는다. 그 이유가 무엇이냐고? 그 이유를 말해 주겠다. 왜냐하면 '내가 믿는 자를 내가 알고 또한…… 그날까지 저가 능히 지키실 줄을 확신'하기 때문이다." 바꿔 말해, 그는 자신이 누리는 위로와 위안의 근거를 자신의 믿음과 신념에서 발견하고 있습니다. 이것이 가장 중요한 요점입니다.

이제 여러분은 우리가 함께 살펴보고 있는 이 단락에서 사도가 자신이 사용하는 방식으로 이 주제 전체를 다루는 까닭을 이해했을 것입니다. 그는 디모데에게 편지를 쓰면서 "디모데야, 너도 알다시피 너는 그리스도인으로서 그렇게 할 권리가 없다. 너는 왜 정신을 차리지 않느냐? 자, 힘을 내거라! 그리고 그 문제에서 벗어나라!"라고 왜 단순히 말하지 않았을까요? 그렇게 해봐야 조금도 나아질 것이 없다는 것을 알고 있었기 때문입니다. 디모데의 문제를 해결할 수 있는 길은 단 하나, 그에게 복음 전체를 다시 일깨우는 것입니다. 그는 믿음의 중심으로 돌아와야만 합니다. 그래야 모든 문제가 해결됩니다. 그 전에는 해결될 수 없습니다. 진리 자체를 떠나서는 어떤 위로도, 어떤 위안도 없습니다. 위로와 위안, 그 밖의 모든 축복은 진리에서 **도출되는** 것입니다. 진리를 떠나서는 결코 그것들을 얻을 수 없습니다. 이 말이 여러분 귀에 거슬릴지도 모르겠습니다. 하지만 저는 여러분의 영혼을 소중히 여기기 때문에 말씀드리지 않을 수 없습니다. 여러분은 위로가 필요해 기독교를 찾는지 모르지만 저는 먼저 이 질문을 드려야겠습니다. 여러분은 그리스도인입니까? 왜냐하면 여러분이 그리스도인이 아니라면 제가 드릴 수 있는 위로가 없기 때문입니다. 여러분이 그리스도인이 되기 전에는 결코 위로를 알 수 없을 것입니다. 여러분에게 필요한 것은, 위로가 아니라 하나님을 아는 지식과 그리스도를 아는 지식입니다. 여러분은 바로 이 중심에서 출발해야 합니다. 복음은 복음만의 독특한 방식으로 축복을 줍니다. 이 방식 외에는 지름길이 없습니다.

    그 다음으로, 위대한 사도가 자신의 젊은 제자이자 동역자인 디모데에게 편지를 쓰면서 강조한 내용들은 바로 이것입니다. 디모데가 곤경에 처한 것은 그가 이러한 내용을 잊어버렸거나, 마땅히 그래야 함에도 불구하고 그것들을 적용하지 않았거나, 진리 대신 상황을 중시했거나, 아니면 진리에 비추어 상황을 살펴보지 않았기 때문입니다. 오늘날 상당수 사람들이 직면하는 주된 문제가 바로 이것입니다. 어떤 사람들이 제게 와서 이런 말을 합니다. "그래요, 저는 목사님이 말하는 기독교를 시험해 봤는데 효과가 없더군요. 기독교는 제가 원하는 축복을 주지 않았어요." 그들은 그런 말을 하면서 자신에 관한 모든 사실을 털어놓습니다. 보시다시피, 그들은 이 특별한 축복을 바랐지만 얻지 못했습니다. 당연한 일입니다! 왜 그렇습니까? 그들이 그리스도보다, 하나님보다, 자신의 영혼보다 축복을 우선시했기 때문입니다. 오늘날 많은 사람들이 기독교가 몰락하고 있다고 말합니다. 그들이 그렇게 말하는 것은 기독교에 대해 아는 바가 전혀 없기 때문입니다. 미련한 사람들은 이렇게 말합니다. "도처에서 일어나는 전쟁들을 보세요. 국제 정세는 또 어떻고요! 당신네 기독교가 이천 년 동안이나 지속되어 왔는데도 세상은 왜 아직도 이 모양입니까? 지금 이 순간에도 끔찍한 일들이 일어날 가능성은 얼마나 많습니까?" 하지만 기독교는 이 세상에서 전쟁을 없애겠다고 말한 적이 없습니다. 그런 주장을 한 적이 없습니다. 기독교는 사회개혁이나 정치개혁 운동을 제안한 적도 결코 없습니다. 이것은 기독교의 존재 이유가 아닙니다. 기독교는 그리스도인을 만드는 데 관심을 둡니다. 여러분이 그리스도인이 되기 전에는 기독교적인 체험과 기독교적인 삶과 기독교적인 그 무엇을 결코 누리지 못할 것입니다. 먼저 기독교 메시지를 믿지 않으면 기독교가 제공하는 부산물들을 얻지 못할 것입니다. 그렇기 때문에 우리는 이 첫 단계를 분명히 짚고 넘어가야 합니다. 우리는 기독교 메시지가 무엇인지 정확히 알아야 합니다. 이것은 오늘날 극심한 혼란을 불러일으키는 대목입니다.

결론적으로, 저는 나중에 좀 더 상세히 다루었으면 하는 몇몇 표제들을 여기서 소개하고자 합니다. 기독교는 무엇입니까? 저는 오늘날 사람들이 직면하고 있는 문제들 중 이보다 더 중대한 문제는 없다고 생각합니다. 우리에게 소망을 줄 수 있는 유일한 것이 기독교에 있습니다. 인생과 그 난제에도 불구하고 우리로 하여금 승리할 수 있게 해주는 유일한 것이 기독교에 있습니다. 따라서, 정말 중요한 질문은 바로 이것입니다. 기독교는 과연 무엇인가? 몇 가지 표제를 생각해 보겠습니다.

기독교는 정의 내릴 수 있는 것입니다. 기독교는 명확한 것입니다. 막연하고 불명료한 것이 아닙니다. 명확한 그 무엇입니다. 기독교는 여러 명제로 진술할 수 있고, 마땅히 진술해야 하는 것입니다. 이제 우리는 현대인들이 겪는 혼란의 중심부에 들어섭니다. 우리는 새로운 신학과 도덕 등에 관한 기사를, 20세기 사람들에게 이 오래된 복음을 전하는 일이 얼마나 쓸모없는 일인지에 관한 기사를 끊임없이 접합니다. 또한 현대인들은 새로운 언어로 사고하는 과학적인 인간이므로 그들에게는 새로운 복음이 필요하다는 이야기도 듣습니다. 복음은 정의 내릴 수 없고, 기독교는 그저 어떤 모호한 정신이라는 것입니다. 몇 년 전에 그런 생각을 다음과 같이 표현한 슬로건을 본 적이 있습니다. "기독교는 사로잡히는 것이지 배울 수 있는 것은 아니다 Christianity is caught not taught." 바꿔 말하면, 기독교는 무엇인지 알 수 없지만, 어느 날 불현듯 기독교라는 것에 사로잡히면서 "어떤 정신을 사로잡게" 되는 것이라고 합니다. 무엇에 사로잡혔고 또한 무엇을 사로잡았는지 알지 못하지만, 무언가 달라졌다는 느낌이 들면서 이런저런 일들이 하고 싶어진다는 것입니다.

혹은 현대적으로 설명한다면, 기독교는 단지 사랑과 선함에 불과합니다. 그러니까 기독교를 찾으려고 굳이 교회에 가거나, 설교를 듣거나, 성경을 읽거나 할 필요가 없습니다. 보통 사람들과 어울리며 그 가운데 친절의 극치, 사랑의 극치, 그리고 선함의 극치를 발견하면 됩니다. 사랑과 선함의 극치, 그것이 바로 하나님입니다! 그것이 바로 그리스도인입니다! 그들은 우리가 기독교를 모르더라도 그리스도인이 될 수 있다고 말합니다. 사람이 무엇을 믿느

나는 중요하지 않습니다. 선에 대한 개념이 있고 선을 행하고 싶어 하는 사람이 그리스도인입니다. 설사 그가 기독교에 대해 아는 바가 없다고 해도, 전혀 아는 바가 없다고 해도 말입니다.

몇 년 전에 한 저명인사가 이런 기사를 쓴 적이 있습니다. "제 아버지는 이제껏 제가 알아 왔던 그리스도인들 가운데 가장 훌륭한 분이셨습니다. 그런데, 물론, 그분은 기독교 교리는 단 하나도 믿지 않았습니다." 이제 기독교는 정의할 수 없는 것이 되었고, 기독교를 정의하려는 시도는 사실상 우스꽝스럽고 거의 모욕적인 일이 되었으며, 교회는 이런 시도와 다른 여러 문제로 시간을 낭비하고 사람들을 혼란스럽게 했다고, 사람들은 흔히 생각하지 않습니까? 그들은 말합니다. "우리는 교리에 관심이 없습니다. 사는 일에 관심이 있지요." 사랑하는 여러분, 사도 바울이 여기서 펼치는 전체적인 논지는 이렇습니다. 교리 없는 삶은 있을 수 없다는 것입니다. 절대 없다는 것입니다! 그것은 불가능하다는 것입니다. 그는 기독교가 모호하고, 불명료하며, 또한 이해할 수 없는 어떤 기이한 정신이 아님을 우리에게 보여주기 위해 비상한 노력을 기울입니다.

그렇다면 기독교란 무엇입니까? 자, 바울이 사용하는 용어에 주목하시기 바랍니다. 그는 복음에 관해 말하면서 "내가 이 복음을 위하여 선포자와 사도와 교사로 세우심을 입었노라"고 고백합니다. 첫 번째로 주목할 단어는 "교사"입니다. 교사는 무엇인가를 가르치는 사람입니다. 아무것도 가르치지 않는다면 교사가 아닙니다. 교사는 그저 훈계나 늘어놓는 사람이 아닙니다. 교사는 자리에서 일어나 "저는 너무 행복합니다. 여러분도 모두 저처럼 행복했으면 좋겠어요. 여러분이 삶 속으로 들어가기만 하면 분명히 행복을 찾을 수 있을 겁니다"라고 말하는 사람이 아닙니다. 교사는 그런 사람이 아닙니다! "교사!" 교사에게는 가르칠 주제와 소재가 있습니다.

하지만 사도는 여기서 멈추지 않습니다. 두 번째로 그가 어떤 어휘를 사용하는지 주목하시기 바랍니다. 그는 디모데에게 말합니다. "너는 그리스도 예수 안에 있는 믿음과 사랑으로써 내게 들은 바 바른 말을 본받아 지키고"라고 말합니다(딤후 1:13). "바른 말을 본받아"라는 구절에서 "본form"으로 번역된 헬라어는 매우 흥미로운 단어입니다. 그것은 어떤 패턴이나 모델, 경우에 따라서는 미술가들이 최종 작품을 만들어 내기 위해 그리는 일종의 밑그림을 뜻합니다. 사도가 사용하는 단어가 바로 그것입니다. 그는 이렇게 말합니다. "디모데야, 알다시피, 네 모든 문제는 네가 내게서 들은 이 교리 체계—믿음의 본, 내용, 선언들, 명제들—를 단단히 붙잡고 있지 않다는 것이다." 사도가 디모데에게 붙잡으라고 권고하는 것이 바로 이 교리 체계입니다. 그런 다음에 사도는 14절에서 또 다른 단어를 사용합니다. "네게 부탁한 아름다운 것that good thing"이 그것입니다. 그런데 이것은 "그 맡은 바 선한 것that good deposit"으로 번역해야 합니다.

따라서 사도 바울에 따르면, 기독교는 인간이 어떻게 그것을 얻었는지, 어떻게 그것을 다른 사람들에게 전해 줄 수 있는지도 모르고 누리는, 사랑과 평화라는 모호하고 기이한 정신이 아닙니다. 기독교는 그와 정반대입니다. 기독교는 교리 체계입니다. 수많은 진술들이며 특정한 가르침입니다. 여러분이 사람들에게 이야기하고 어떤 명제들로 설명할 수 있는 것입니다.

바울이 그와 같이 기독교를 적극적으로 설명하다가, 그 다음에는 소극적으로 설명하는 것에 주목하십시오. 그는 "바른 말을 본받아 지키고"라고 말합니다. 모든 말이 다 바른 것은 아닙니다. 바르지 않은 말도 있습니다. 교회가 모습을 갖추기 시작한 1세기 당시에도, 거짓 교사들이 난무하자 사도는 이렇게 말합니다. "나는 너에게 모든 말이 아니라 바른 말, 건전한 말, 선한 말, 참된 말을 본받아 지킬 것을 당부한다. 나는 기독교를 여러 명제로 진술할 수 있다. '기독교는 이렇다'라고 말할 수 있으며, 마찬가지로 '기독교는 그렇지 않다!'라고도 말할 수 있다." 우리는 기독교를 정의할 수 있어야 합니다. 잘못된 가르침이니 이단과 대조할 수 있어야 합니다. 물론 오늘날 사람들은 기독교의 모든 것을 외면하고 조롱합니다. 그들은 이렇게 말합니다. "하나님을 믿건 말건 그게 무슨 상관이지? 어차피 천국행 티켓은 확보했는데. 부활을 믿건 말건 그게 무슨 상관이야? 무신론자들도 천국에 가게 될 텐데. 그리스도의 대속적 죽음을 믿건 말건 그게 무슨 상관이야? 기적을 믿건 말건 그게 무슨 상관이지? 선하기만 하면 문제 될 게 없는데." 그러나 이 위대한 사도와 성경 전체에 따르면, 이것들을 믿지 않는 사람은 그리스도인이 아니며 기독교가 주는 유익을 결코 알 수 없습니다.

세 번째로, 바울이 사용하는 중요한 단어를 살펴봅시다. "지키라!" 그것을 붙잡아라! 그것을 보호하라! 그것을 방어하라! 그것을 변론하라! 그것을 빼앗기지 마라! "믿음 안에 굳게 서라!" 이것이 진리이니, 어느 누구도 이 진리를 손상시키지 못하게 하고, 어떤 의미로든 이 진리를 축소하지 못하게 하라. 지금 사도는 전형적인 진술을 하고 있습니다. 사도는 디모데후서 2:8에서 그것을 훨씬 더 구체적으로 설명합니다. "내가 전한 복음대로 다윗의 씨로 죽은 자 가운데서 다시 살아나신 예수 그리스도를 기억하라." **내가 전한 복음**"이라고 말합니다! 다른 복음을 전하는 사람들이 있지만 그들의 복음은 진정한 복음the gospel이 아닙니다. 그들은 거짓말쟁이입니다! 그들은 속이는 자입니다! 그들은 전도자로 자칭하는 자입니다! 그들의 말에 귀를 기울이지 마십시오. "내가 전한 복음"입니다! 기독교 진리는 정의 내릴 수 있고 명제로 진술될 수 있는 진리입니다. 우리는 그러한 명제들이 무엇인지 알아야 하고 또한 믿어야 합니다. 하나님의 뜻이라면, 저는 앞으로 기독신앙의 이러한 절대적 진수들이 무엇인지 여러분에게 설명할 것입니다. 기독신앙의 절대적 진수들이 이 단락에 다 들어 있습니다. 사도는 디모데에게 그 진수들을 하나하나 일깨우고 있습니다. 이것이 첫 번째 진수입니다.

두 번째 진수는, 기독교가 권위, 곧 사도들의 권위에 기초한다는 것입니다. 사도는 "아름다운 것"을 말하면서 "내게 들은바"를 지키고 전하라고 합니다.

세 번째 진수는, 기독교는 역사적 사건과 사실들에 기초한다는 것입니다. 바울은 "이제는…… 나타나심으로 말미암아 나타났으니"라고 말합니다. 기독교는 철학이 아닙니다. 기독교는 사실들에 기초합니다. 사실들에 기초하기 때문에 그것은 변함없고 필연적인 것입니다. 감사하게도 기독신앙은 변하지 않지만 우리를 변화시키고, 우리의 전체적인 관점과 우리의 삶 전체를 변화시키기도 합니다. 기독신앙은 시간에 대한 새로운 관점, 영원에 대한 새로운 관점, 만물에 대한 새로운 관점을 갖게 합니다. 기독신앙은 무엇보다도 우리에게 능력을 줍니다. "그러므로 너는 내가 우리 주를 증언함과 또는 주를 위하여 갇힌 자 된 나를 부끄러워하지 말고 오직 하나님의 능력을 따라 복음과 함께 고난을 받으라"(딤후 1:8). 기독신앙은 우리에게 능력을 위임하지 않습니다. 진리를 믿을 때 우리는 능력을 받아 이렇게 고백하게 됩니다. "이로 말미암아 내가 또 이 고난을 받되 부끄러워하지 아니함은 내가 믿는 자를 내가 알고 또한 내가 의탁한 것—내 영혼과 내 영혼을 안전하게 지키는 일—을 그가 능히 지키실 줄을 확신함이라." "그날까지" 말입니다.

우리는 지금까지 이 위대한 주제를 소개하는 정도에 그쳤습니다. 하지만 저는 여러분이 이 주제에 대해 계속해서 깊이 묵상하리라 믿습니다. 그 주제란 기독신앙이 무엇인지 알기 전에는 그리고 그것을 실제로 믿기 전에는, 어느 누구도 기독신앙이 제공하는 위로와 위안 그리고 능력을 결코 알 수 없다는 사실입니다. 따라서 첫 번째 중요한 질문은 이것입니다. 기독신앙이란 무엇인가? 기독교 진리란 무엇인가? 내가 믿어야 하고, 나를 변화시켜 만물을 새로운 관점에서 보게 하며, 또한 내게 능력을 주어 나를 거스르는 온갖 문제들을 넉넉히 이기게 하는 기독교 메시지란 무엇인가?

기독교 메시지는 바로 예수 그리스도, 십자가에 달리신 그분입니다! 기독교 메시지는 세상을 너무 사랑하셔서 독생자를 주시고 그를 믿는 자마다 멸망하지 않고 영생을 얻게 하신 하나님입니다.

기독교 메시지는 여러분이 하나님과 화해함으로써 그분만이 주실 수 있는 축복들을 받을 수 있는 길을 알려 줍니다.

제가 앞으로 이 메시지에 대해 더욱 상세히 전할 수 있게 되기를 소망합니다. 하지만 그 모든 것의 시작은 바로 이것입니다. "주 예수를 믿으라. 그리하면 너와 네 집이 구원을 받으리라"(행 16:31).

제2장

진정한 기독교

이로 말미암아 내가 또 이 고난을 받되 부끄러워하지 아니함은 내가 믿는 자를 내가 알고 또한 내가 의탁한 것을 그날까지 그가 능히 지키실 줄을 확신함이라. (딤후 1:12)

앞서 살펴보았듯이, 이처럼 강렬하고 영광스러운 진술이 들어 있는 맥락은 매우 중요합니다. 사도는 자신이 친히 양육한 제자이자 젊은 목회자인 디모데에게 편지를 쓰고 있습니다. 분명 그는, 걱정을 지나치게 하고 역경에 부딪치면 쉽게 낙담하는 사람이었습니다. 디모데후서 1장 전체를 다시 한번 읽어 보시기 바랍니다. 바울은 이 장에서 확신에 찬 주장을 거침없이 펼치고 있습니다. 여기, 감옥에 갇혀 있는 사람, 두루 다니면서 복음 전파라는 위대한 사역을 하느라 지칠 대로 지친 사람이 있습니다. 그는 사람들의 오해와 악의로 어쩔 수 없이 감옥에 갇히고 말았습니다. 바울은 로마 황제 가운데 변덕이 가장 심한 것으로 추정되는 네로 황제 치하에서 투옥되어, 언제든 사형당할 위기에 처해 있었습니다. 감옥에 갇힌 신세지만 그는 이런 편지를 쓰고 있습니다. "내가 또 이 고난을 받되 부끄러워하지 아니함은." 나는 지금 시련에 처한 것도, 낙담하는 것도, 소망이 없는 것도 아니다. 모든 것이 평안하다. "내가 또 이 고난을 받되 부끄러워하지 아니함은 내가 믿는 자를 내가 알고 또한 내가 의탁한 것을 그날까지 그가 능히 지키실 줄을 확신함이라."

우리는 여기서 이론을 다루는 것이 아닙니다. 한 사람의 생생한 체험을 듣고 있는 것입니다. 기독교는 오늘날 이 세상에서 가장 실제적인 것입니다. 기독교는 삶의 방식입니다. 사람들로 하여금 어떤 체험을 하게 하는 것입니다. 기독교가 어떤 체험을 하게 하는지를 보여주는 하나의 사례가 있습니다. 기독교는 인간으로 하여금 자신을 거스르는 모든 것을 넉넉히 이기게 합니다. 모든 것, 말 그대로 모든 것입니다. 제외되는 것은 하나도 없습니다. 그야말로 모든 것, 감옥이나 죽음이나 그 어느 것이든 넉넉히 이기게 합니다!

여기서 우리는 사도의 체험에 대한 엄청난 진술을 봅니다. 그의 체험은 당연히 우리에게 도전으로 다가옵니다. 우리는 어떻습니까? 우리는 삶을 어떻게 살아 내고 있습니까? 아시다시피, 이것이 기독교 메시지의 핵심입니다. 우리가 교회에 가는 것은 미국 대통령이나 러시아 지도자나 우리나라 수상에게 나라를 어떻게 다스려야 하는지를 말해 주기 위해서가 아닙니다. 정치 혹은 그와 유사한 사안들을 논하기 위해서도 아닙니다. 우리가 교회에 가는 것은 생명life과 삶living을 논의하기 위해서입니다. 우리는 이론가가 아니라 현실주의자입니다. 우리는 전투에 임해 삶의 문제와 씨름하고 있습니다. 우리의 온갖 주장과 이론을 검증하는 시금석은 다음과 같은 질문입니다. 그것은 우리에게 도움이 되는가? 그것은 실제로 효력이 있는가? 토론회에서 발언하거나 사적인 토론에서 의견을 개진하거나 원칙을 정해 우리 생각을 나타내기란 아주 쉬운 일입니다. 그러나 그것을 검증하는 완전한 시금석은, 그 모든 것은 어떤 결과를 낳는가, 그것은 만족스러운가 하는 것입니다.

여기서 사도는 효력을 발휘하는 복음을 설교하고 있습니다. 바울은 그 복음에 대한 살아 있는 예증이자 사례입니다. 그러나 우리는 어떻습니까? 우리는 다음과 같은 질문을 자신에게 던져 봐야 합니다. 우리는 어디에 서 있습니까? 우리는 바로 이 순간 삶에서 자신을 어떻게 발견합니까? 결국 중요한 것은, 우리로 하여금 삶에 대해 이러한 태도를 갖게 하는 것이 무엇인지를 발견하는 일입니다. 여러분은 바울이 이 본문이나 다른 본문에서 하는 고백을, 그로 하여금 할 수 있게 하는 체험을 하고 싶지 않습니까? 바울은 빌립보 교회에도 동일한 내용을 전하고 있습니다. "어떠한 형편에든지 나는 자족하기를 배웠노니 나는 비천에 처할 줄도 알고 풍부에 처할 줄도 알아…… 내게 능력 주시는 자 안에서 내가 모든 것을 할 수 있느니라"(빌 4:11-13). "내게 사는 것이 그리스도니 죽는 것도 유익함이라"(빌 1:21). 바울은 위대한 선언을 하고 있습니다. 여러분들도 그처럼 하고 싶지 않습니까? 여러분들도 삶의 주인이 되고 싶지 않습니까? "넉넉히 이기"는 사람으로(롬 8:37) 이 세상을 헤쳐 나가고 싶지 않습니까? 바울은 그것이 가능하다고 말합니다. 그렇다면 어떻게 가능할까요?

우리는 앞서 이 문제를 고찰했습니다. 우리는 이 문제가 인간의 타고난 기질이나 심리 혹은 종교적 성향으로 설명될 수 없음을 알았습니다. 복음의 위대함은 그 복음이 인간의 기질과 무관하게 이러한 일들을 가능케 한다는 데 있습니다. 이것에 이의를 제기하는 다른 견해들은 성경과 기독교회의 후속 역사를 통해 철저히 논박당합니다. 오늘날 교회에 가면 인간의 성격과 기질과 심리—그 밖에 어떤 이름을 붙이든—가 상상 외로 매우 다양하게 결합되고 치환되는 것을 볼 수 있습니다. 이는 시대와 무관한 현상입니다. 감사하게도 복음은 인간의 기질과 무관합니다! 복음은 단지 특정 부류의 사람들을 위한 소망이 아닙니다. 복음은 모든 인간을 위한 소망입니다. "누구든지!" "오는 사람은 누구든지" 이 소망을 가질 수 있습니다.

바울이 스토아 철학을 받아들였을지도 모른다는 사실로 그의 강함을 설명하기 어렵습니다. 우리는 스토아 철학이 기독교와 본질적으로 다르다는 사실을 알았습니다. 스토아 철학은 언제나 소극적이고 쉽게 체념합니다. 스토아 철학에서 승리의 어조를 발견하기란 정말 어렵습니다. 스토아 철학은 "투지"와 "인내"와 의지력, 용기입니다. 스토아 철학은 매우 고상합니다. 그러나 그것은 그저 고상한 이교 신앙일 뿐입니다. 스토아 철학자는 찬송하는 것의 의미를 모릅니다. 여기, 감옥에서 찬송하는 사람이 있습니다. 그는 넉넉히 이기는 사람입니다. 이것은 스토아 철학이 아닙니다.

여러분도 기억하시겠지만, 사도 자신은 이 위대한 주장에 대한 설명은 오직 하나뿐이라고 말합니다. 그것은 바로 우리 주님이시요 구주이신 예수 그리스도의 복음을 그가 믿는다는 사실입니다.

복음을 전하다 감옥에 갇히게 되었지만 그는 평안하다고 말합니다. 감옥에 갇힌 몸이지만 복음의 능력으로 찬송할 수 있기 때문입니다. 앞서 말씀드렸듯이, 궁극적인 질문에 부딪쳤을 때 우리에게 진정한 도움을 줄 수 있는 것은 이 세상 어디에도 없습니다. 복음 밖에 없습니다. 그렇기 때문에 이 복음이 무엇인지를 제대로 아는 것이 무엇보다 중요합니다. 그런데 안타깝게도 바로 여기에서 엄청난 혼란에 직면합니다.

다시 한번 말씀드립니다. 저는 현대인들과 오늘날 기독교회 밖에 있는 사람들에게 커다란 연민을 느낍니다. 그들이 읽고 듣는 몇 가지 자료들을 통해 복음을 이해하기란 매우 벅찬 일입니다. 이런 이유로 우리는 이 모든 것을 매우 주의 깊게 고찰하고 있습니다.

앞서 살펴보았듯이, 복음은 단순히 위로의 메시지가 아닙니다. 교회는 진통제를 제공해 주는 공공 의료시설이 아닙니다. 교회는 그저 기분을 좋게 해주는 시럽을 나누어 주는 장소가 아닙니다. 복음은 진리를 제시합니다. 위로는 진리에 따른 결과입니다. 진리를 도외시한 채 단순히 여러분의 소원을 이룰 수는 없습니다. 여러분은 몸을 치유하고, 여러 지침들을 얻으며, 온갖 종류의 것들을 손에 넣고 싶어 합니다. 하지만 복음을 떠나서는 그렇게 할 수 없습니다. 먼저 복음을 믿어야 합니다. 복음을 믿을 때 비로소 우리는 간절히 바라는 위로와 삶의 능력을 산물 혹은 부산물로 얻습니다.

그래서 우리는 복음이란 무엇인가라는 중대한 문제를 다시 고찰합니다. 여기서 우리는 현대인들의 난제를 만나게 됩니다. 거듭 말씀드리지만, 제가 이 시점에서 고찰하고자 하는 것은 순전히 서론에 불과합니다. 제가 서론에 시간을 쏟는 이유가 있습니다. 제 삶과 경험에 비추어 보면, 우리는 보통 처음부터 잘못된 방식으로 곤경에 처한 사람들을 대하기 때문입니다. 사람들은 복음에 함축된 의미에 대해 언제든 논의할 준비가 되어 있습니다. 그들이 정말로 논의하기 원하는 것은, 복음이란 과연 무엇인가입니다. 제가 보기에, 대다수 사람들이 복음에 처음 접근하는 방식부터 문제가 있습니다. 이는 그들이 그 밖의 다른 것에 있어서도 문제가 있다는 뜻입니다.

그렇다면 그들의 문제는 무엇입니까? 앞서 살펴보았듯이, 첫 번째 문제는, 인간이 복음에 대해 정의할 수 없고, 가르침과 교리는 불필요하며, 복음은 기분 좋은 느낌에 불과하다는 주장입니다. 우리는 디모데후서 1:12에서 바울이 이에 대해 어떤 답을 제시하는지, 그가 디모데에게 어떻게 "바른 말을 본받아 지키"라고 권고하는지를 보았습니다. 복음은 정의할 수 있습니다. 사도는 여기서 복음을 정의하고 있습니다. 우리는 여러분과 함께 그 정의에 대해 살펴볼 것입니다.

이 사실을 더욱 확증하기 위해 사도행전에서 예를 찾아보겠습니다. 사도행전 17장에는 바울이 아덴을 방문한 이야기가 나옵니다. 그는 아덴을 두루 다니다가 곳곳에 신전이 즐비한 것을 목격하고는 "아덴 사람들아, 너희를 보니 범사에 종교심이 많도다"라고 말합니다(22절). 그들의 신전은 온갖 우상들로 가득 차 있어 예배할 공간조차 모자랄 지경이었습니다. 바울은 이렇게 말합니다. "너희들은 미신에 푹 빠져 있고 너무 종교적이다."

그런 후에 바울은 아덴 사람들을 설득하고 그들과 논쟁을 벌입니다. 그들은 바울에게 "네가 말하는 이 새로운 가르침이 무엇인지 우리가 알 수 있겠느냐?"라고 묻습니다(19절). 그러자 바울은 조금도 주저하지 않습니다. 아덴 사람들은 시간을 정해 바울과 아레오바고 법정에서 만납니다. 바울은 그들에게 이 새로운 가르침이 무엇인지 설명하기 시작합니다. 그가 사용하는 용어에 주목하시기 바랍니다. "내가 너희에게 알게 하리라I declare unto you"(23절).

사도는 자신의 가르침을 쉽게 설명해 줄 수도 있었습니다. 그러나 그는 단순히 이렇게 말하지 않았습니다. "자, 너희들이 알다시피, 나는 놀라운 체험을 해서 지금 가슴이 벅차다. 나는 사랑을 발견했다. 너희들이 사람들을 실제로 알게 되면 너희들 자신을 잊을 수 있다. 그리고 밖에 나가 사람들과 어울려 그들을 도와주고 그들을 이해하려 애쓰면, 너희들은 그들을 새로운 눈으로 바라보게 되고, 마음속에 벅찬 느낌이 찾아들 것이다. 바로 그것이다. 내가 너희들에게 전하는 바가 바로 그것이다." 바울은 절대 그렇게 말하지 않았습니다! 그는 창조주 하나님과 그리스도와 심판 등에 관한 특정한 교리를 전했습니다. 그의 선포는 가르침이자, 명확한 교리이자, 진리의 총체이자, 바른 말의 본이었습니다. 성경은 그러한 것들로 가득합니다. 초대교회는 이와 동일한 요점을 붙들었습니다. 후대의 모든 교회들 또한 이 요점을 붙들었습니다.

저는 다른 이들을 비판함으로써 여러분을 즐겁게 해드릴 생각이 없습니다. 하나님은 제가 그렇게 하는 것을 금하십니다. 그런데 오늘날 몇몇 교사들을 보면 실소를 금할 수 없습니다. 그들은 자신들의 책이나 설교를 통해, 교리는 정의 내릴 수 없다고 말합니다. 기독교 또한 정의 내리거나 명제로 진술할 수 없다고 말합니다. 그것도 회중과 함께 사도신경이나 다른 신앙고백을 암송하는 예배시간에 말입니다.

그들의 신조나 고백은 무엇입니까? 그것은 증거에 대한 진술과 명제와 정의에 불과합니다. 그 신조와 고백은 기독교가 "나는 믿사오며, 믿사오니, 믿사옵나이다"라고 단언하는 것이라고 말합니다. 우리에게는 일련의 명제들이 있습니다. 이것이 기독교입니다! 이것이 바로 초대교회의 입장이었습니다. 이 말은 사도들이 그러한 신조를 손수 작성했다는 뜻이 아닙니다. 그들은 신조를 작성하지 않았습니다. 하지만 그것을 사도신경이라고 해도 타당합니다. 사도들이 전한 메시지가 그 안에 소중히 간직되어 있기 때문입니다. 사도신경은 사도들의 가르침을 탁월하게 요약한 것입니다. 이 교회 교부들은 기독교회가 태동하던 초기에 거짓 가르침이 교회에 침투하자 공의회를 열어 성령의 인도하심에 따라 복음의 진리를 명제로 나타냈습니다. 바울이 디모데후서 1장에서 말하듯이, 우리는 "바른 말"과 그렇지 않은 말을 구분할 수 있습니다. 사도는 "너는⋯⋯ 내게 들은바 바른 말을 본받아 지키"라고 말합니다. 또한 "거짓 가르침에 귀를 기울이지 말고 내 말을 들으라"고 말합니다. 그는 디모데후서 2장에서 "내가 전하는 복음"을 말합니다. 신조와 고백은 이 위대한 사도가 여기서 매우 명확히 작성해 놓은 것과, 신약의 다른 책에서 작성한 것을 요약하거나 반복합니다.

자, 여러분이 기독교가 무엇인지 알 수 있다는 사실을 명확히 해둡시다. 기독교는 모호한 느낌이나 불명료한 것이 아닙니다. 기독교는 여러 명제들로 기술하고 정의하며 또한 진술할 수 있습니다. 여러분은 자신이 기독교를 믿는지 믿지 않는지를 알 수 있습니다. 사도가 아덴에서 전도하자 회중은 두 그룹, 곧 복음을 믿지 않은 자들과 믿은 자들로 나뉘었습니다. 복음을 믿지 않은 자들과 믿은 자들입니다. 복음이 전파될 때마다 사람들은 언제나 두 그룹으로 나뉘었습니다. 지금도 마찬가지입니다.

두 번째 문제는, 복음을 믿지 않기 때문에 사도 바울이 했던 체험을 하지 못하는 사람들이 있다는 것입니다. 그들은 복음이 실패했다고 생각하기 때문에 복음을 믿지 않습니다. 오늘날 우리는 복음이 실패했다는 이야기를 얼마나 자주 듣습니까? 어쩌면 여러분 자신이 그렇게 말했을지도 모릅니다. 언제인지는 모르지만 우리 모두가 무심코 그런 말을 했을 것입니다. 사람들은 이렇게 말합니다. "우리한테 기독교를 전해서 뭘 어쩌겠다는 겁니까? 기독교 역사가 이천 년이 됐는데도 세상 돌아가는 꼴이 이게 뭡니까? 당신들이 전하는 복음이 진리라면 세상은 이 지경이 되지 않았겠죠. 그러니까 당신들이 전하는 복음은 실패작입니다."

복음을 실패작이라고 하는 것은 무척 흥미로운 지적입니다. 그런데 그런 지적을 받을 때마다 저는 항상 이렇게 되묻습니다. "복음이 약속하는 바는 무엇일까요? 만약 복음이 실패했다고 한다면 복음이 애초에 약속한 바가 무엇이라고 생각합니까?" 던져 볼 만한 질문이 아닙니까? 만약 여러분이 예수 그리스도의 복음을 실패작이라고 한다면, 이는 분명 복음이 약속한 바에 관해 여러분 나름의 어떤 생각이 있다는 얘기가 됩니다. 그 생각은 무엇입니까? 제가 이런 질문을 한다면 대충 이런 답변이 나올 것입니다. "복음은 전쟁을 끝내고, 가난과 고통을 추방하고, 세상을 개혁하고, 잘못을 바로 잡고, 불공평한 일을 없애고, 더 나은 세상을 만들겠다고 약속했지요. 하지만 복음은 약속을 지키지 못했어요. 오늘날 세상 돌아가는 형편이 그 증거 아니겠습니까?"

이에 대한 단 하나의 간단한 답변이 있습니다. 복음은 그런 약속을 한 적이 절대 없습니다. 결단코 없습니다! 복음이 전쟁을 끝내겠다고 제안하거나 약속했다는 증거는 전혀 없습니다. 주님은 십자가에 달리시기 전에 "[너희가] 난리와 난리 소문을 듣겠으나"라고 말씀하셨습니다(마 24:6). 또한 "노아의 때와 같이 인자의 임함도 그러하리라"고 말씀하셨습니다(마 24:37). 소돔과 고모라의 때와 마찬가지로 "인자가 나타나는 날에도 이러하리라"고 말씀하셨습니다(눅 17:30). 그분은 전쟁을 종식시키거나 세상을 개혁하겠다는 약속을 하신 적이 결코 없습니다. 그 어떤 증거도 없습니다. 사람들은 전쟁 종식이나 세상 개혁과 같은 주제를 복음에 끼워 놓고는 복음이 원래 그랬다고 생각합니다. 사람들은 잘못된 생각에 단단히 사로잡혀 있습니다. 그들은 기독교가 스스로 한 약속을 이행하지 못한다고 생각하기 때문에 기독교를 하찮은 것으로 치부합니다. 따라서 기독교가 주는 유익을 누리지 못합니다. 하지만 문제는 그들이 기독교가 무엇인지 결코 알지 못했고, 복음을 제대로 파악한 적이 단 한번도 없었다는 사실입니다. 두 번째 문제는 동일한 문제, 곧 기독교란 무엇인가를 알아야 한다는 것으로 귀착됩니다.

이제 다음 문제로 나아갑시다. 저는 사람들이 직면하는 가장 흔한 문제를 다루고자 합니다. 세 번째 문제는, 사람들이 이렇게 말한다는 것입니다. "20세기 사람들에게 1세기에 전파된 복음을 깊이 생각해 보라고 하다니, 이건 터무니없는 일입니다. 당신네 그리스도인들은 지금이 어느 때인지 주제 파악이나 제대로 하세요. 우리가 살고 있는 20세기는 핵 시대 아닙니까?" 그들의 말이 계속됩니다. "이봐요, 당신네들은 지금 2차 세계대전 이전, 아니 거의 원시시대 사람들처럼 생각하고 있군요. 당신네들은 지금 어디에 있습니까? 지금 어디에 살고 있습니까? 시대가 바뀌고 상황이 달라졌다는 걸, 과학이 엄청나게 진보했다는 걸 모르시나 보죠? 현대인들은 옛날 사람들과 완전히 다릅니다. 현대인의 문세는 선과 판이하게 다릅니다. 우리더러 이 케케묵은 메시지를 숙고하라고 해서 뭘 어쩌자는 겁니까?"

그들의 주장에는 두 가지 오류가 있습니다. 첫째는 인간이 달라졌다는 믿음입니다. 현대인들이 당면한 문제는 옛사람들이 겪었던 문제와 본질적으로 다릅니까? 인간의 문제가 무엇인지는 굳이 말씀드릴 필요가 없다고 봅니다. 인간의 문제는 원자를 분열시킬 수 있느냐, 인간을 우주로 보낼 수 있느냐가 아닙니다. 이런 것들은 문제라고 볼 수 없습니다. 문제는 바로 이것입니다. 인생이란 무엇인가? 인간은 어떻게 의젓하게 살 수 있는가? 인간은 어떻게 자기 자신과 조급함과 저급한 본능과 욕망을 다스릴 수 있는가? 어떻게 인간답게 살 수 있는가? 갑자기 병으로 쓰러지고, 사고로 몸이 만신창이가 되고, 의지했던 모든 것을 잃게 되더라도 어떻게 평안을 유지할 수 있는가? 감옥에 갇힌 몸으로 어떻게 찬송할 수 있는가? 이것들이 중요한 문제입니다. 인간은 어떻게 죽을 것인가? 이것이 예로부터 지금까지 중요한 문제였습니다. 새로운 문제란 없습니다. 가장 중대하고 궁극적인 문제는 인간은 무엇인가입니다. 인간은 지고의 존재인가, 아니면 인간을 초월하는 누군가가 있는가? 성경 말씀처럼 인간이 이 초월적 존재와 맺는 관계가 그 무엇보다도 중요한가?

그렇다면 이 세 번째 문제에는 잘못된 가정이 깔려 있습니다. 문제의 본질은 그대로입니다. 우리는 과학과 과학이 일궈 낸 놀라운 업적에 대해 이야기할 때면 자못 흥분합니다. 우리는 이전과 다른 영역에 살고 있다고 생각합니다. 사실이 그렇지 않다는 것을 여러분도 알고 있습니다! 인간은 지금도 먹고 마시며 섹스를 즐깁니다. 이것들이 가장 큰 문제입니다. 이런 문제들과 비교하면 과학의 문제는 아이들 장난에 불과합니다. 이것들이 **진짜** 문제입니다. 과학자들은 물체를 능수능란하게 다룹니다. 그들은 중력을 정복했지만 죄의 세력은 아직 정복하지 못했습니다. 사실입니다. 사랑하는 여러분, 우리는 진지하게 생각해야 합니다. 우리는 매혹적인 과학 용어들을 남발하며 흥분해서 이야기합니다. 인간의 근본 문제는 한결같습니다. 털끝만큼도 달라지지 않았습니다. 물론 제가 여러분에게 말씀드리겠지만, 복음 또한 변하지 않았습니다. 복음은 1세기 당시나 10세기나 20세기인 지금이나 그대로입니다.

이상의 세 가지 주요 문제들은 모두 한 방향을 가리킵니다. 인간이 매번 그릇된 길로 가는 것은, 복음이 정말 무엇인지 모르기 때문입니다. 복음의 메시지는 무엇입니까? 복음이 약속하는 바는 무엇입니까? 복음이 우리에게 제공하는 것은 무엇입니까? 다시 말씀드리지만 제 주장은 이것입니다. 복음은 주겠다고 하는 것은 반드시 줍니다. 복음은 약속한 바를 반드시 시행합니다. 바울이 이 사실을 입증합니다. 지난 세기의 성도들이 그것을 입증합니다. 감사하게도, 우리의 불완전함에도 불구하고 우리 가운데 몇몇 사람들이 오늘날 그것을 생생하게 입증하고 있습니다! 이것은 이론이 아닙니다. 사실입니다. 복음이 효력을 나타내지 않는다면 저는 복음을 전하지 않을 것입니다. 저는 직업상 복음을 전하는 것이 아닙니다. 제가 강단에 선 것은 직업이 필요해서가 아닙니다. 제가 복음을 전할 수 있는 특권을 갖게 된 것은 복음이 진리일 뿐 아니라 또한 효력을 나타내기 때문입니다. 복음이 효력을 나타내는 것은 복음이 진리이기 때문입니다. 그러니까 여러분이 복음이란 무엇인가와 복음은 알 수 있는 것인가라는 근본적인 질문에 대해 분명한 입장을 취하지 않는다면, 복음에 관해 상세히 논하거나 특정 문제를 고찰해 보았자 아무 소용없습니다. 제가 이미 답변했듯이, 복음은 알 수 있는 것입니다. 그렇다면 우리는 어떻게 복음을 알 수 있습니까? 우리는 어떻게 복음에 접근해야 합니까?

이렇게 설명해 보겠습니다. 우리의 권위는 무엇입니까? 제가 이 질문을 하는 것은, 이 시점에서 다음과 같이 혼잣말을 하는 사람들이 있을지도 모르기 때문입니다. "그럼, 그렇지. 내 그럴 줄 알았다니까. 이 사람이 자만심에 빠진 것은 당연해. 이 사람은 자신의 말이 옳다고 생각하거든. 자신이 그렇게 말하기 때문에 옳다는 거야. 이거야말로 복음 전도자의 전형적인 독단주의지."

그런 사람들에게 줄 수 있는 답변은 많습니다. 우리는 하나같이 독단적인 사람들 아닌가요? 여러분은 "내 말이 바로 이거야"라고 말하는 순간 독단적인 사람이 됩니다. 이리하여 여러분은 스스로를 정죄합니다. 하지만 제가 말씀드리는 것이 다 제 생각은 아닙니다. 그것은 제 입장과 아무 상관이 없습니다. 저는 이 성경 말씀을 풀어내는 하찮은 존재에 불과합니다. 만약 제가 이 위대한 사도의 가르침을 어떤 식으로든 훼손하고 있음을 여러분이 입증한다면 저는 기꺼이 제 잘못을 시인하겠습니다. 제가 앞서 여러분에게 상기시켜 드렸듯이, 저는 이 하나님의 사람이 전하는 말씀을, 수 세기 동안 하나님의 사람들이 말해 온 것을, 여러분 앞에서 쉽게 풀이하고 있을 뿐입니다.

그렇다면 권위란 무엇입니까? 이 질문에 대한 답은 단 두 가지입니다. 우리는 우리의 이성, 명철, 견해 및 우리와 같은 부류의 사람들의 견해를 신뢰합니다. 아니면 성경의 가르침을 하나님의 계시로 받아들입니다. 결국 둘 중 하나를 택합니다. 다른 입장은 있을 수 없습니다. 이것 아니면 저것입니다. 결국 우리는, 우리가 생각하고 이해하고 믿는 것을 신뢰하거나, 아니면 우리 자신을 완전히 그리고 무조건 성경 말씀에 굴복시키거나 둘 중 하나를 택합니다. 우리는 "저는 아무것도 몰라요. 제게 말씀해 주세요. 제게 그것을 주세요"라고 말하면서 어린아이처럼 성경 말씀으로 나아갑니다. 이것 아니면 저것입니다.

그러므로 저는 이 두 가지를 검토하고자 합니다. 검토하는 이유는 제가 이미 도입부에서 말씀드렸습니다. 이 문제가 인간의 삶 전체뿐 아니라 죽음에도 영향을 미치기 때문입니다. 이것은 만물을 변화시킵니다. 이것은 상상할 수 있는 최악의 상황에서 인간으로 하여금 승리할 수 있게 합니다. 이것은 그 무엇보다 중요합니다. 여러분은 자신의 이성을 신뢰하거나, 아니면 계시에 굴복하거나 둘 중 하나를 택합니다. 저는 여러분이 계시에 굴복할 것을 간곡히 부탁드립니다. 제가 부탁하는 데는 몇 가지 이유가 있습니다.

무엇보다도 저는 이성의 불충분함, 인간 지혜의 불충분함 혹은, 이런 표현을 써도 된다면, 철학의 전적인 불충분함을 여러분에게 증명하고자 합니다. 지난 백년 동안 철학과 계시 사이에 일어난 싸움은 정말 치열했습니다. 성경에 대한 온갖 고등비평은 인간의 철학에 기초하고 있습니다. 실로 로마 가톨릭교회는 인간의 철학을 성경에 가미하는 중차대한 실수를 저질렀습니다. 물론 로마 가톨릭교회는 성경을 믿습니다. 그러나 아리스토텔레스에게서 비롯된 인간의 철학을 성경에 가미해, 이 철학으로 하여금 성경의 가르침을 반박하게 만들었습니다. 제가 로마 가톨릭교회의 권위를 인정하지 않는 이유가 바로 여기 있습니다. 저는 성경의 권위를 인정합니다.

이제 이성에 대해 살펴봅시다. 제가 왜 이성이 불충분하다고 말할까요? 이성의 문제는 당연히 중요한 주제입니다. 저는 이 주제에 대해 몇 가지 표제를 제시하고자 합니다. 태곳적부터 인간의 위대한 탐구, 문명의 위대한 탐구의 대상은 지혜였습니다. 욥은 다음과 같은 해묵은 질문을 던졌습니다. "지혜는 어디서 얻으며 명철이 있는 곳은 어디인고?"(욥 28:12) 생각이 깊은 사람은 누구나 그런 질문을 던지게 마련입니다. 자신의 지적 능력을 조금이라도 사용하는 사람은 늘 인생에 대해 생각하고 반추해 왔습니다. 그는 종국에 이런 말을 합니다. "오, 지혜가 있는 곳은 어디인가?" 우리가 살고 있는 이 시대는 지혜wisdom에는 별로 주목하지 않습니다. 그저 영리함cleverness에만 관심이 있습니다. 진정한 사상가는 영리함이 아닌 지혜에 관심을 보입니다. 지혜야말로 그들 모두가 찾고 싶어 하는 것입니다.

지혜가 추구하는 것은 인간에 대한 이해입니다. 인간은 무엇입니까? 인간을 위해 무엇을 할 수 있을까 또는 인간에게 무엇이 필요한가를 묻기 전에, 바로 이 질문을 해야 합니다. 인간이 무엇인지를 모르면서 어떻게 인간의 필요를 채울 수 있겠습니까? 인간은 동물입니까? 만약 그렇다면 인간을 동물 대하듯 하십시오. 오늘날 그런 일이 자행되고 있습니다. 하지만 인간이 동물이 아니라 그 이상의 존재라면 인간에게는 그에 걸맞은 욕구가 있습니다. 인간은 무엇입니까? 수 세기를 지나오면서 지혜는 이 질문에 답하려 했습니다. 인생은 무엇입니까? 이 세상에서 우리의 인생은 무엇입니까? 인생의 목적은 무엇이며, 사명은 무엇입니까? 거듭 여러분에게 묻습니다. 인간은 어떻게 살아야 밤에 행복하게 잠들고, 거울에 비친 자신의 모습에 부끄러워하지 않으며, 시편기자가 그랬듯이, 적들에 둘러싸여도 어린아이처럼 베개를 베고 평온하게 잠들 수 있을까요? "내가 누워 자고 깨었으니 여호와께서 나를 붙드심이로다"(시 3:5). 우리는 이렇게 말할 수 있습니까? 이것이 문제입니다. 지혜가 늘 추구해 온 것은 고요한 정신, 평온한 마음, 안식의 처소, 평안의 자리와 같은 것들입니다.

우리는 스토아 철학자들이 어떻게 이러한 것들과 씨름해 왔는지, 어떻게 그들 특유의 해결책—진정한 해결책이라고 할 수 없는—을 내놓았는지 살펴보았습니다. 설령 이 모든 문제들이 해결된다 하더라도, 또 다른 중대한 문제가 기다리고 있습니다. 그 문제는 어떻게 죽을 것인가, 죽음 너머에는 무엇이 있는가입니다. 지혜는 언제나 이 질문들에 대한 답을 추구해 왔습니다. 지난 수 세기 동안, 철학자들은 죽음과 사후 세계의 문제를 집중적으로 탐구해 왔습니다. 그러나 철학은 실패했습니다. 늘 실패했습니다. 철학은 지금도 실패하고 있습니다. 철학이 실패하는 것은 인간이 순수이성이 아니기 때문입니다. 만약 우리가 순수이성이라면, 만약 우리가 그저 지식인이라면, 우리는 문제를 해결할 수 있을 것입니다. 하지만 우리는 순수이성이 아닙니다. 우리도 이 사실을 알고 있습니다.

그렇다면 우리는 무엇입니까? 우리 모두의 문제는 우리 안에 비합리적인 요소가 있고, 그것은 우리의 이성보다 훨씬 더 강력하다는 사실입니다. 인간은 선이 무엇인지를 알면서도 악을 행합니다. 인간은 비합리적이며 모순된 존재입니다. 어떤 사람이 나쁜 일을 저지르고는 "다시는 절대 하지 말아야지"라고 다짐합니다. 그는 수치와 후회로 얼굴을 들지 못하며 비참해집니다. 그러다 정신을 차리고는 "다시는 그런 일을 절대 하지 말아야지"라고 말합니다. 하지만 또 다시 나쁜 짓을 저지릅니다. 나쁜 짓을 되풀이합니다. 비합리성!

그것이 인간 문제의 핵심입니다. 그 사람 안에는 그의 정신보다 더 강력한 세력들이 있습니다. 욕구와 충동과 직감이 바로 그러한 것들입니다. 이것들이 바로 인간의 문제입니다! 사도 바울은 이것을 다음과 같이 간단히 요약하고 있습니다. "원함은 내게 있으나 선을 행하는 것은 없노라.…… 내 속사람으로는 하나님의 법을 즐거워하되 내 지체 속에서 한 다른 법이 내 마음의 법과 싸워 내 지체 속에 있는 죄의 법으로 나를 사로잡는 것을 보는도다"(롬 7:18, 22, 23). 인간은 모순된 존재입니다. 인간에 내재되어 있는 비합리적인 요소는 언제나 인간의 모든 유토피아를 허물어 버리고 인간의 온갖 신중한 계획을 좌절시킵니다.

그러나 인간의 이성을 무시하는 것은 아닙니다. 이성은 매우 놀라운 것입니다. 저는 이성을 거스르는 말을 하려는 것이 아닙니다. 저는 이 순간에도 여러분에게 논증하고자 최선을 다하고 있습니다. 저는 언제나 논증하고자 노력합니다. 저는 설교할 때 제 자신이나 다른 사람 이야기는 하지 않습니다. 청중들로 하여금 함께 찬송을 부르게 해 그들을 흥분시키려고 하지도 않습니다. 저는 청중에게 논증합니다. 하나님은 제가 이성을 거스르는 말을 못하게 하십니다. 이성은 하나님이 인간에게 주신 선물이며 인간과 동물을 구분하는 기준이라고 저는 믿습니다. 그러나 이성은 인생의 가장 중요한 시점에서 그리고 가장 중요한 것에 관해서는 도움을 주지 못합니다. 오, 인생의 가장 놀라운 경험들은 사실상 이성과 무관합니다. 이성으로는 사랑에 대해 알 수 있는 것이 아무것도 없습니다. 마음! 인간의 마음! 역사상 가장 뛰어난 이성의 소유자이자

17세기의 탁월한 수학자인 블레즈 파스칼Blaise Pascal은 이런 말을 했습니다. "인간의 마음에는 이성으로는 도무지 알 수 없는 동기가 있다." 정곡을 찌르는 말입니다. 이성은 가장 미묘한 인간관계나 가장 영광스러운 경험들을 조금도 이해하지 못합니다. 우리가 영광스러운 체험을 하는 데 아무 도움이 되지 못합니다.

지금까지 말씀드린 것을 정리하고 다음으로 나아가겠습니다. 이 문제는 로버트 브라우닝Robert Browning의 위대한 시 '블로그램 주교의 변명Bishop Blougram's Apology'에 아주 완벽하게 묘사되어 있습니다. 자신의 철학과 사상에 사로잡혀 있는 한 젊은이가 연로한 주교에게 찾아와 논쟁을 벌입니다. 그 청년은 모든 것을 일목요연하게 정리합니다. 말하자면, 모든 것을 논리로 완전히 꿰뚫고 있는 것입니다. 연로한 주교는 젊은이를 물끄러미 쳐다보며 미소 짓더니 이렇게 말을 합니다. "아무렴, 내 자네를 충분히 이해하지. 나도 젊었을 때 그랬으니까. 그때는 모든 걸 다 안다고 생각했지." 주교는 말합니다. "하지만 그 모든 걸 다 풀었다고, 모든 걸 일목요연하게 정리했다고 생각할 그때에 알게 될 걸세."

> 더없이 안전한 그때에, 저녁놀의 전조前兆,
> 꽃 종鐘의 환상, 누군가의 죽음,
> 에우리피데스의 합창의 종결,
> 쉰 가지 희망과 두려움을 위해서는 그것으로 충분하네.
> 위대한 가정假定.

시인은 무엇을 말하고 있습니까? 시인이 말하고자 하는 바는 이렇습니다. 완벽한 지적 체계를 통해 사물의 모든 이치를 깨달았다고 생각하는 순간, 여러분은 현대인들이 즐겨 쓰는 표현대로 논리적 실증주의자가 됩니다. 모든 것이 평안하다고 말하는 바로 그때, 여러분은 느닷없이 저녁놀을 보게 됩니다. 여러분 마음속에서 합리적으로 해석하거나 설명할 수 없는 그 무엇이 일어나 여러분을 감동시킵니다. "꽃 종의 환상!" 산울타리를 따라 피어난 작은 꽃이 이성이 행할 수도, 이성으로 이해할 수도 없는 그 무언가를 해내는 것입니다.

시인 워즈워스 William Wordsworth는 이와 똑같은 요점을 다른 방식으로 표현합니다. 그는 말합니다. "피어나는 보잘것없는 꽃 한 송이, 눈물도 따를 수 없는, 깊은 곳에 숨은 생각들을 나에게 주네."* 이러한 생각들은 여러분이 논증할 수도, 합리적으로 해석할 수도, 설명할 수도 없는 것입니다. 하지만 이것들은 인간을 고양시킵니다. 인생을 참다운 인생으로, 사람을 참다운 사람으로 만들어 줍니다. "꽃 종의 환상, 누군가의 죽음." 누군가 돌연 세상을 떠납니다! 여러분은 인생의 계획을 완벽하게 세웁니다. 하지만 인생은 우리의 뛰어난 지적 체계에 의해 운행되는 것이 아니라 우리가 사랑하고 생명보다 더 소중히 여기는 대상에 의해 움직여지는 것임을 인식하지 못합니다. 그들이 세상을 떠나면 여러분은 홀로 남겨지고, 우리의 모든 체계는 무너져 내립니다. "누군가의 죽음" 혹은

---

* '어린 시절을 회상하고 영생불멸을 깨닫는 노래 Ode: Intimations of Immortality from Reflections of Early Childhood' 중에서.

"에우리피데스의 합창의 종결." 여러분은 에우리피데스의 합창과 같은 훌륭한 음악이나 문학작품을 분석할 수도, 설명할 수도 없습니다. 하지만 예술작품은 여러분에게 무언가를 베풀고, 여러분을 고양시킵니다. 이제 여러분은 이성이 침투할 수 없는 영역에 들어갑니다. "인간의 마음에는 이성으로는 도저히 알 수 없는 동기가 있습니다."

덧붙여 말하면, 우리 모든 사람들 안에는 보이지 않는 존재에 대한 감각, 우리 자신보다 더 위대하면서 우리를 둘러싼, 그리고 우리에 관한 힘들에 대한 감각—이교도주의의 유래인—이 있습니다. 바울이 아덴에서 목도한 것이 바로 이것이었습니다. 아덴은 그냥 아덴이 아님을 명심하시기 바랍니다! 당시 아덴은 모든 철학의 메카였고, 위대한 학문의 전당이었습니다. 그러나 세계에서 가장 위대한 지성의 도시가 신전으로 가득 차 있다는 사실에 사도는 충격을 받았습니다. 왜 이렇게 되었을까요? 이에 대한 설명은 단 한 가지입니다. 아덴 사람들의 철학으로는 거기서 더 멀리 나아갈 수 없었기 때문입니다. 그들의 철학이 잘 나갈 때는 별 문제가 없었습니다. 하지만 그들은 자신들이 이해할 수 없는 요소들이 있음을 감지하기 시작했습니다. 그들은 말합니다. "알 수는 없지만 우리에게 영향력을 행사하는 다른 세력들이 있다. 그들은 신들이다. 평화의 신, 사랑의 신, 전쟁의 신이다!" 아덴 사람들은 신들을 위해 신전을 세웠습니다. 신들을 즐겁게 하고 신들을 달래고자 했습니다. 눈에 보이지 않는 세력들과 힘들, 특히, 아덴 사람들이 다다를 수 없었던 그 신에게 말입니다. 모든 현상 뒤에는 만물을 다스리는 어떤 위대한 존재가 있음을 그들은 감지했습니다. 아덴 사람들은 그 존재를 "알지 못하는 신"이라고 불렀습니다(행 17:23). 그들은 무던히 애를 썼음에도 그 신에 대해 알 수 없었습니다. 바울은 이 점을 고린도 교회에 이렇게 설명했습니다. "이 세상이 자기 지혜로 하나님을 알지 못하므로"(고전 1:21). 온갖 궁리를 했지만 신에게 다다를 수 없었습니다. 그 신이 아덴 사람들을 피했기 때문입니다. 인간의 정신은 무능합니다. 인간의 이성은 불충분합니다. 철학이 실패하는 이유가 바로 이것입니다. 철학은 고작해야 알지 못하는 신이 있고, 정의 내릴 수도 발견할 수도 없는 요소가 있다는 것을 감지하는 지점까지 우리를 안내할 뿐입니다.

인간은 왜 하나님을 발견할 수 없을까요? 이성은 왜 불충분할까요? 이 질문들에 대한 답은 양면적입니다. 무엇보다도, 하나님의 존재와 속성, 그분의 위대하심과 영광 때문입니다. "본래 하나님을 본 사람이 없"습니다(요 1:18). 주님도 "나를 보고 살 자가 없음이니라"고 말씀하셨습니다(출 33:20).

> 다함이 없으시고, 보이지 않으시는, 홀로 지혜로우신 하나님
> 접근할 수 없는 빛 가운데 숨어 계시는,
> 태초부터 지극히 복되시고 지극히 영광스러우신 분,
> 광채로 몸을 덮으시고, 찬양으로 허리를 두르셨네.
> ─ 월터 스미스Walter Smith

"하나님은 빛이시라. 그에게는 어둠이 조금도 없으시다"(요일 1:15).

인간의 정신에 대해 이야기해 봐야 무슨 소용이 있겠습니까? 이성에 대해 토론하고 분석해 봐야 무슨 유익이 있겠습니까? 그 많은 과학 지식이 무슨 가치가 있겠습니까? 다 헛될 뿐입니다!

현대 세계는 이 사실을 인정하고 있습니다. 온갖 철학과 지식으로 무장한 고대인들은 궁극적인 인간 문제의 해결을 위해 신들에게 매달려야 했습니다. 현대인들 또한 최고의 교육을 받고 온갖 지식과 학문을 자랑하면서도, 일요신문에서 보이지 않는 다른 힘들을 찾습니다. 별점술과 오늘의 운세와 같은 것을 통해 말입니다! 인간은 본래 하나님을 아는 지식에 다다를 수 없습니다. "우리 하나님은 소멸하는 불"이시고(히 12:29) 인간은 유한할 뿐 아니라 타락하고 죄를 지었습니다. 말씀드린 대로 인간은 불합리하고 그의 생각은 아주 부패했습니다. 인간은 죄를 지었고, 인간은 무가치합니다. 인간은 영성이 결여되어 있는 반면 하나님은 영이십니다. 인간과 하나님의 영역은 완전히 다릅니다. 인간은 전적으로 무능합니다. 이성은 기껏해야 세력과 힘과 영향력에 대한 믿음으로 인간을 안내할 수 있을 뿐입니다. 하지만 그것은 하나님을 아는 지식이 아닙니다. 이성은 하나님을 아는 지식으로 우리를 인도해야 합니다. 바울은 로마서 1장에서, 하나님이 자신을 알 만한 흔적을 남겨 놓으셨기에 인간이 핑계를 댈 수 없다고 주장합니다. 여러분은 꽃을 볼 때 하나님을 발견해야 합니다. 아무도 그것을 설명할 수 없습니다. 그것은 결코 우발적인 현상이 아닙니다! 완벽하고, 형태를 갖춘, 질서 정연한 것입니다. 그분이 바로 하나님이십니다! 창조주 하나님! 지혜의 하나님, 권능의 하나님, 창조주 하나님이십니다.

오, 인간의 지식이란 얼마나 하찮은 것입니까! 인간의 이론이란 얼마나 보잘것없습니까! 인본주의 과학자들이 모여 심포지엄을 개최했습니다. 그중 한 사람이, 과학자들은 순전히 과학적인 사실에서만 의견이 일치할 뿐 그 밖의 사항들에 대해서는 의견이 다르다고 매우 솔직하게 털어놓았습니다. 한 예로, 그들의 도덕 기준은 제각각입니다. 두뇌가 명석하고 매우 탁월한 사람들이지만 순수한 과학적인 사실을 제외하고는 의견이 다릅니다. 여기서 간단한 논증을 제시해 보겠습니다. 이처럼 뛰어난 인재들이 확실성과 지식에 다다를 수 없다면 우리 같은 사람이 들어설 자리는 어디입니까? 오늘날 인류에게, 이 세상 모든 평범한 사람들에게 무슨 소망이 있습니까? 우리 모두는 뛰어난 인재도 위대한 철학자도 아닙니다. 우리 모두가 대학교육의 혜택을 누린 것도 아닙니다. 그런데 모든 조건을 다 갖춘 인본주의 과학자들조차도 모릅니다! 그들의 의견은 각기 다릅니다. 사람은 누구나 자기 나름의 지론이 있기 때문입니다. 만약 그들이 의견의 일치를 이룰 수 없다면 우리는 어떻겠습니까? 우리에게 무슨 소망이 있습니까? 티끌만큼도 없습니다! 만약 구원이 인간의 이성과 명철에 달려 있다면 정말 소망이 없습니다. 특히 우리 같은 평범한 사람들에게 말입니다. 사실상 어떤 이들에게도 소망이 없습니다.

하나님이 우리에게 성경을 주신 것은 바로 이 때문입니다. 성경은 인간의 모든 문제에 대한 하나님의 답입니다. "이 세상이 자기 지혜로 하나님을 알지 못하는 고로 하나님께서 전도의 미련한 것으로 믿는 자들을 구원하시기를 기뻐하셨도다"(고전 1:21). 하나님은 지식에 이르고, 진리에 이르고, 완벽함에 이르고, 참된 삶의 길에 이를 수 있는 놀라운 기회를 세상에 주셨습니다. 그러나 세상은 실패했습니다. 아주 철저하게 실패했습니다. 그리스도께서 오시기 전후에 로마제국에 나타난 부도덕과 타락은 소름끼칠 정도였습니다. 오늘날의 세계는, 그리스 철학이 꽃을 피우고 있음에도 타락한 이 로마제국 시절로 회귀하는 듯합니다. 이때 하나님은 구원의 길을 보내 주셨습니다. 바울은 그것을 아덴의 배운 무리들에게 선포했고, 그의 제자 디모데에게 편지를 쓰면서 요약하고 있습니다. 여기에 진리가 있습니다. 여기에 권위가 있습니다.

누군가 묻습니다. "왜 성경을 믿습니까?" 제가 말씀드리겠습니다. 성경은 완전히 다른 책입니다. 성경은 이른바 "계시"에 기초하고 있습니다. 성경의 저자 가운데 이렇게 말하는 사람은 단 한 사람도 없습니다. "자, 여기를 보시고, 제 말을 들어 보세요. 오랫동안 제가 이 문제와 씨름하면서 이런저런 이론들을 고찰한 결과, 마침내 내린 결론은 이것입니다. 여러분에게 소개할 테니 잘 들어 보시기 바랍니다." 이렇게 말하는 사람은 단 한 사람도 없습니다! 그들은 이렇게 말합니다. "여호와의 말씀이 내게 임하셨으니." 바울을 보십시오. 그는 왜 이 복음을 전하는 것입니까? 그가 복음을 고안해 내기라도 한 것입니까? 그의 이야기를 읽다 보면 이와 정반대라는 사실을 알게 될 것입니다. 바울은 그리스도를 증오하고, 그분의 복음을 증오하고, 교회를 증오하고 박해하는 것이 곧 하나님의 일을 하는 것이라고 생각했습니다. 그랬던 그가 이제 복음을 전하고 복음 안에서 기뻐하고 있습니다. 그가 무엇 때문에 이렇게 변했을까요? 답은 오직 하나, 계시였습니다! 그는 다메섹으로 가는 길에서 영광의 주님을 뵈었고 그분의 메시지를 받았습니다. 그는 이 사실을 말할 때 늘 조심합니다. 그는 말합니다. "내가 받은 것을 먼저 너희에게 전하였노니"(고전 15:3). 복음은 바울의 이론이 아닙니다. 성경의 저자들 가운데 성경을 자신의 이론이라고 주장하는 사람은 단 한 사람도 없습니다. 그들은 메시지를 받았을 뿐입니다. 이 메시지는 하나님에게서 온 말씀입니다! 성경은 철학 교과서도, 사상전집도 아닙니다. 성경은 모든 것이 하나님에게서 왔다고 주장합니다. 인간이 아니라 하나님이 주신 것입니다! 메시지는 하나님이 주셨습니다.

성경을 읽다 보면 여러분은 성경이 말하는 바를 깨닫기 시작합니다. 여러분은 성경에서 위엄을 발견하게 됩니다. 그 어디에서도 결코 발견할 수 없는 영광과 장엄을 발견하게 됩니다. 여러분은 인간의 이성뿐 아니라 상상력까지 뛰어넘는, 하나님에 관한 초월적 진리를 발견하게 됩니다. 일찍이 어느 인간도, 최고의 영감을 받았던 시인조차도 하나님의 진리 근처에는 가 본 적이 없습니다. 진리의 본질 자체가 성경의 주장을 확증합니다.

그런 후에, 여러분은 인간을 고상하게 하고 고양시키는 성경의 특성에 대해 생각합니다. 성경을 읽을 때 드는 느낌, 마치 영적 목욕을 하는 것 같은 느낌에 대해 생각합니다. 하나님이 어떻게 여러분을 감찰하고 검증하며 부끄러움을 느끼게 하시는지에 대해 생각합니다. 하나님이 어떻게 여러분 마음속에 선하고 고상한 욕망과 더 나은 삶에 대한 갈망을 불러일으키시는지에 대해 생각합니다.

그 다음에, 여러분은 성경 메시지의 통일성에 주목합니다. 66권의 책들은 서로 다른 배경을 가진, 서로 다른 사람들에 의해, 서로 다른 시기에 쓰였습니다. 그러나 창세기로부터 요한계시록까지 모든 책들이 하나의 통일된 큰 중심 주제, 곧 특정 인물에 초점을 맞추고 있습니다. 책마다 여러 차이점이 있지만 성경의 통일성은 분명합니다.

성경에는 예언이라는 주목할 만한 사실도 있습니다. 이는 놀라운 대목입니다. 특히, 나사렛 예수께서 태어나시기 800년 전에 그분에 관한 주요 사실들 대부분이 이미 예언되었다는 사실은 정말 놀랍습니다. 이사야서와 다른 예언서를 보면 이 사실을 확인할 수 있습니다. 거기에는 베들레헴이라는 지명까지도 언급되어 있습니다. 예수님이 은 30냥에 팔리신 일, 나귀를 타신 일, 죽음과 부활에 관한 상세한 내용들이 모두 예언되어 있습니다. 성경은 예언입니다! 성경은 구체적으로 성취된 예언입니다! 사랑하는 여러분, 여러분은 이를 설명할 수 있어야 합니다. 예언이야말로 성경이 계시라는 증거입니다.

제가 강조하고 싶은 또 한 가지 사실은, 성경이 역사라는 것입니다. 성경은 이론을 나열한 책이 아닙니다. 역사와 행동을 기록한 책입니다. 여러분이 왕들과 왕자들과 전쟁과 결혼과 죽음에 관한 이야기를 숱하게 접하게 되는 것은 바로 이 때문입니다. 성경은 역사입니다! 성경은 유대인들의 역사, 곧 유대인들에게 일어난 일들입니다. 무엇보다도 성경은 나사렛 예수라는 한 중심인물, 곧 이 땅에 내려와 살다가 죽어서 묻혔으며 죽은 자 가운데서 일어나 승천하신 분에 관한 역사입니다. 이것은 사실입니다! 바울은 "예수와 그분의 부활"을 전했습니다. 그러니까 그는 역사를 전한 것입니다. 사실과 그 사실에서 도출되는 교리, 그리고 그 교리의 중요성과 의미를 전한 것입니다. 하나님의 뜻이라면, 여러분에게 성경의 역사적인 측면을 풀어 설명하기 원합니다. 하지만 지금은 이처럼 개괄적인 내용들만 여러분에게 상기시키고 있습니다. 우리가 성경을 믿는 것은, 성경이 역사이며, 하나님의 행적이며, 하나님의 뜻에 관한 계시이기 때문입니다.

이 사실을 별개로 한다면 우리는 무엇을 제대로 알 수 있을까요? 성경이야말로 우리가 기대야 하는 것입니다. 그 밖의 모든 것이 실패할 때 우리는 성경에 의지합니다. 이 시점에서 제게 이런 말을 하는 사람이 있을지도 모릅니다. "당신 말은 그럴 듯합니다. 그런데 20세기에도 성경이 여전히 권위가 있나요?" 제가 이제껏 드린 말씀을 통해, 여러분은 시간이 사물의 본질을 바꾸지 못함을 깨달았을 것입니다. 만약 성경이 태초부터 영원까지 계시는 하나님의 계시라면, 시간은 성경과 무슨 관계가 있을까요? 하나님이 변했을까요? 시간의 흐름이 하나님께 영향을 미칠까요? 인간이 원자를 분열시키고 중력을 극복했다는 사실이 정말로 하나님께 중요할까요? 대답은 "아니오!"입니다. 성경은 인간이 자신의 지혜와 지식을 이용해 찾아내려고 애쓴 결과로 얻어진 것이 아닙니다. 하나님이 주신 것입니다! 그분은 자신과 인간에 관한 진리와 그분의 모든 계획을 드러내시는 영원토록 동일하신 하나님이십니다. 따라서 시간으로 인해 달라지는 것은 아무것도 없습니다. 하나님께서 1세기에 자신에 관해 드러내신 계시는 지금도 진리입니다. 1세기 전에 드러내신 계시 또한 지금도 진리입니다. 하나님은 언제나 동일하신 분입니다. 그분은 변하실 수 없습니다. 하나님은 "변함도 없으시고 회전하는 그림자도 없으[신]" "빛들의 아버지"이십니다(약 1:17). 그분은 영존하시는 하나님, 여호와이십니다! 그분은 스스로 존재하는 분이십니다! 태초부터 영원까지, 과거에도 계셨고, 현재도 계시며 미래에도 계실 분입니다. 그러므로 거듭 말씀드립니다. 시간은 하나님과 무관합니다. 앞서 살펴보았듯이, 인간 역시 달라지지 않습니다. 중대한 문제들 또한 그대로입니다. 인간! 인생! 삶! 죽음! 죽음 너머의 세계! 이러한 것들이 문제인데, 우리는 그러한 문제들에 관해 무엇을 알고 있습니까? 아무것도 모릅니다. 진허 아는 바가 없습니다! 그런데도 인간은 이 사실을 인정하기는커녕 "난 알고 있어!"라고 말합니다. 알지도 못하면서 말입니다.

이제 다음과 같은 결론에 이릅니다. 우리는 불확실한 상태에서 계속 헤매고 매번 실패하며 안내할 이 없는 미지의 세계와 맞닥뜨리든지, 아니면 하나님의 계시에 굴복하든지, 둘 중 하나를 택합니다. 택한 다음 우리는 그것에 굴복합니다. 우리는 뭔가를 고르고 선택할 입장이 아닙니다. 우리는 "이것은 믿겠는데 저것은 믿을 수 없어"라고 말할 수 없습니다. 왜 그렇습니까? 우리는 아는 바가 전혀 없기 때문입니다. 우리는 판단하고 평가할 수 있는 입장이 아닙니다. 우리가 "하나님이 사랑이심은 믿지만 그분의 진노는 믿을 수 없어"라고 말해 봐야 소용없습니다. 하나님에 대해 아무것도 모르면서 어떻게 그분을 알 수 있겠습니까? 누군가가 하나님이 사랑이심을 일러주지 않았다면 우리는 그런 사실을 알 수 없을 것입니다. 그런데 성경은 하나님이 사랑이시라는 사실뿐 아니라, 그분이 죄를 미워하며 죄값을 치르게 하신다는 사실 또한 우리에게 말해 줍니다. 우리는 전부를 받아들이거나 배척하거나 둘 중 하나를 선택합니다. 어떤 때는 마음이 끌리는 대로 하고 또 어떤 때는 이성이 이끄는 대로 할 수 없습니다. 오늘날 사람들이 마음과 이성에 이끌리고 있습니다. 그래서 복음은 설 자리를 잃고, 교회는 빈자리가 늘어갑니다. 저는 이러한 세태에 놀라지 않습니다. 지옥의 문은 점차 열리고 상황은 악화될 것입니다.

해결책은 단 하나입니다. 우리의 철저한 무지를 인정하는 것입니다. 우리의 모든 사상이 순전한 관념에 불과하며, 우리는 그 어느 것도 입증할 수 없음을 아주 솔직히 인정하는 것입니다. 우리는 서로 모순된 말을 하고, 종종 자가당착에 빠지기까지 합니다. 사랑하는 여러분, 우리가 해야 할 일은 오직 하나입니다. 여러분이 스스로 넉넉히 이기는 삶을 살기를 바란다면, 감옥에서 찬송할 수 있기를 바란다면, 심지어 고난 가운데서도 기쁨을 누릴 수 있기를 바란다면, 여러분이 해야 할 일은 단 하나입니다. 그것은 여러분 자신을 돌이켜 그리스도께서 말씀하신 대로 "어린아이"처럼 되는 것입니다. 그분은 말씀하셨습니다. "너희가 돌이켜 어린아이들과 같이 되지 아니하면 결단코 천국에 들어가지 못하리라"(마 18:3). 예수님은 매우 현명하고 탁월한 니고데모에게 이렇게 말씀하셨습니다. "진실로 진실로 네게 이르노니 사람이 거듭나지 아니하면 하나님의 나라를 볼 수 없느니라"(요 3:3). 그분은 이런 뜻으로 말씀하신 것입니다. "소용없는 일이다. 너는 네가 있는 곳에서 내가 있는 곳으로 올 수 없다. 너는 거듭나야 하고, 근본부터 완전히 바뀌어야 한다. 너는 새 출발을 해야 한다." 우리는 바울이 다메섹으로 가면서 했던 일을 해야 합니다. 그는 기독교회에 대해 "여전히 위협과 살기가 등등"한 채 여정을 떠났습니다(행 9:1). 그는 그리스도와 그분에 관한 모든 것을 증오했습니다. 그랬던 그가 주님을 만나자 완전히 거꾸러지면서 "주님, 제가 어떻게 하기를 원하십니까?"라고 묻습니다. 그는 완전히 굴복했습니다! 그는 예수님을 믿었고, 그분의 메시지를 받아들였습니다. 그것이 바로 우리가 오늘 읽고 있는 이 구절이 설명하는 바입니다.

그 메시지의 내용은 이렇습니다. "하나님이 세상을 이처럼 사랑하사 독생자를 주셨으니 이는 그를 믿는 자마다 멸망치 않고 영생을 얻게 하려 하심이라"(요 3:16). 우리에게 가장 필요한 것은, 아들을 주시되 십자가에 달려 죽게 하기까지 하신 하나님을 알고 그분과 화해함으로써 그분으로 인해 복을 받고, 그분의 인도하심을 받으며, 우리가 그분과 함께할 것임을 아는 것입니다. 제가 어떻게 하나님을 알 수 있습니까? 저는 용서받아야 할 죄인입니다. 우리 모두는 죄인입니다. 저는 무지하며, 용서받아야 합니다. 용서받는 일에 관해 제가 할 수 있는 아무것도 없습니다. 그러나 하나님이 그 일을 하셨습니다! 바울의 확신이 뜻하는 바가 바로 그것입니다. 하나님은 자신의 독생자를 보내어 친히 십자가에 달려 우리의 죄를 담당하게 하셨습니다. "여호와께서는 우리 모두의 죄악을 그에게 담당시키셨도다.…… 그가 채찍에 맞으므로 우리는 나음을 받았도다"(사 53:5, 6). 우리가 나음을 받은 것은 예수님의 몸이 찢기고 피를 흘렸기 때문입니다. 갈보리는 엄연한 사실이고, 부활 또한 바울의 말처럼 엄연한 사실이기 때문입니다. 그것이야말로 모든 축복에 이르는 통로입니다. 여러분이 이 메시지를 믿기 전에는 결코 어떤 축복도 알 수 없습니다.

이 모든 사실에 대해 우리는 무슨 말을 해야 합니까? 저는 여러분이 저와 함께 아이작 왓츠Isaac Watts처럼 찬송할 수 있기를 바랍니다.

> 전능하신 하나님, 주님께
> 한없는 존귀를 드립니다.
> 분리되지 않은 삼위,
> 신비로운 한분,
> 막강한 힘을 지닌 이성이 실패하는 곳,
> 거기서 믿음은 승리를 외치고, 사랑은 흠모를 받습니다.

파스칼은 "이성의 최대 업적은 우리로 하여금 이성에 한계가 있음을 깨닫게 하는 것이다"라고 말했습니다. "막강한 힘을 지닌 이성이 실패하는—그리고 자신의 능력을 손상시키지 않는—거기서〔그 시점에서〕 믿음은 승리를 외치고, 〔이성이 이해하지 못하는〕 사랑은 흠모를 받습니다."

회개하십시오! 여러분의 무지, 여러분의 죄, 여러분의 실패를 인정하고 자백하십시오. 하나님의 아들 주 예수 그리스도에 관한 복음의 메시지를 믿으십시오.

그리하면 여러분은 감옥에 갇혀서도 "**내가 또 이 고난을 받되 부끄러워하지 아니함은 내가 믿는 자를 내가 알고 또한 내가 의탁한 것을 그날까지 그가 능히 지키실 줄을 확신함이라**"고 말할 수 있는 이 새 생명에 참예하게 될 것입니다.

"내 영혼, 내 영혼, 평안해!"

제3장
올바른 진단

이로 말미암아 내가 또 이 고난을 받되 부끄러워하지 아니함은 내가 믿는 자를 내가 알고 또한 내가 의탁한 것을 그날까지 그가 능히 지키실 줄을 확신함이라.　　(딤후 1:12)

디모데후서 1:12을 읽을 때 우리가 기억해야 할 것이 있습니다. 바울이 몸을 아끼지 않고 복음을 전했으며, 또한 고난을 당했기에 나이보다 늙은 사람이 되었다는 사실입니다. 그는 당시 문명화된 세계로 알려진 여러 도시에 많은 교회를 세웠습니다. 그는 위대한 사역을 시작했지만 네로 황제 당시 감옥에 갇혀 이러지도 저러지도 못하는 처지가 되었습니다. 디모데는 바울의 목숨이 바람 앞의 촛불 같음을 직감했습니다. 바울은 디모데에게 기운을 내라고 말하지 않습니다. 디모데의 시선을 복음으로 향하게 함으로써 그에게 용기를 북돋아 줍니다. 사실상 바울은 자신이 복음을 전하다 감옥에 갇히게 되었다고 말합니다. "내가 또 이 고난을 받되 부끄러워하지 아니함은." 그의 고백은 자신이 단순히 복음을 부끄러워하지 않는다는 뜻이 아닙니다. "모욕을 당하지" 않았다는 뜻이기도 합니다. 그는 지금 곤경이나 불행이나 시련에 처한 것이 아닙니다. 그와 정반대입니다! 그는 반의어의 부정으로 강한 긍정을 나타내는 곡언법曲言法이라는 수사적 표현을 쓰고 있습니다. 곡언법의 또 다른 실례는 로마서 1:16에서 볼 수 있습니다. 그는 여기서 "내가 복음을 부끄러워하지 아니하노니"라고 말합니다. 이 말의 참뜻은 "나는 복음을 크게 기뻐한다. 나는 복음을 매우 자랑스럽게 여긴다"라는 것입니다. 우리도 부정어법을 사용하여 진술의 효과를 기할 때가 더러 있지 않습니까? 최상급을 사용하지 않더라도 부정어법을 써서 최상급을 나타내는 것이 영어 표현양식의 특징입니다. "나는 부끄러워하지 않는다"는 말은 "나는……을 대단히 자랑스럽게 여긴다"는 뜻입니다. 여기서 사도가 말하는 바가 바로 그것입니다. "나는 시련에 처한 것도 아니고, 곤경에 처한 것도 아니다. 나는 복음을 전할 때 올바르고 지혜롭지 못한 것은 아닌지 의문을 품지 않는다. 그와 정반대다! 내가 이루 말할 수 없이 행복한 것은 '내가 믿는 자를 내가 알고 또한 내가 의탁한 것을 그날까지 그가 능히 지키실 줄을 확신'하기 때문이다."

앞서 살펴보았듯이, 복음은 인간으로 하여금 뜻밖의 모든 일에 맞설 수 있게 합니다. 복음은 특정한 기질이나 철학이 아닙니다. 복음은 알 수 있고 정의 내릴 수 있으며 굴복해야 하는 계시입니다. 바울은 디모데에게 "나의 나 된 것은 내가 복음을 믿고 신뢰했기 때문"이라고 말합니다. 그는 디모데에게 이 사실을 일깨웁니다. "디모데야, 너는 내게서 들은 이 '바른 말'을 본받아 지키고, 그것을 붙잡고, 절대적으로 확신해야 한다. 내가 너에게 가르쳐 준 진리를 잘 '간직하면' 너는 가치 있게 여기는 모든 것의 보호를 받게 될 텐데, 그러면 너는 평안해질 것이다. 잘 간직하지 않으면 너는 지금도 그러하지만 소심해지고, 겁을 먹고, 깜짝 놀라고, 전전긍긍하게 될 것이다." 이것이 위대한 사도의 핵심 논증입니다. 그의 논증은 오늘날 복음을 사람들에게 적극적으로 권고할 수 있는 토대가 될 것입니다.

복음을 "적극적으로 권고"한다는 말에 주목하십시오. 제 말을 오해하지 않기를 바랍니다. 제가 강단에 선 것은, 일종의 세일즈맨이나 교회의 대리인으로 여러분의 후원을 받아 교회를 발전시키기 위해서가 아닙니다. 오히려 그와 정반대입니다. 제가 이 자리에 선 것은, 하나님만이 여러분에게 주실 수 있는 복에 관해 말씀드리기 위해서입니다. 복음이 전 세계 모든 사람들에게 주겠다고 약속한 이 위대한 선물 때문에 복음을 권고하는 것입니다.

앞서 살펴보았듯이, 우리가 이 복음을 믿는 것은 권위가 있기 때문입니다. 그 권위가 계시의 권위이기 때문입니다. 우리가 성경에서 읽는 내용을 논외로 한다면 하나님에 관해 아무것도 알 수 없습니다. 제 말은 궁극적인 의미에서 그렇다는 것입니다. 그러므로 우리는 자신의 이성을 신뢰하든지 성경에 굴복하든지, 양자택일해야 합니다. 사도는 이를 다음과 같이 표현합니다. "너희 중에 누구든지 이 세상에서 지혜 있는 줄로 생각하거든 어리석은 자가 되라. 그리하여야 지혜로운 자가 되리라"(고전 3:18). 이 말은 만약 여러분이 성경에 철저히 굴복한다면 어리석은 자로 치부될 것이라는 뜻입니다. 많은 이들이 이렇게 말할 것입니다. "저 친구 왜 저래? 외계에서 왔나? 책도 안 읽나? 과학에 대해서는 일자무식인가? 아직도 저 케케묵은 성경 메시지를 믿는다고?" 그들이 어떻게 말하든 내버려 두라고 바울은 말합니다. 1세기 사람들도 그렇게 말했지만, 사도는 성경에 굴복하는 것이 지혜로운 자가 되는 유일한 길이라고 말합니다. 성경에 굴복하십시오. 그러면 참된 지식을 얻을 것입니다. "이 세상이 자기 지혜로 하나님을 알지 못하므로"(고전 1:21). 인간이 인생의 중대한 근본 문제들에 관해 모르기는 1세기나 지금이나 마찬가지입니다. 성경은 여전히 우리의 유일한 권위입니다.

그렇다면 성경의 메시지는 무엇입니까? 사도들이 주 예수 그리스도께 받아 우리에게 전한 메시지는 무엇입니까? 바울은 자신이 전한 메시지를 굳게 붙잡으라고 디모데에게 말합니다. 그리고 그는, 다른 사도들도 그 메시지를 전했다고 다른 서신에서 말합니다. 하나님과 구원에 관한 사도들의 의견은 일치했습니다. 그들은 하나같이 동일한 메시지를 전하고 있었습니다. 왜 그렇습니까? 그들은 동일한 인물에게 메시지를 받았기 때문입니다. 그것은 바울이 디모데후서 1:8에서 "우리 주를 증언함"이라고 일컫는 것입니다. 이는 우리 주님에 관한 증언, 곧 사도에게 전해진 메시지를 뜻합니다. 바울은 "내가 받은 것을 먼저 너희에게 전하였노니"라고 말합니다(고전 15:3). 메시지가 바울에게 전해졌고, 바울은 그 메시지를 사람들에게 전했습니다. 그는 단지 중계소 역할만 했을 뿐입니다. 그는 메시지의 창시자가 아니었습니다. 그는 부활하여 승천하신 주님께 메시지와 사도의 권위를 받았습니다. 이것이 바울을 사도가 되게 하는 근거입니다. 그런 후에 성령이 그에게 임하자 그는 성령과 능력을 나타내면서 하나님의 진리를 "선언"하고 "선포"했습니다.

　이것이 오늘날 우리가 믿는 메시지입니다. 그 메시지는 우리가 지금 살펴보고 있는 바로 이 구절에 완벽하게 요약되어 있습니다. 사도는 여기서 기독교 교리를 탁월하게 요약하고 있습니다. 여러분은 신약성경 곳곳에서 그러한 요약을 보게 될 것입니다. 사도들은 기독교 교리의 개요를 선보이는 것을 매우 자랑스럽게 여겼습니다. 그들은 기독교 교리의 총론을 끊임없이 즐겨 설명했습니다. 바울이 전도자 디모데에게 편지를 쓰면서 복음과 구원의 요소들을 상기시키는 모습을 상상해 보십시오. 사도는 아주 현명해서 전도자라 할지라도 복음의 기본 진리를 망각하면 곤경에 처하게 된다는 것을 알고 있었습니다. 오늘날 많은 전도자들이 낭패를 보는 것은 동일한 기본 진리에서 벗어났기 때문입니다. 그들은 그 사실을 깨닫지 못하고 있습니다. 그들에게 필요한 것은 바울의 가르침입니다. 그 가르침은 우리 모두에게도 필요합니다.

　여기서 우리는, 복음의 기본 진리에 대한 하나의 요약을 봅니다. 물론 초대교회도 그 진리를 다양한 방식으로 요약했습니다. 우리가 살펴본 대로, 위대한 신조나 사도신경 등은 기독교 교리를 요약한 것으로, 기독교에서 없어서는 안 될 주요한 요소들을 보여줍니다. 사도가 디모데후서에서 하는 것도 그와 같은 요약입니다. 이것은 또한 여러분과 제가 함께 숙고해야 할 내용입니다.

저는 이것을 강조합니다. 사도가 여기서 요약하고 있는 위대한 원리, 곧 그의 전반적인 입장의 근거가 되는 것을 다음과 같이 설명할 수 있기 때문입니다. 특정한 문제로 **시작해** 그 문제에 대해 난상토론을 벌이는 것보다 인생에서 더 중대한 것은 없습니다. 우리 모두는 천성적으로 그렇게 하려는 경향이 있습니다. 우리는 우리가 당면한 특정한 문제들에 관심을 가지며, 그 문제들에 관해 스스로 질문을 던집니다. 그리고 그 문제 전체나 그중 특정한 문제에 관해 토론하고 싶어 합니다. 우리는 "이 문제에 대한 기독교의 입장은 무엇인가" 같은 식으로 질문을 던집니다. 성경은 그러한 질문 과정이 매우 중요하다고 답변합니다. 성경에 의하면 어떤 특정한 질문이나 문제는 전체적인 관점에서 볼 때만 이해가 가능합니다. 우리는 부분이 아니라 전체로 시작합니다. 특정한 것들은 전체의 관점에서만 이해할 수 있습니다. 말할 필요도 없이, 이것은 절대적으로 중요한 원리입니다. 제가 이 문제에 지대한 관심을 갖고 있기에 분명한 실례를 들어 설명하더라도 이해해 주시리라 믿습니다.

일반이나 전체를 무시한 채 특정한 사항에 지나치게 관심을 가지는 것은, 마치 의사가 질병에는 무관심하고 증상 그 자체에만 관심을 보이는 것과 매우 흡사합니다. 의사로서의 경험에 비추어 보건대, 그것은 의술에 있어 대단히 심오한 원리입니다. 환자들은 언제나 증상에만 관심을 보입니다. 당연한 일입니다! 환자들은 질병에 대해 잘 모르지만, 자신의 두통이나 옆구리 통증에는 촉각을 곤두세웁니다. 그는 오로지 두통이나 통증에서 벗어날 생각만 합니다. 그 밖의 다른 일에는 관심이 없습니다. 물론, 환자들이 의학에 대해 잘 모르기 때문입니다. 증상은 질병이 아닙니다. 질병의 징후를 나타내는 것입니다. 정말로 중요한 것은 증상이 아니라 질병입니다.

증상은 전문의가 질병을 진단할 수 있도록 돕는 자연의 놀라운 단서라 할 수 있습니다. 의학의 모든 문제는 증상의 출현에서 시작됩니다. 인간은 특정한 질병이 특정한 증상을 나타낸다는 사실에 주목하기 시작했습니다. 그러므로 여러분은 드러나는 증상에서 시작할 수 있습니다. 여러분이 의사로서 해야 할 일을 알고 증상을 적절히 다룬다면 질병의 근본 원인을 발견하고 질병을 치료할 수 있게 됩니다. 여러분은 그저 증상에 대한 치료에서 멈추지 않습니다. 만약 그렇게 한다면 환자에게 중대한 과실을 범하는 것입니다. 그로 인해 환자는 결국 목숨을 잃게 될지도 모릅니다. 여러분이 환자에게 모르핀 주사를 놓으면 고통은 사라지고 모든 것이 회복된 듯합니다. 하지만 반드시 그렇지는 않습니다. 그 병이 암이라면 암세포는 계속 커질 것입니다. 환자는 "통증이 더 심해졌어요"라고 호소합니다. 여러분은 또다시 진통제를 놓습니다. 환자가 통증을 호소할 때마다 여러분은 진통제를 놓습니다. 환자는 여러분이 매우 자상한 의사라고 생각할 것입니다. 하지만 환자는 암으로 죽고 맙니다. 의사가 할 일은 주사를 놓는 것이 아닙니다. 먼저 현재 상태가 어떤지를 진단하고 그러한 증상이 나타나는 이유가 무엇인지를 찾아내는 것입니다. 의사는 이 특정한 증상의 원인이 무엇인지 정확히 알고 자신이 그것을 다룰 입장이 되기 전에는 증상 치료에 나서지 않습니다. 올바른 진단이 나온 후에야 의사는 본격적으로 치료에 들어갈 준비를 합니다. 증상은 질병을 다루는 과정에서 부수적으로 치료됩니다.

기독교도 이와 매우 흡사합니다. 제 말이 무슨 뜻인지 이해할 수 있습니까? 또 다른 실례를 들어 보겠습니다. 의대생조차도 어떤 증상이 문제인지를 알아내기가 매우 어려울 때가 있습니다. 어떤 사람이 의사가 되고 싶어 합니다. 그렇다면 그는 첫해에 화학과 물리학과 생물학을 지겹도록 공부해야 합니다. "대체 이건 배워서 어디다 써먹지? 나는 환자들을 다루고 싶은데 말이야"라고 그는 푸념합니다. 하지만 그는 이 과목들을 이수해야 합니다. 그런 후에 적어도 한 번쯤은 거쳐야 할 관문이 있습니다. 환자를 대면하지 않은 채 환자의 입장에서 최소한 1년 8개월 이상 해부학과 생리학을 공부하고 지겹도록 시체 해부를 하면서 신경과 혈관과 인체 내의 장기들을 샅샅이 살펴야 합니다. 오, 세상에 이런 엄청난 시간 낭비가 어딨습니까! 왜 그는 환자를 상대하고 질병을 치료할 수 없을까요? 여러분은 그러한 수련 과정의 목적을 파악하셨습니까? 만약 여러분이 해부학과 생리학 및 기타 필수과목에 대한 기본 지식을 쌓지 않으면, 생명과 약품 등의 작동 원리 및 화학과 심지어 물리학의 원리에 대해 웬만큼 알지 못하면, 여러분은 훌륭한 의사가 될 수 없습니다. 여러분이 먼저 지식으로 무장해야 비로소 치료와 관련된 모든 일들을 시작할 수 있습니다. 만약 해부학을 모른다면, 해부학적 구조가 어떻게 작동하고 기능을 발휘하는지 모른다면, 올바른 진단과 증상 판독은 어렵습니다. 여러분은 처음으로 돌아가 모든 과정을 착실히 밟고 나서야 비로소 전문가답게 특정 부분이나 문제들을 다룰 수 있습니다.

지금까지 살펴본 것은, 복음의 가르침이 무엇이며, 사도 바울이 이 특정한 시점에서 디모데에게 주는 가르침이 무엇인지를 보여주는 완벽한 예증입니다. 사랑하는 여러분, 인생의 크고 작은 문제들은 전반적인 문제라는 관점에서 살펴볼 때 이해가 되는 법입니다. 어떤 사람이 고민스런 표정으로 제게 오더니 "왜 이런 일이? 왜 그런 일이? 왜 제게 이런 일이 일어나는 거죠?"라고 묻습니다. 그런데, 만약 제가 그 자리에서 답변을 준다면 저는 영적으로 돌팔이 의사인 셈입니다. 어떤 사람이 제게 와서 "선생님은 그리스도인이자 교회 목사입니다. 저를 좀 도와주세요"라고 합니다. 저로서는 그가 바라는 대로 도울 수 없습니다. 저는 먼저 그 사람이 그리스도인인지 아닌지를 알고 싶습니다. 만약 그가 그리스도인이라면 어떤 식의 처방을 내려 그를 도울 수 있을지 곧바로 압니다. 그리스도인이 아니라면 그가 그리스도인이 될 때까지 저는 실질적인 도움을 줄 수 없습니다. 질병의 원인을 파악하기 전에 증상만 치유할 수는 없습니다. 그가 복음이 제시하는 삶과 죽음과 영원에 대한 전체적인 관점을 받아들이지 않는 한, 저로서는 그 특정한 문제에 답을 줄 수 없습니다.

이것은 중대한 문제입니다. 오늘날 사람들은 특정한 것들을 걱정합니다. 지금 세계는 온갖 도덕적 문제들과 그 밖의 문제들이 산적해 있습니다. 정치적·사회적으로 곤경에 처해 있습니다. 그렇게 된 한 가지 주된 원인은, 우리가 첫 번째 원리들을 망각했고 기본적인 선결 조건을 잊어버린 데 있습니다. 우리는 나무를 보느라 숲을 놓치고 있습니다. 그 결과 우리는, 아주 그릇된 길로 가고 있습니다. 한 가지 실례를 들어 보겠습니다. 이른바 도덕적 일탈과 청소년 범죄라는 전반적인 문제입니다. 사람들은 위원회와 각종 왕립위원회를 구성해 문제의 원인을 파악하고 조사에 들어갑니다. 예전에는 그러한 문제의 원인을 가난의 탓으로 돌렸지만 지금은 풍요 등의 탓으로 돌립니다. 하지만 그들은 근본적인 문제를 제기하지 않기 때문에 매번 시행착오를 범합니다.

우리가 지금 제기해야 할 문제는 이것입니다. 인간은 무엇인가? 사람은 왜 그렇게 행동하고 싶어 하는가? 이것들이야말로 근본적인 질문입니다. 하지만 우리는 그러한 질문들과 대면하지 않습니다. 서둘러 특정 문제로 향하기 때문입니다. 우리는 근본 질문으로 돌아가야 합니다. 여러분은 대부분 다음과 같이 묻습니다. 이 세상은 무엇이 잘못되었는가? 이 질문에 답하기에 앞서, 저는 여러분으로 하여금 다음과 같은 질문을 직시하도록 해야겠습니다. 세상은 무엇인가? 세상은 어디에서 왔는가? 세상이 창조된 목적은 무엇인가? 그리고 인간과 그의 행동과 그릇된 행실에 관한 여러분의 구체적인 질문에 답하기 전에, 저는 여러분이 저와 함께 또 다른 질문들을 직시할 것을 당부합니다. 인간은 무엇인가? 인간이 창조된 목적은 무엇인가? 인간은 이 세상에서 어떤 역할을 하는가? 인생이란 과연 무엇인가?

제가 생각하는 바는 이렇습니다. 현대의 전반적인 비극, 현대인의 전반적인 혼란은, 현대인이 지나치게 서두르는 데서 옵니다. 현대인은 동전을 넣으면 물건이 나오는 자동판매기와 같은 것을 원합니다. 동전 하나를 넣으면 원하는 것이 여러분 앞으로 나오기를 원합니다. 우리 모두는 극도로 성급합니다. 하지만 우리는 잠시 멈추고 생각해야 합니다! 복음이 여기 이 세상에 있는 것은, 무엇보다도 인간에게 바로 멈춰 생각하라고 촉구하기 위해서입니다. 온갖 문제에 대한 답은 기성품처럼 즉각 주어지지 않습니다. 복음은 인생에 대해 조목조목 계산해 놓은 지침이 아닙니다. 복음은 전체를 바라보는 위대하고 심오한 관점입니다. 여러분의 특정한 질문과 문제는 이 전체라는 관점에서만 다룰 수 있습니다.

지금까지 저는 사도가 디모데에게 설명한 것을 제 나름대로 설명해 보았습니다. 바울은 디모데에게 이렇게 말하고 있습니다. "디모데야, 첫 번째 원리로 돌아가라. 나아 내 죽음과 앞으로 일어날 일은 생각하지 마라. 근본으로 돌아가라. 주님께로, 그분과 그분이 행하신 모든 일과 그분이 하신 모든 말씀으로 돌아가라. 돌아가 거기 머문다면, 너는 결코 곤경에 처하지 않을 것이다." 근본으로 돌아가는 것만이 유일한 길입니다. 따라서 감옥에 갇혀 곧 사형에 처해질 사람으로 하여금 "내가 또 이 고난을 받되 부끄러워하지 아니함은 내가 믿는 자를 내가 알고"라고 고백하게 만드는 요인이 무엇인지 이해하고자 한다면, 우리는 다음과 같은 중대한 질문으로 시작해야 합니다. 인생은 무엇인가? 세상은 무엇인가? 인간은 무엇인가? 그 모든 것은 무엇에 관한 것인가? 저는 문제 전체가 무엇인지에 대한 합의가 이루어진 다음에 특정한 문제를 논하겠습니다.

먼저, 우리는 다음과 같이 가장 중요한 질문에서 시작합니다. 우리가 몸담고 사는 이 세상과 인생은 무엇인가? 셰익스피어

William Shakespeare는 이 질문에 관해 이렇게 말했습니다.

> 세상 모두가 하나의 무대요
> 모든 남녀는 배우일 뿐.
> 그들은 무대에 등장했다가 퇴장한다.
> 그리고 일생 동안 다양한 역할을 해내는데,
> 나이에 따라 7막으로 나뉜다…….

인생의 7막을 거치면 이렇게 끝이 납니다.

> 이렇듯 우여곡절로 가득했던 인생살이를 마감하는
> 7막에 이르면,
> 제2막의 어린아이처럼 망각만이 존재할 뿐,
> 이빨도 다 빠지고, 눈도 침침하고, 게다가 입맛도 없으며 사는 게 덧없기만 하다.*

셰익스피어의 말은 옳습니까? 인생은 그런 것일까요? 만사가 그런 것일까요? 갓난아기로 인생을 시작해 일곱 단계를 거치면서 힘겹게 인생을 마친 후, 결국에는 무로 돌아가는 것일까요? 그것이 인생입니까? 그것이 세상입니까? 그것이 인간입니까? 만약 그렇다면, 지금 일어나고 있는 특정한 문제들에 대한 저의 전체적인 답변

---

* 「뜻대로 하세요 As You Like It」 2막 6장에서.

은 그러한 관점에 달려 있습니다. 여러분은 제게 폭탄에 대해, 전쟁에 대해, 절도와 강탈과 비행非行에 대해 묻습니다. 그러한 질문에 대한 답변은 저의 전체적인 관점에 의해 결정될 것입니다. 위에서 언급한 셰익스피어의 시구가 진리이고, 그것이 오늘날 대다수 사람들이 견지하는 진리라면 말입니다. 이 진리대로라면 필연적인 결과가 딱 하나 있습니다. 그것은 현대인들의 혼란입니다. 저는 그 이유를 다음과 같이 설명하고자 합니다.

그렇다면 인생관이란 무엇입니까? 분석해 보면, 결국 두 가지 관점으로 압축됩니다. 이른바 비성경적(혹은 성경 외적) 관점과 성경적 관점입니다. 먼저 세계, 삶, 인간, 죽음, 죽음 너머의 세계 등 모든 것에 대한 중대한 문제들을 살펴봅시다. 비성경적 관점은 당연히 사색에만 기초합니다. 순전한 사색! 그저 인간의 말, 인간의 생각, 인간이 제시하는 이론일 뿐입니다. 앞서 살펴보았듯이, 모든 것이 이성에 기초하고 있습니다. 이로 인한 결과는 다음과 같습니다. 사람들은 이 세계가 실제로 우연히 생긴 것이라고 합니다. 저는 이런 주장을 비웃지 않습니다. 하나님은 제가 그렇게 하는 것을 금하십니다. 천지창조는 매우 진지하게 다루어야 할 주제이기 때문입니다. 세상은 말 그대로 어쩌다 생겼으며, 순전히 우연의 산물이라는 견해가 있습니다. 두 행성이 어느 특정한 시점에서 서로 아주 근접하다가 충돌했는데, 어느 하나가 다른 하나를 산산조각 내면서 공간으로 떨어져, 마침내 우주가 되었다는 이론을 우리는 익히 알고 있습니다. 어쩌다 생긴 일! 우연! 잠시 진화론에 대한 이야기를 하겠습니다. 진화론이 내리는 결론은, 모든 것이 어떤 커다란 힘으로 설명할 수 있다는 것입니다. 그 힘은 인격체가 아닌, 이해력이나 분별력이 결여된 비인격적 힘입니다. 베르그송H. Bergson은 그것을 "생명의 비약"이라고 일컬었지만 그것은 힘에 불과합니다. 진화론은 이것이 전부입니다. 진화론은 이 모든 것이 이 힘이 작용한 결과라는 주장일 뿐입니다. 그것이 바로 비성경적 관점의 핵심입니다. 물론 비성경적 관점의 변형들은 무수히 많지만 결국은 하나로 귀착됩니다.

이러한 비성경적 관점의 설명은 불충분합니다. 궁극적인 기원에 대해서는 설명하지 못하기 때문에 수용할 수 없다고 생각합니다. 방금 말씀드린 두 행성에 관한 이야기를 들을 때면, 과연 그 별들은 어디에서 왔을까 궁금해집니다. 혹은 최초의 가스 같은 것이 있었다는 이야기를 들을 때면, 그 가스는 어디에서 생겨났는지 질문합니다. 이에 대해 진화론자들은 입을 다뭅니다. 그들은 궁극적인 기원에 대해 알지도 못하고 적절하게 설명하지도 못합니다.

하지만 그뿐이 아닙니다. 이 이론들은 우리가 직면하는 사실과 현상을 설명하기에는 너무도 불충분합니다. 자연의 질서를 보십시오. 이른바 자연의 법칙과 사계절의 순환과 같은 놀라운 규칙성을 보십시오. 동식물과 그 밖의 자연이 펼치는 설계와 그 모든 것을 보십시오. 자연계의 대칭성과 완벽함을 보십시오. 힘, 어쩌다 생기는 일, 우연, 그리고 진화론으로는 이러한 현상을 설명하지 못합니다. 피조세계는 너무 완벽하고, 아름답고, 뛰어납니다.

제가 생각하기로 반박할 여지가 없는 또 다른 주장을 소개하고자 합니다. 그것은 자연에서 발견하는 미묘함과 놀라움, 그리고 균형입니다. 저는 인간의 눈으로 자연을 바라보기만 해도 창조주 하나님이 계심을 증명하고도 남는다고 늘 주장해 왔습니다. 인간의 눈은 이 사실을 분별할 수 있을 만큼 매우 정교할 뿐 아니라 섬세하고 민감한 기관입니다. 이 작은 기관이 거의 모든 면에서 우리의 삶 전체를 지배합니다. 이것이 과연 우연일까요? 아닙니다. 그러기에는 모든 것이 너무도 완벽합니다. 인간이 만들어 낼 수 있는 그 어느 것과도 비교할 수 없을 만큼 눈은 완벽한 도구입니다. 인간의 눈을 보면 어떤 위대한 지성, 어떤 위대한 설계자, 어떤 위대한 예술가를 떠올리게 됩니다.

하지만 그것은, 과학자 제임스 진스 경 Sir James Jeans이 인생 말년에 내린 결론을 제 나름대로 설명한 것에 불과합니다. 그는 만물의 배후에는 어떤 위대한 지성이 있다는 결론에 이르렀다고 말했습니다. 혹은 어떤 사람의 표현대로, 그 "하나님은 위대한 수학자"이십니다. 자연의 단순한 사실들은, 맹목적이고 기계적이며 지적 능력이 없는 힘으로는 설명할 수 없습니다. 우리는 맹목적 힘에 대해 무언가 알고 있습니다. 그것은 불이나 눈사태 등과 같은 현상에서 확인할 수 있습니다. 맹목적 힘이 초래하는 결과는 무엇입니까? 질서입니까? 아닙니다! 재앙입니다! 이러한 설명으로는 불충분할 것입니다.

"맹목적 힘에는 어떤 의도가 있습니까?"라고 묻는다면 진화론자들은 "없다"고 대답합니다. 만약 여러분이 삶에 대한 전반적인 관점을 과학적 인본주의에 기초하고, 여러분이 겪는 이런저런 문제들에 대한 해결책을 과학적 인본주의에서 찾기를 진심으로 바란다면, 최고의 인본주의 과학자 중 하나인 줄리안 헉슬리 경Sir Julian Huxley의 말을 들어 보시기 바랍니다. 그는 매우 솔직하게 삶 전체에는 어떤 목표나 목적이나 의도가 없다고, 털끝만큼도 없다고 말합니다. 그 모든 것이 우연이기 때문에 무슨 일이 일어날지 도무지 알 수 없습니다. 어떤 목적이나 목표나 계획이 없습니다.

성경과 무관한 인생관은 그럴 수밖에 없습니다. 사도행전 14장에 비성경적 인생관에 대한 묘사가 나옵니다. 여기서 우리는 이교도 세계의 실상을 볼 수 있습니다(우리는 아덴에서 이미 이 사실을 살펴보았습니다. 아덴에서 말입니다!) 그들은 신들에게 의지할 수밖에 없었습니다. 이곳 루스드라에서 바울과 바나바가 표적과 기사를 행하는 것을 본 이방인들은 "이들은 신이로다. 바나바는 제우스요, 바울은 그중에 말하는 자이므로 헤르메스로다"라고 말했습니다. 그러면서 그들은 바울과 바나바에게 제사를 드리고자 했습니다. 하나님 없는 세상은 그렇습니다. 모든 것이 우연이거나 운명이거나 운입니다. 그리고 그 배후에는 보이지 않는 신들이 있을 수도 있습니다. 삶이 그런 식으로 규정됩니다! 삶이란 단지 하나의 신비, 하나의 수수께끼일 뿐입니다. 목적이 있습니까? 전혀 없습니다. 소망이 있습니까? 한마디로, 없습니다. 털끝만큼도 없습니다. 우리가 이 세상에서 힘든 시간을 보낸다면, 글쎄요, 그것은 운이 나쁘기 때문이겠지요. 그러니까 우리는 할 수 있는 한 불운에서 최선의 결과를 도출해 내야 합니다. 그렇지 못하면 냉소주의에 빠지고 말 것입니다. 빅토리아 시대의 매우 유능한 인물인 월터 새비지 랜더Walter Savage Landor는 이러한 사상에 푹 빠져 냉소주의자가 되었습니다. 그는 '죽음을 앞둔 늙은 철학자의 말Dying Speech of an Old Philosopher'이라는 시에서 자신의 인생철학을 노래합니다.

> 싸울 만한 상대가 없어 아무와도 싸우지 않았다.
> 자연을 사랑했고 자연 다음으로 예술을 사랑했다.
> 두 손을 내밀고 삶의 모닥불을 쬐었다.
> 불길은 스러지고, 나는 이제 떠날 준비를 하고 있다.

우리가 하나님 없는 인생, 성경의 계시가 없는 인생, 사도 바울이 곳곳에서 전한 이 "하나님의 증거"가 없는 인생을 산다면 결과는 위의 시처럼 됩니다. "아무와도 싸우지 않았다." 왜 그럴까요? "싸울 만한 상대가 없어." 여기에는 일말의 자만심과 냉소주의가 뒤섞여 있습니다. 어느 것도 싸울 만한 가치가 없습니다. 어느 누구도 싸울 만한 가치가 없습니다. 나는 무엇에 의지해 살아갑니까? 경치가 아름다웠기에 "자연을 사랑"했습니다. 나는 자연에서 무언가를 취했는데 그로 인해 잠시나마 행복할 수 있었습니다. 먼지가 날리는 너저분한 도시를 떠나 산꼭대기로 올라갔을 때 말입니다. 그런 후에 "자연을 사랑했고 자연 다음으로 예술을 사랑"했습니다. 예술가가 내게 상당한 도움을 줄 수 있기에, 나는 꽤 유익한 시간을 보냈습니다. "두 손을 내밀고 삶의 모닥불을 쬐었다." 그리고 나는 멋진 시간을 가졌습니다. 대낮에는 강렬한 햇빛이 있었고, 오후의 차 마시는 시간에도 햇빛은 여전히 강렬해 손을 쬐어 따뜻하게 했습니다. 모두와 더불어 행복을 누렸습니다. 하지만 불길이 스러지면 내가 어떻게 해도 그것을 되살릴 수 없습니다. 예술가도 어쩔 수 없고, 자연도 어쩔 수 없습니다. 불길이 스러지고 기력이 쇠해지며 종말이 다가오고 있습니다. "불길이 스러지고." 이제 나는 신사답게 자리를 뜨면 됩니다. "나는 이제 떠날 준비를 하고 있다." 그러나 나는 행선지를 모릅니다. 소망이 없습니다. 모든 것이 끝났습니다. 인생에 남는 것은 무엇입니까? 그처럼 안달복달할 가치가 있는 것일까요?

인생에 대한 그러한 태도는 냉소주의로 이어지고, 결국에는 절망과 자살에 이릅니다. 인생은 무가치합니다. 싸울 만한 가치가 있는 사람이 하나도 없다면, 어떤 의미에서 인생은 살 만한 가치가 없는 것입니다. 일이 잘못 되더라도 우리가 그것과 맞서 싸워야 할 까닭이 어디 있습니까? 결국 우리는 해답을 얻지 못합니다. 미궁에 빠진 우리는 두려움을 느낍니다. "미지의 나라, 그 경계에서 돌아오는 여행객은 아무도 없다"는 생각을 합니다. 그런 생각을 하지 않는다면, 나의 "결단을 내리려는 본래적 경향"으로 인해 문제를 즉시 해결할 것입니다. 하지만……! 실제로는 그렇게 하지 못합니다.

이것이 일반적인 관점입니다. 이제 이와 다른 성경적 관점을 살펴보겠습니다. 이 관점은 성경의 가르침이며, 바울이 전한 메시지며, 그를 지금의 사도로 만든 원천이었습니다. 성경적 관점은 하나의 철학입니다. 삶과 죽음, 죽음 너머의 세계를 통해 인간을 살핍니다. 인간으로 하여금 어떤 상황에서든 준비하게 하고 만족을 느끼게 합니다. 그러므로 그는 살금살금 피하지 않습니다. 그는 찬양하고, 크게 기뻐하고, 즐거워하며, 넉넉히 이깁니다. 여느 사람들과는 다른 방식으로 앞을 내다봅니다.

　이제 사도의 위대한 가르침과 성경 전체의 가르침을 고찰해 보겠습니다. 루스드라의 바울과 바나바 이야기로 돌아갑시다. 바울이 기적을 행하는 것을 목격한 그곳 사람들은 "이들은 신이다. 그들에게 제사를 드리자"라고 하면서 실제로 그렇게 할 채비를 했습니다. 그러자 바울은 "그만두시오! 여러분에게 부탁하니, 제발 어리석게 행동하지 마시오"라고 소리쳤습니다. 그는 말합니다. "여러분이 이러한 일을 하는 것은, 그동안 우상들을 섬겨 왔고 삶을 두려워하며 알지 못하기 때문이오. 그래서 여러분은 신들을 만들어 냈고, 핑곗거리를 찾기 위해 우상들을 만들었소. 그리고 여러분은 알지 못하는 신들을 섬기고 있소. 여러분은 지금 하나님을 섬기고 있다고 생각하지만 이 신들이나 우상들은 헛것이오. 그들은 비어 있고, 거기에는 아무것도 없소." 바울은 "내 말을 잘 들으시오"라고 하면서 살아 계신 하나님을 그들에게 전했습니다. 그것이 그가 전하는 말 아니었습니까? 이것이 성경의 전체 메시지입니다. 사도가 루스드라에서 한 말은, 현대인들에게 주는 복음의 메시지를 완벽하게 요약하고 있습니다. "여러분이여, 어찌하여 이러한 일을 하느냐? 우리도 여러분과 같은 성정을 가진 사람이라. 여러분에게 복음을 전하는 것은 이런 헛된 일을 버리고 천지와 바다와 그 가운데 만물을 지으시고 살아 계신 하나님께로 돌아오게 함이라"(행 14:15). 그러면서 바울은 루스드라 사람들에게 **살아 계신 하나님**을 자세히 설명했습니다.

이것이 바로 성경의 메시지입니다. 성경은 영혼을 다루는 위대한 안내서이자 인생 교과서입니다. 성경은 우리 문제에 실제적인 답변을 주는 책입니다. 성경은 어떻게 그런 일을 할까요? 함께 살펴봅시다. 성경은 이렇게 묻지 않습니다. 지금 기분이 안 좋으세요? 낫고 싶으세요? 지금 외로움을 달래 줄 친구가 필요한가요? 행복하고 기쁜 일이 좀 생겼으면 합니까? 따라오시겠어요? 이것은 사교邪敎의 방식입니다. 그것은 성경이 아닙니다. 성경은 다릅니다. 문제가 생겼을 때 우리는 성경을 꺼내 읽습니다. 성경은 "태초에 하나님이……"로 시작합니다(창 1:1). 성경은 결코 인간으로 시작하지 않습니다. 언제나 하나님으로 시작합니다. 현대 세계는 인간으로 시작해서 인간으로 끝나기 때문에 온갖 문제가 발생합니다. 결국 혼란과 무질서 가운데 끝납니다. 그러나 성경은 이 세상이 잠시 멈추고 다시 시작할 때까지, 하나님과 함께 다시 시작할 때까지는 소망이 없다는 핵심 메시지를 전합니다. 여러분이 하나님과 함께 시작하기 전에는 세상의 이치를 알 수도 없고, 인간과 세상의 문제 및 인간의 문제를 그냥 내버려 둘 수밖에 없기 때문입니다. 이 세상은 누가 지으셨습니까? 성경은 하나님이라고 말합니다. "태초에 하나님이 천지를 창조하시니라"(창 1:1).

그런데 성경은 하나님의 실재와 존재에 대해 논하지 않습니다. 성경은 선언하고 주장할 뿐입니다. 몇몇 기독교 철학자들이 여러 세기를 거쳐 오면서 하나님의 존재를 증명하려고 애썼습니다. 그들의 시도가 특별히 문제 될 것은 없습니다. 그들의 노력은 기존의 그리스도인들에게는 큰 도움이 되겠지만, 그로 인해 불신자들이 회심할 가능성은 매우 희박해집니다. 그들의 시도는 눈여겨볼 만합니다. 하지만 여기서 그 문제를 상세히 다룰 생각은 없습니다. 몇 가지 논증 중에 하나는, 제가 앞서 소개한 바 있습니다. 그것은 자연으로부터의 논증—이런 표현을 써도 된다면—으로, 이 세계를 누군가가 설계했고 질서를 부여했다는 것입니다. 이른바 우주론적 논증입니다. 그러나 다른 논증들도 있습니다. 이를테면 원인 없는 원인uncaused cause에 관한 논증입니다. 모든 결과는 원인이 있으며, 하나의 원인은 다른 원인의 결과가 됩니다. 여러분이 원인을 계속해서 추적하다 보면 마침내 원인 없는 원인이라는 것에 이르게 됩니다. 그것이 바로 하나님입니다! 일종의 도덕적 논증—이런 표현을 써도 무방하다면—이라는 것도 있습니다. 우리 모두는 사물의 상태가 "나쁘다, 좋다, 더 좋다Bad, Good, Better"로 구분됨을 알고 있습니다. 하지만 "나쁘다, 좋다, 더 좋다"는 "가장 좋다Best"를 암시합니다. 그것은 어디에 있습니까? 이 세계에서는 찾을 수 없습니다. 인간에게서도 찾을 수 없습니다. 그것이 바로 하나님입니다! 그분은 궁극적 존재라고 할 수 있습니다. 지금까지 말씀드린 것이 하나님의 존재에 관한 논증들입니다. 철학자들이 논지를 폈고, 적어도 여러분이 하나님에 대해 생각할 수 있다는 바로 그 사실이 하나님이 존재하신다는 증거입니다. 이것이 이른바 존재론적 논증입니다. 하지만 이러한 논증들에 대해 염려하지 않아도 됩니다. 제가 말씀드리는 것은, 그러한 논증들이 분분하고 필요에 따라 활용할 수 있지만, 그 논증들로는 충분치 않다는 점입니다. 궁극적 증거는 무엇일까요? 그것은 하나님 자신의 계시입니다. 성경이 이를 입증하고 있습니다. 하나님은 자신에 관해 여러 가지를 말씀하셨고, 역사를 통해 그것들이 사실임을 입증하셨습니다. 그것은 성경이 입증하는 사실입니다.

성경의 입장을 대략적으로 살펴보겠습니다. 성경은 궁극적으로 하나님에 관한 책입니다. 여러분은 말합니다. "그렇군요. 그런데 저는 성경이 인류, 왕과 왕비들, 탄생과 결혼과 죽음, 그리고 전쟁을 다룬 책으로만 알았습니다." 맞습니다. 여러분의 말은 조금도 틀리지 않습니다. 그러나 그 모든 것의 배후에 하나님이 계십니다! 성경은 하나님에 관한 책입니다. 오랫동안 숙고하고 연구한 끝에 마침내 하나님에 대한 믿음에 "이르렀다"고 주장하는 책이 아닙니다. 그렇게 주장하는 것은 요즈음 현대인들이 선호하는 이론으로, 영적인 영역에 적용할 수 있는 순수한 이론, 진화론적 이론입니다.

성경의 저자들은 하나님이 말씀하셨다고 말합니다! 그들은 하나님이 "도착하셨다"라고 말하지 않습니다. 하나님이 말씀하셨습니다! 성경의 저자들은 하나님이 그들에게 하신 말씀을 우리에게 그대로 전합니다. 그들은 하나님이 삼위일체의 하나님이라고 말합니다. 어떤 이는 이렇게 말합니다. "저런, 지금이 어느 시대인데 그런 말씀을 하십니까! 제가 목사님께 온 것은 고민이 있어 도움을 받을 수 있을까 해서입니다. 제 문제에 대해 답을 주세요. 제 문제를 해결해 주세요. 그런데 목사님은 제게 삼위일체 하나님에 관해 말씀하실 건가요?" 그의 말이 계속됩니다. "목사님은 지금 어떤 세상에서 살고 있는지 모르세요? 지금 세상이 어떤 세상인지 모르세요? 우리 현대인들은 복되신 성 삼위일체에 관한 난해한 신학에 느굿하게 몰두할 만큼 한가롭지 않습니다." 그렇지 않습니까? 제가 강단에 선 것은 이 말씀을 꼭 드리기 위해서입니다. 지금 이 순간, 이 세상의 유일한 소망은 삼위일체 하나님이 계시다는 것입니다. 또한 이 세상이 유일한 세상은 아니며, 우리가 이 세상에 관해 알고 있는 모든 것이 진리의 전부가 아니며 그것도 매우 보잘것없는 진리라는 사실입니다. 우리의 지식을 초월해 성부, 성자, 성령의 삼위일체 하나님이 계십니다. 나중에 저는 여러분에게 이 위대한 교리에 대해 상세히 설명할 수 있기를 바랍니다. 지금은 삼위일체 교리를 간단히 요약하겠습니다. 성경의 근본적인 입장은 성부와 성자와 성령 안에 한분 하나님이 계시다는 사실입니다. 하나님은 우리에게 자신에 관한 것을 알려 주십니다. 그분은 자신이 한결같으며 "영원부터 영원까지" 계시는 존재라고 말씀하십니다. 또한 그분은 영광스러운 존재라고도 말씀하십니다. 이는 그분이 절대적으로 완벽하시다는 뜻입니다. 너무나 영광스럽고 완벽하셔서, 우리가 그 점에 대해 감히 생각조차 할 수 없다는 뜻입니다. 영광은 하나님의 근본적인 속성입니다. 그것은 입에 올리기에도 황송하고, 이루 다 형용할 수도 없는 것입니다. 그분은 또한 거룩하신 분이십니다. 하나님은 거룩하시고 공평하시며 의로우신 분입니다. 그분은 능력이시고, 전능하시며, 전권을 가지신 분입니다. 그분은 지혜로우시고 모든 것을 아시는 분입니다. 그분은 사랑이시고 자비와 연민이십니다. 그분은 인간에게 이러한 것들을 가르쳐 주셨습니다. 그분은 자신의 종들에게 오셔서 "내가 주는 이 메시지를 사람들에게 전하라. 나 여호와는 이러이러한 하나님이다"라고 말씀하셨습니다. 그분 자신과 영광스러운 이 속성들을 계시하셨습니다.

제가 여기서 특별히 관심을 두는 한 가지가 있습니다. 하나님께서 어떤 계획과 목적을 갖고 계시다는 사실입니다. 여러분은 바울이 디모데에게 이 사실을 어떻게 언급하고 있는지 눈여겨보셨습니까? 바울은 말합니다. "그러므로 너는 내가 우리 주를 증언함과 또는 주를 위하여 갇힌 자 된 나를 부끄러워하지 말고 오직 하나님의 능력을 따라 복음과 함께 고난을 받으라. 하나님이 우리를 구원하사 거룩하신 소명으로 부르심은 우리의 행위대로 하심이 아니요 오직 자기의 뜻〔그분 자신의 뜻!〕과 영원 전부터 그리스도 예수 안에서 우리에게 주신 은혜대로 하심이라"(딤후 1:8-9). 이것이 제게는 만물에 감추어진 모든 비밀입니다. 우리가 살고 있는 이 우주는 어쩌다 생긴 것도, 우연의 산물도 아닙니다. 이 우주는 삼위일체 하나님이 "영원 전부터" 어떤 목적과 계획을 실행하신 결과로 생성된 것입니다. 영원하신 하나님은 세상을 창조하기로 결정하시고 바라시고 택하시고 작정하셨습니다. 이 세계는 어쩌다 생긴 것이 아닙니다. 맹목적 힘들이 상호작용한 결과가 아닙니다. 하나님께서 만들고 창조하기로 결정하신 것입니다. "태초에 하나님이 천지를 창조하시니라"(창 1:1). 세상은 그렇게 생겨났습니다!

나아가 사도 바울이 로마서 1:18 이하에서 이 사실에 대해 어떻게 논증하는지 살펴봅시다. "하나님의 진노가 불의로 진리를 막는 사람들의 모든 경건하지 않음과 불의에 대하여 하늘로부터 나타나나니 이는 하나님을 알 만한 것이 그들 속에 보임이라. 하나님께서 이를 그들에게 보이셨느니라. 창세로부터 그의 보이지 아니하는 것들 곧 그의 영원하신 능력과 신성이 그가 만드신 만물에 분명히 보여 알려졌나니 그러므로 그들이 핑계하지 못할지니라." 바울은, 인간에게 볼 수 있는 눈이 있다면 하나님의 표지와 증거를 그가 만드신 것 가운데서 볼 수 있다고 말합니다. 예컨대 하나님의 보이지 않는 것들, 곧 그분의 능력과 신성과 창조주 되심을 알 수 있습니다. 여러분이 바라보기만 하면 창조세계의 경이와 기적과 완벽함과 균형을 확인할 수 있습니다. 하나님! 그분은 태초에 만물을 조성하셨습니다. 시간을 창조하셨으며 또한 세상과 인간을 완벽하게 지으셨습니다. 그분은 천사들과 눈에 보이지 않는 영적 존재들을 지으셨습니다. 하늘과 땅과 동물들을 지으셨습니다. 인간을 지으시고 만물을 조성하셨는데, 그 모든 것이 보시기에 좋았고 완벽했습니다.

성경은 바로 그 관점으로, 여러분이 특정 문제에 직면하도록 합니다. 여러분은 우주의 전체적인 기원으로 시작합니다. 그런 후에 여러분은 제게 말합니다. "그건 꽤 멋진 생각이군요. 그러나 성경이 말하는 세상은 오늘날 우리가 살고 있는 세상과 다르지요. 이 세상은 그렇게 완벽하질 않거든요. 어디를 가나 결함투성입니다. 어디를 가나 다툼과 시기와 질투와 전쟁과 비통과 술 취함과 불신뿐이죠. 세상은 무질서한데 목사님은 하나님이 완벽하게 창조하셨다고 하시는군요. 이 점에 대해 뭐 하실 말씀이라도 있는 건가요?" 물론입니다. 있고 말고요. 성경이 들려줄 이야기는 무궁무진합니다. 성경은 천사들의 이야기를 말해 줍니다. 하나님께서 완벽하게 창조하셨고 절대 자유의지를 주신 몇몇 천사들이 자신들도 하나님처럼 되고 싶다는 교만에 빠져 그분에게 반기를 들었습니다. 그들이 타락하여 전 우주에 영향을 미쳤습니다. 그것이 바로 마귀이며, 그렇게 해서 인간이 타락했습니다. 여러분은 "지금이 어느 때인데 그런 걸 다 믿으세요?"라고 말합니다. 사랑하는 여러분, 오늘날 세상 돌아가는 모습을 보면 그것을 믿지 않을 수 없습니다. 이 세상은 나아지지 않고 더 나빠지는 것을 봅니다. 타락의 교리, 악의 교리, 지옥의 교리, 악마의 교리를 떠나서는 인생을 이해하지 못합니다. 그 모든 것이 여기 성경에 들어 있습니다. 성경은 그러한 교리들을 설명합니다. 그것은 뜻밖의 일이거나 우연한 일이 아닙니다. 하나님은 세상을 완벽하게 지으셨지만, 마귀의 농간과 악의 침투와 그들의 악영향으로 인해 세상은 타락했습니다.

그러나 성경은, 인간의 타락과 악의 세력에 대해 말하는 데서 그치지 않습니다(다시 밝혀두지만, 제가 드린 설명은 하나의 요약에 불과합니다). 더 나아가 소망이 있다고 말합니다. 앞서 살펴보았듯이, 오늘날 세상이 이렇게 된 것은 마귀의 농간과 인간의 타락 때문이었습니다. 소망이 있기는 할까요? 철학에 소망이 있습니까? 정치에 있습니까? 진화론에 있습니까? 글쎄요, 모두 아닙니다. 당연히 거기에는 소망이 없습니다. 세상은 개선과 악화, 상승과 하강의 순환을 되풀이합니다. 세속의 역사를 보면 이 사실을 알 수 있습니다. 마치 우리가 목표 지점에 도달한 것처럼 보이지만, 결코 도달하지 못한 채 되돌아갑니다. 문명의 시대가 끝나면 암흑의 시대가 뒤를 잇듯이, 순환의 역사가 계속됩니다.

세상에는 전혀 소망이 없습니까? 있습니다! 삼위일체 하나님은 아직도 이 세상에 관심을 두고 계십니다. 인간이 자기 꾀에 넘어가 타락했고 마귀의 말을 듣고 그의 하수인으로 전락했음에도 하나님은 이 세상을 포기하지 않으셨습니다. 이것이 바로 소망입니다. 하나님은 지금도 이 세상에 관심을 가지십니다! 이신론理神論 교리는, 시계공이 시계를 만들어 태엽을 감고 바닥에 내려놓은 후에는 더 이상 신경 쓰지 않는 것처럼 하나님도 우주에 대해 그렇게 하신다고 주장합니다. 이는 전적으로 잘못되었습니다. 하나님은 초월적인 존재일 뿐 아니라 내재적인 존재이기 때문에, 세상 일에 관여하고 개입하십니다. 그뿐이 아닙니다. 성경은 창세기부터 요한계시록까지 하나님께서 지금도 세상을 다스리신다고 말합니다. 하나님은 세상을 포기하시기는커녕, 오히려 관심을 두고 다스리시며 또한 행동하십니다. 그분은 자신의 섭리대로 일하시지만, 그 방식은 매우 일정합니다. 성경에서 종종 발견하는, 중요한 표현이 하나 있습니다. 그것은 "때가 차매"입니다. 이 말은 무슨 뜻일까요?

그것은 하나님이 이 세상에 대한 뜻을 가지고 계시다는 뜻입니다. 마귀는 하나님의 뜻을 물거품으로 만들기 위해 애를 쓰지만 성공하지 못할 것입니다. 마귀가 잠시 성공을 거둔 적은 있습니다. 하나님은 자신의 무한한 지혜로 마귀에게 그러한 자유를 부여하셨습니다. 하나님이 왜 그렇게 하셨는지 저는 모릅니다. 그러니 제게 묻지 마십시오. 저는 설명드릴 수 없습니다. 그것은 하나님의 의도였습니다. 하나님은 악을 허용하셨고, 마귀를 허용하셨으며, 또한 인간의 타락을 허용하셨습니다. 하지만 계속 허용하지는 않으실 것입니다. 하나님은 지금도 이 세상에 관심을 두시고, 지금도 흥미를 가지시며, 지금도 개입하십니다. 이 사실을 어떻게 알 수 있습니까? 노아의 홍수나 갈대아 우르에서 이교도로 살아가던 아브람을 부르신 것을 보십시오. 하나님은 아브람에게 가서 말씀하셨습니다. "거기서 나오라! 내가 너를 열국의 아비로 삼고, 국가를 일으키며, 네게서 많은 자손이 나오게 하리라. 너로 말미암아 이 세상 전체에 영향을 끼치며, 너와 너의 후손을 통해 마침내 이 세상을 구원하리라." 아브라함! 활동하시는 하나님! 그것은 아브라함이 증거한 것입니다. 아브라함은 자신이 구상하는 바가 있었다고 하지 않았습니다. 하나님께서 자신에게 찾아와 자신을 부르셨다고 말했습니다. 그리고 그는 유대인의 조상이 되었습니다. 유대인의 전 역사는 하나님 자신과 그분의 성품과 능력을 드러낸 위대한 계시일 뿐입니다. 유대인들을 보십시오! 그들의 승리를 보십시오! 그들은 어떻게 승리했습니까? 군사적 용맹 때문이었을까요? 아닙니다. 그들은 그들의 승리를 하나님의 공으로 돌렸습니다. 그들은 패배한 적도 있습니다. 무엇이 문제였을까요? 하나님을 잊었던 것입니다. 유대인의 전체 역사는 하나님의 관점에서 조명해야 합니다. 다시 말씀드리지만, 거기에는 우리가 앞에서 다루었던 예언이라는 문제가 있습니다.

여기서 제가 내리고자 하는 결론은 이렇습니다. 우리가 인생의 문제를 파악하고 해결책을 찾을 때 가장 중요한 것은, 두 가지 형태의 역사가 있다는 사실을 인식하는 것입니다. 하나님이 허용하시는 역사와 하나님이 창조하시는 역사가 있습니다. 인간이 자초한 실수와 곤경 가운데서 만들어 가는 역사와 하나님이 개입하시는 역사가 있습니다. 그것은 이스라엘을 통해 활동하시고, 이스라엘과 대적한 나라들을 응징하시며, 마침내 때가 차매 이 복되신 분 "우리 구주 예수 그리스도"—바울이 그렇게 언급하며, 또한 디모데에게 의지하라고 권면하는 분—를 보내신 하나님의 역사입니다. 하나님은 독생자를 이 땅에 보내셨습니다. 이것이 하나님입니다. 하나님의 역사입니다!

성경의 메시지에 따르면 이 두 역사는 계속되다가 결국에는 하나로 통합되면서 종말이 찾아옵니다. 이 세상은 우연이 아닙니다. 우연으로 시작했다가 우연으로 끝나는 것이 아닙니다. 아시다시피, 폭탄이 세상의 종말을 초래하지는 않을 것입니다. 저는 그 이유를 지금 말씀드릴 수 있습니다. 이것은 저의 에언이기도 합니다. 저는 기독교의 전부를 걸고 말하지만, 수소폭탄이나 원자폭탄이 투하된다고 해서 세상이 끝나지는 않을 것입니다. 지구의 종말은 하나님의 손에 달려 있습니다. 바울이 말하는 그날이 올 때까지, 이 세상의 종말은 오지 않을 것입니다. "내가 믿는 자를 내가 알고 또한 내가 의탁한 것을 그날까지 그가 능히 지키실 줄을 확신함이라!" 종말! 세상을 지은 하나님이 세상을 끝내실 것입니다. 그것도 완벽하고 영광스럽게 말입니다. 인간이든 동물이든 우주 전체든, 죽음이 끝은 아닙니다. 우주 전체가 본래의 완벽한 상태로 회복되면 거대한 중생이 일어나고, 그때 하나님은 만물 위에 그리고 만물 안에 계실 것입니다.

이것이 제가 말하고자 하는 것입니다. 여러분은 이 관점에서 자신의 특정한 문제를 이해해야 합니다. 건강을 잃었습니까? 곤경에 빠졌습니까? 사랑하는 사람을 떠나보냈습니까? 지금 여러분이 당면한 문제는 구체적으로 무엇입니까? 여러분이 만족스런 답변을 원한다면 여러분의 문제를 종말론적 상황에 놓으십시오. 종말론적 상황! 그 상황으로 인해 하나님께 감사드립시다! 현세의 삶은 유일한 삶이 아닙니다. 이 세상 또한 유일한 곳이 아닙니다. 죽음이 끝은 아닙니다. 하나님은 만물을 다스리십니다. "하나님은 살아 계십니다!" 살아 계신 하나님, 참되신 하나님, 유일하신 하나님, 그분이 만물을 친히 다스리십니다. 우리는 위대하고 능력 있는 사도 바울과 더불어 로마서 8:18을 자신 있게 말할 수 있습니다. "생각건대 현재의 고난은 장차 우리에게 나타날 영광과 비교할 수 없도다." 그러나 이 확신은 여러분이 이 메시지를 받아들이고, 이 모든 진리를 수용해야만 얻을 수 있습니다. 만약 여러분이 성부, 성자, 성령 하나님에 관한 복음 전체를 믿지 않는다면, 삼위일체 하나님이 어떻게 세상과 인간과 그 밖의 모든 것을 창조하셨는지를 믿지 않는다면, 그리고 복되신 삼위일체 하나님이 어떻게 지금도 흥미와 관심을 두고 계시는지를 믿지 않는다면, 여러분은 이 복음이 주는 특별한 유익도 얻을 수 없습니다. 제가 오늘도 살아갈 용기를 얻는 것은 오직 복음 때문입니다! "하나님이 세상을 이처럼 사랑하사 독생자를 주셨으니 이는 그를 믿는 자마다 멸망하지 않고 영생을 얻게 하려 하심이라"(요 3:16). "하나님께서 그리스도 안에 [그리고 그를 통해] 계시사 세상을 자기와 화목하게 하시며"(고후 5:19). 여러분은 이러한 관점에서만 자신의 모든 문제를 해결하고, 모든 질문에 대한 답을 얻을 수 있습니다. 정말 중요한 질문은 이것입니다. 여러분은 복음을 믿습니까? 여러분 자신으로 시작하지 마십시오. 원한다면 여러분 자신으로 시작하되 하나님의 관점에서 그렇게 하십시오. 하나님으로 시작하고 그분의 관점에서 자신을 살펴본 후에 계시 전체를 믿으십시오. 그러면 여러분은 영혼의 평안과 안식을 누릴 것이며, 전혀 뜻밖의 해결책을 얻게 될 것입니다. "인생을 한결같은 태도로 바라보며, 전체적으로 조망"하게 될 것입니다. 그뿐만이 아닙니다. 여러분은 죽음을 통해 저 너머 영원의 세계와 영원한 영광을 보게 될 것입니다. 복음을 믿으십시오! 이 "바른 말"을 본받아 지키십시오. 그러면 여러분은, 이 위대한 사도의 대열에 합류하여 어떤 상황에서든 그와 함께 이렇게 말할 수 있을 것입니다. "내가 또 이 고난을 받되 부끄러워하지 아니함은 내가 믿는 자를 내가 알고 또한 내가 의탁한 것을 그날까지 그가 능히 지키실 줄을 확신함이라."

제4장

인간은 어떤 존재인가

이로 말미암아 내가 또 이 고난을 받되 부끄러워하지 아니함은 내가 믿는 자를 내가 알고 또한 내가 의탁한 것을 그날까지 그가 능히 지키실 줄을 확신함이라. (딤후 1:12)

우리는 디모데후서 1:12을 계속 고찰하면서 이 구절에 나타난 위대한 진술을 살펴보고 있습니다. 저는 6절에서부터 14절까지의 전체 문맥을 기억하는 것이 중요하다는 점을 여러분에게 상기시키고자 합니다. 앞서 살펴본 대로, 감옥에 갇힌 바울은 좌절하거나 비참하다고 느끼기는커녕 오히려 마음속에 환희와 기쁨이 넘쳤습니다. 제가 이 구절을 계속 다루는 것은, 그것이 기독교 메시지의 핵심이라고 생각하기 때문입니다. 기독교 메시지는 우리로 하여금 삶을 살아 내도록 권면하는 메시지입니다. 기독교 메시지는 이론이 아닙니다. 뜬구름 잡기 식의 철학도 아닙니다. 전 세계를 통틀어 이 기독교 메시지, 곧 복음보다 더 실제적인 것은 없습니다. 복음은 사변적인 인생관이 아닙니다. 복음의 위대한 점은, 그것이 인간으로 하여금 고귀한 자세로 살아가게 한다는 것입니다. 특히, 복음은 감옥에 갇힌 사도처럼 의연하게 행동하며 넉넉히 이기게 하는 강력한 원동력임이 실제로 입증되었습니다. 복음은 인간으로 하여금, 삶뿐 아니라 죽음과 죽음 이후의 삶을 바라보면서 넉넉히 승리할 수 있게 하는 하나의 관점입니다. 암울하고 황량한 인생을 바라보면서, "내가 또 이 고난을 받되 부끄러워하지 아니함은"이라고 말할 수 있게 하는 것이 바로 이 메시지입니다.

제가 이 복음을 전하는 것은, 지금 이 순간 하늘 아래 복음보다 더 실제적인 것은 없기 때문입니다. 사람들은 복음이 먼 나라 이야기라고 생각합니다. 현재의 생활에 적용할 수 없는, 비현실적인 것이라고 생각합니다. 여기서 저는 강조합니다. 살아가는 데 도움이 되는 것은 오직 복음뿐입니다. 우리는 지금, 모든 것이 붕괴되는 세계에 살고 있습니다. 그래서 저는 남녀를 불문하고 복음에 귀를 기울이라고 권고합니다. 우리는 지금 위대한 사도 바울의 체험에 기초한 복음을 만나고 있습니다. 제가 거듭 던지는 질문은 이것입니다. 우리는 어떻게 바울처럼 살 수 있습니까? 우리는 그가 살았던 대로 살고 있습니까? 우리는 이 세상에서 넉넉히 이기고, 삶을 정복하며, 또한 당당하게 헤쳐 나가고 있습니까? 아니면 그저 질질 끌려 다니고, 어깨를 움츠리며, 겨우 버티고 있습니까? 우리는 이제껏 스토아 철학이나 그와 비슷한 부류의 철학—궁극적으로 절망의 철학에 불과한—에 의지하며 살지 않았습니까? 아니면 생각하는 일을 아예 그만두고 싸움을 포기한 채 우리 조상들처럼 "오늘 먹고 마시며 한바탕 놀아 보자"고 말하지는 않았습니까? 혹시 다음과 같이 말하고 있지 않습니까? "걱정해 봐야 무슨 소용이 있나, 책을 읽고 생각에 잠겨 봐야 무슨 유익이 있나, 위인들도 해답을 찾지 못하는데 나라고 별 수 있겠어? 시간을 낭비하지 말고 최대한 활용하자. '할 수 있을 때 장미꽃 봉오리를 따야지.'"* 오늘날 이러한 사고방식대로 (또는 생각 없이) 사는 사람들은 부지기수입니다.

그러므로 우리는 한 사람이 어떻게 바울처럼 "그럼에도 불구하고"라는 영광스러운 고백을 할 수 있는지를 분명히 알아야 합니다. 이것을 알기 위해 우리는 바울의 고백을 살펴보았습니다. 그가 크게 확신할 수 있었던 데는 몇 가지 이유가 있습니다. 우리가 살펴보았듯이, 바울의 확신은 기질과 무관합니다. 사도가 전한 복음은 20세기에도 여전히 유효하고, 이 세상에서 유일한 것입니다. 우리는 성경을 떠나서 복음에 대해 아무것도 알 수 없습니다. 물론 우리는 추측할 수 있습니다. 우리 중 어느 누구도 다른 이 못지않게 훌륭하게 추측해 낼 수 있습니다. 하지만 우리에게 어떤 권위가 있습니까, 우리가 어떤 인가를 받았습니까? 우리에게 어떤 증거가 있습니까? 아무것도 없습니다. 성경을 읽지 않고서 하나님에 관해 무엇을 제대로 알 수 있겠습니까? 자연을 통해 하나님에 관한 지식을 얻을 수 있지만 거기에는 한계가 있습니다. 자연을 통해서는 인격적인 하나님, 사랑과 자비와 연민의 하나님을 알 수 없습니다. 그러나 아직 자연은 우리 모두에게 필요합니다. 여러분은 역사에서 하나님의 표지를 발견하지만 그것은 단지 알 수 없는 힘일 뿐입

---

* 로버트 헤릭Robert Herrick, '소녀들에게 주는 충고Counsel to Girls' 중에서.

니다. 성경을 떠나서는 하나님을 알 길이 없습니다. 우리는 이미 그 점을 분명히 했습니다. 우리는 성경 메시지에 굴복해야 합니다. 먼저 그 메시지를 받아들이지 않는 한 성경이 주는 유익들을 누릴 수 없기 때문입니다.

다음으로 매우 중요한 사항을 살펴봅시다. 누구도 기독교를 믿지 않으면 유익을 누릴 수 없습니다. 오늘날 꽤 많은 사람들이 여기서 걸려 넘어집니다. 사람들은 "당신들의 복음이 전파된 지 이천 년이나 되었는데 세상은 왜 이 모양인가?"라고 묻습니다. 그들은 그것이 결정적인 쟁점이라고 생각합니다. 물론 그들의 주장은 핵심을 비껴갑니다. 체스터튼G. K. Chesterton이 그 점을 아주 완벽하게 설명합니다. "기독교는 시도된 적도, 부족함이 드러난 적도 없다. 다만 어렵다고 여겨져 시도되지 않았을 뿐이다." 세상은 한번도 기독교를 시도한 적이 없습니다! 세상은 기독교가 일종의 가르침이라고 생각합니다. 의회법과 같이 세상을 바꿀 수 있는 가르침이라고 생각합니다. 그러나 기독교는 세상을 바꾸겠다고 주장한 적이 결단코 없습니다. 신약성경 어디를 봐도 그런 주장은 찾을 수 없습니다. 우리는 성경에 있는 그대로 복음을 받아들여야 합니다. 복음 전체를 믿고, 복음을 복음 되게 한 그 복되신 예수 그리스도를 믿지 않으면, 평안과 기쁨, 삶에 대한 지배와 환경에 대한 승리를 얻지 못합니다. 여러분이 복음의 중심 메시지를 믿을 때까지는 기독교가 주는 유익을 얻을 수 없습니다. 말하자면, 우리가 경험으로 얻는 이 모든 것은 복음에 깊이 헌신할 때 주어지는 부산물입니다.

우리는 다음과 같은 결론에 이르렀습니다. 그것은 우리가 복음의 메시지를 믿을 때까지 어떤 축복도 누릴 수 없다는 사실입니다. 그렇다면 복음의 메시지는 무엇에 관한 것입니까? 이 질문에 답하기 위해 우리는 성경의 메시지뿐 아니라 성경의 방식에도 굴복해야 한다는 것을 알았습니다. 성경은 우리가 진리, 총체적인 진리를 알기 원합니다. 그러므로 우리는 우리 자신이나 세상의 특정한 문제를 놓고 씨름하기에 앞서, 이 세상이 어떤 곳인지를 알아야 합니다. 이 세상에 관한 단 하나의 적절한 설명은, 하나님께서 이 세상을 창조하셨다는 성경의 증언입니다. 그것을 받아들여야 합니다. 이 세상은 어쩌다 생겼거나 우연히 만들어진 것이 아닙니다. 뜻밖에 생긴 것이 아니라 "태초에 하나님이…… 창조"하셨습니다(창 1:1). 그분은 창조하셨을 뿐 아니라 다스리고 유지하며 간섭하십니다. 하나님은 어떤 계획과 뜻을 갖고 계시기 때문에 이 세상에서 역사하십니다. "하나님이 우리를 구원하사 거룩하신 소명으로 부르심은 우리의 행위대로 하심이 아니요 오직 자기의 뜻과 영원 전부터 그리스도 예수 안에서 우리에게 주신 은혜대로 하심이라"(딤후 1:19).

여러분은 이 구절에서 성경적 세계관과 인생관 전반을 살펴볼 수 있습니다. 하나님은 시간을 창조하셨고, 지금 시간을 지배하고 계시며, 장차 시간을 끝내실 것입니다. 이것이 성경의 메시지입니다. 하나님은 위대한 목적을 갖고 계십니다. 거듭 말씀드리지만, 이 사실을 아는 것보다 더 흥분되는 것은 없습니다. 우리의 삶과 이 세상에는 어떤 목적이 있습니다. 이 모든 것은 "의미 없는 소음과 분노로 가득 찬 바보의 이야기"가 아닙니다. "삶은 진지한 것!

삶은 엄숙한 것! 결코 무덤이 삶의 목표는 아닙니다."* 우주 전체는 어떤 목적이 있고, 만물의 배후에는 하나님의 뜻이 있습니다. 이것이 첫 번째 근본적인 진술입니다.

따라서 우리가 그 다음으로 던져야 할 중요한 질문이 있습니다. 인간은 어떤 존재입니까? 어떤 이가 이렇게 말합니다. "천지만물과 우주에는 어떤 뜻과 목적과 목표가 있고 하나님은 자신의 위대한 뜻을 펼치기 위해 이 우주를 다스리신다면, 그 가운데 인간은 어떤 역할을 합니까?" 인간이 어떤 존재인지 알기 전에는 인간의 문제에 대해 고찰해 봐야 아무 의미와 가치가 없습니다. 인간의 문제에 대한 우리의 답변은 분명 우리의 인간관에 의해 결정될 것입니다. 그런데 비극은 바로 현대인들이 이 **근본적인** 문제를 외면하고 있다는 것입니다. 행동주의가 만연한 세상에서 사람들은 너나 할 것 없이 여러 가지 문제를 해결하기 위해 동분서주합니다. 하지만 정작 다음과 같은 질문은 피합니다. 인간은 어떤 존재입니까? 인간이 이 세상에서 하고 있는 일은 무엇입니까? 인간은 어디에서 왔습니까? 인간이 존재하는 이유는 무엇입니까? 우리는 이 중요한 질문들을 즉시 고찰해야 합니다. 사도는 여기서 대단히 명료하게 그 질문들을 다루고 있습니다. 저는 사도가 그 질문들을 다루는 방식을 밝히고자 합니다. 인간에 대한 질문과 답변이야말로 성경이 전하는 위대한 메시지 가운데 하나입니다. 성경은 우리에게 인간에 관한 진실을 말해 줍니다. 우리가 그 진실을 이해할 때에야 비

---

* 윌리엄 셰익스피어, 「맥베스*Macbeth*」 5막 5장 중에서.

로소, 우리는 인간에게 일어나는 일들과 인간이 구원받을 수 있는 유일한 길을 조명할 수 있습니다.

고대 그리스 철학자들은, 인간은 어떤 존재인가라는 질문을 제기했습니다. 그들은 매우 현명하고 유능하며, 생각이 깊은 사상가들이었습니다. 인생과 그에 따른 상황들을 깊이 생각한 그들은, 지혜의 본질이 "너 자신을 아는 것"이라는 결론에 이르렀습니다. 그들은 "너 자신을 아는 것"이 인간이 당면한 중요한 문제, 인간이 제기하는 가장 큰 질문이라고 말했습니다. 자기 자신을 제대로 아는 사람이 과연 얼마나 될까요? 우리는 당연히 우리 자신에 대해 잘 안다고 생각하지만 실은 그렇지 않습니다. 우리는 거짓 자화상을 그리고, 우리 자신을 화려하게 치장하며, 우리 자신을 변호합니다. 그러나 우리는 정작 자신을 잘 모릅니다. 인간 문제의 대부분이 여기서 비롯됩니다. 그리스 철학자들은 우리가 우리 자신을 아는 데서 시작해야 한다고 말했지만, 문제는 우리 자신을 어떻게 아는가입니다. 인간은 자기 자신을 어떻게 알 수 있습니까? 여러분은 자신을 알려고 노력해 본 적이 있습니까? 여러분이 자신을 알려고 애쓴다면 그러한 시도가 얼마나 버거운 일인지 깨닫게 될 것입니다.

현대인들은 자신이 누구인지, 인간이 어떤 존재인지에 대한 답을 얻기 위해 부단히 애를 써 왔습니다. 저는 다양한 이론들을 늘어놓으며 여러분을 피곤하게 만들 생각이 없습니다. 여러분이 그 이론들을 익히 알고 있기 때문입니다. 오늘날 가장 많이 알려진 이론은, 인간은 단지 생물학적 존재일 뿐이라는 주장입니다. 인체는 신비에 싸여 있으며, 지난 백년만 해도 생명을 유지하는 데 필요한 내분비선 등이 발견되었다는 것입니다. 내분비선과 같은 인체 기관들은 백년 전의 과학자들이 인체의 퇴화한 잔존물로서 쓸모없다고 확신하고 논외로 했던 것들입니다. 이제 과학자들은 그 인체 기관들이 생명 유지에 필수적임을 알게 되었습니다. 그러자 사람들은 다른 극단으로 치우쳐, 지금의 인간은 갑상선, 뇌하수체, 부신, 분비기관 및 기타 인체 기관이 결합된 결과라고 주장합니다.

보다 철학적인 견해도 있습니다. 인간은 변증법적인 힘들이 상호작용한 결과일 뿐이라는 주장입니다. 인간은 공급과 수요, 정치적 힘 등이 작용한 결과 지금처럼 되었다는 것입니다. 보다 사회학적인 인간관도 있습니다. 자라 온 환경과 특정한 사회적 배경에서 인간을 설명하는 것입니다. 인간의 존재를 결정하는 것은 지리이며, 나아가 기후라고까지 믿는 사람들도 실제로 있습니다. 여러분도 그런 주장을 익히 들어오지 않았습니까? 그들의 주장에 따르면, 적도에 가까울수록 사람들은 더 부드럽고 온순하며 감정이 풍부합니다. 반면에 적도에서 멀어져 남극이나 북극에 가까울수록, 사람들은 더 격렬하고 지적이며 저항력이 강하고 감정은 풍부하지 못합니다. 다시 말해, 사람의 성격은 그가 태어나 성장한 지역의 위도와 절대적인 연관이 있다는 것입니다. 이러한 주장은 꽤 진지하게 받아들여지고 있습니다.

인간의 정체성을 설명하는 또 다른 이론에는 심리적 접근법이 있습니다. 프로이트가 주창한 이 접근법은 소설에 많이 쓰이고, 범법자를 치료하거나 심지어 감옥에 갇힌 죄수들을 다룰 때에도 이용됩니다. 이 접근법은 교육을 비롯한 거의 모든 분야에서 막강한 힘을 발휘하고 있습니다. 심리적 접근법을 견지한 사람들은 인간을 본능의 관점에서 바라봅니다. 인간은 단지 충동과 욕구의 덩어리, 인간의 내부에 있는 세력과 힘의 집합체이자 결합체에 불과하다고 생각합니다.

이러한 견해들이 여러분의 필요를 채울 수 있을지 저로서는 의문입니다. 많은 견해들이 서로 모순되고 배타성을 띠는 것은 당연합니다. 그 견해들 중 일부는 낙관적이고 일부는 비관적입니다. 인간에게 소망이 없다는 결론을 내린 이들도 있습니다. 그들에게는 삶의 목적이 없습니다. 인생의 결말을 예측하지 못하며, 역사와 인간의 종말에 대해서도 알지 못합니다. 몇몇 위대한 역사가들은 역사의 노선이나 목적, 진행 방향을 알 수 없다고 말했습니다. 그들은 "모든 피조세계가 하나님이 계획하신 일회적인 종말론적 사건을 향해 가고 있다"는 것을 믿지 않습니다. 그렇습니다. 그들은 역사는 순환의 연속이거나 순전한 우연과 운이라고 생각합니다.

이제까지 살펴본 이론들에는 공통점이 있습니다. 인간이 실상 동물과 다를 바 없다는 것입니다. 그 이론들은 인간이 사유하는 동물이라고 주장하거나, 인간의 대뇌가 다른 동물들보다 훨씬 더 발달했다는 사실을 강조할지 모릅니다. 하지만 인간은 여전히 동물일 뿐입니다. 인간은 가장 고등한 동물일지 모르지만 동물의 수준을 결코 벗어나지 못합니다. 그 이론들에서 인간은 동물일 수밖에 없습니다. 이것이 모든 이론들의 공통분모입니다. 하지만 그 이론들이 우리에게 진정한 만족을 주고 있습니까? 인간에 대해 적절한 설명들을 하고 있습니까? 그 이론들은, 우리가 자신에 대해 아는 만큼이나 우리의 인간관을 제대로 설명하고 있습니까?

거듭 묻습니다. 그러한 이론들이 인간이 가지고 있는 엄청난 모순에 대해 설명합니까? 인간은 모순투성이입니다. 현대인은 특히 그러합니다. 인간이 지금처럼 자신의 모순된 본성을 적나라하게 드러낸 적은 단 한번도 없었습니다. 어떤 관점에서 보면, 인간은 위대하고 고상하며 경이적인 존재입니다! 하지만 다른 관점에서 보면, 인간은 좀스럽고 사악하고 비열하며 추한 존재입니다. 이 두 관점은 모두 완벽한 사실입니다. 인간은 모순된 존재입니다. 우리가 사는 20세기를 보면 인간의 실상을 명백히 알 수 있습니다. 여러분은 현대인들이 일궈 낸 경이적인 업적과 과학의 놀라운 발견과 진보를 접합니다. 20세기야말로 인간이 자신의 탁월한 능력과 명철을 드러낸 놀라운 시대입니다. 하지만 기억하십시오. 20세기는 부켄발트를 비롯한 수많은 포로수용소들이 출현한 시대이기도 합니다. 원자폭탄과 역사상 유례 없이 참혹했던 두 차례의 세계대전을 치렀던 시대입니다. 이혼과 배우자의 부정不貞과 추악함과 부정不正과 강탈과 탐욕과 타락으로 얼룩진 시대입니다. 이 20세기가 그러합니다! 이 시대의 인간이 그러합니다! 엄청난 모순의 시대, 위대함과 미약함, 지혜와 우둔함이 뒤섞인 시대입니다. 인간의 마음 깊은 곳은 모순이 중심을 이루고 있습니다. 그 어떤 이론으로도 이 모순을 설명하지 못합니다.

여러분은 셰익스피어가 인간에 대해 한 말을 기억할 것입니다. "인간은 하나의 걸작! 생각은 얼마나 고상한지! 능력 또한 무한하구나! 그의 모습, 그의 움직임은 얼마나 빠르고 멋있는지! 그의 행실은 천사와 같구나! 그의 이해력은 신의 경지에 이르렀고……." 인간은 경이의 대상입니다. 그것이 바로 셰익스피어의 인간관입니다. 하지만 정말 그렇습니까? 인간은 정말 경이로운 존재입니까? "인간은 하나의 걸작! 생각은 얼마나 고상한지!" 과연 오늘날에도 그렇습니까? 여러분은 많은 현대인들이 지금 이 순간을 어떻게 보내고 있다고 생각합니까? 그들은 사유 능력을 발휘하고 있습니까? 그들은 삶과 죽음과 영원의 중대한 문제, 인간의 온갖 문제에 대해 깊이 생각하고 있습니까? "생각은 얼마나 고상한지!" 정말 그렇습니까? "능력 또한 무한하구나!" 그것이 지금도 사실입니까? "그의 모습, 그의 움직임은 얼마나 빠르고 멋있는지! 그의 행실은 천사와 같구나! 그의 이해력은 신의 경지에 이르렀고……." 현대인들은 이러한 자질을 드러내고 있습니까?

아닙니다. 셰익스피어는 인간에 대해 단편적으로 묘사했을 뿐입니다. 그를 공정하게 평가하려면, 그가 인간을 어리석은 존재로 묘사했다는 점도 짚고 넘어가야 합니다. 그는 본래 인간 안에 상반된 두 속성이 있음을 간파했습니다. 그러므로 여러분이 인간을 전체적으로 보고 인간의 두 속성을 공정하게 다루기 전까지는, 인간을 진실하고 정확하게 묘사한다고 볼 수 없습니다.

이제 성경적 인간관을 제시하고자 합니다. 사도는 디모데후서에서 매우 흥미로운 문구로 성경적 인간관을 설명합니다. 성경으로 돌아와 그의 위대한 말을 들어 봅시다. "이로 말미암아 내가 또 이 고난을 받되 부끄러워하지 아니함은 내가 믿는 자를 내가 알고 또한…… 확신함이라." 그의 확신과 만족은 완벽합니다. "내가 의탁한 것을 그날까지 그가 능히 지키실 줄을 확신함이라." 바울이 그분께 의탁한 것은 무엇입니까? 이 질문에 대한 답변에서 성경적 인간관의 전모가 드러납니다. 바울이 그분께 의탁한 것은, 성경이 **영혼**이라고 부르는 것입니다! 사도는 "나는 지금 감옥에 갇혀 있지만 부끄럽지도 힘들지도 괴롭지도 않다"라고 말합니다. 왜 그럴까요? "내 영혼을 그리스도께 의탁하였고 그분이 내 영혼을 안전하게 지켜 주시리라 확신하기 때문이다. 사람들이 내게 무슨 짓을 하든지 내 영혼은 평안하다. 내 영혼! 내가 그분께 의탁한 내 영혼!"

영혼은 인간을 "인간"답게 만듭니다. 영혼이 있어 인간은 동물과 구별됩니다. 제가 앞으로 인용할 구절은 매우 흥미롭습니다. 이 구절을 줄리안 헉슬리 경과 그의 형 올더스 헉슬리Aldous Huxley의 조부인 헉슬리T. H. Huxley가 말했기 때문입니다. 그는 그리스도인이 아니었습니다. 그는 찰스 다윈의 열렬한 지지자였습니다. 그는 다윈의 가르침을 누구보다도 설득력 있게 전파했습니다. 그런 그가 이런 말을 했습니다. "인간과 가장 고상한 동물 사이에는 (그의 표현대로) 엄청난 간격, 이를테면 도저히 좁힐 수 없는 무한한 차이가 존재한다." 이것이 정확히 성경의 인간관입니다.

그렇다면 무엇이 인간을 그처럼 독특한 존재가 되게 할까요? 바로 하나님께서 자신의 형상과 모양대로 인간을 지으셨다는 점입니다. 하나님은 짐승들을 지으셨지만 자신의 형상과 모양대로 짓지는 않으셨습니다. 인간은 본질적으로 독특한 존재입니다. 인간은 동물과 차원이 다릅니다. 이는 인간이 지적·도덕적·종교적 본성을 지녔다는 뜻입니다. 인간에게는 지적 능력뿐 아니라 자신을 성찰하고 반성할 능력도 있습니다. 인간은 자신을 살피고 분석하며 자신에 관해 이야기할 수 있습니다. 동물과 달리 인간에게는 그런 능력이 있습니다. 인간은 하나님 안에 있는 지적 능력을 부여받았습니다. 하나님은 인간에게 지성을 주셨습니다. 그분의 지적 능력과 재능을 말입니다!

나아가 하나님은 인간에게 도덕적 성품을 주셨습니다. 물론 여러분은 개를 훈련시켜 이런저런 일을 하게 하거나 못하게 할 수 있습니다. 다른 동물을 훈련시키듯 개를 훈련시켜 주인을 잘 따르게 할 수 있습니다. 하지만 절대 개를 도덕적 존재로 만들 수는 없습니다. 동물은 본능에 따라 행동하기 때문입니다. 동물은 하지 말라는 일을 하면 벌을 받는다는 것을 배울 수 있습니다. 그러면 벌 받을 일을 하지 않습니다. 파블로프Pavlov의 영향으로, 과학자들뿐만 아니라 많은 사람들이 인간을 파블로프의 조건반사에 나오는 개처럼 취급하려 듭니다. 그러나 저는, 인간이 아무리 애를 써도 동물을 도덕적 존재로 만들 수 없고 도덕적 성품을 입힐 수도 없다는 사실을 입증하고자 합니다. 도덕적 성찰과 판단력, 결단력을 줄 수 없다는 사실 또한 입증하고자 합니다.

그 다음으로, 인간에게는 무엇보다도 종교적 심성이 있습니다. 누군가가 "인간은 예배하는 동물이다"라고 말합니다. 저는 이 표현을 좋아하지 않습니다. 인간이 예배하는 것은 "예배하는 동물"이어서가 아닙니다. 인간이기 때문에 예배합니다. 인간에게는 영원에 대한 의식이 있습니다. 사람들에게는 누구나 하나님에 대한 의식, 초월적 존재에 대한 의식이 있습니다. 특히 고고학자들과 인류학자들은, 원시인들도 예외 없이 지고의 신에 대한 의식이 있었음을 입증하는 결정적인 증거들을 제시해 왔습니다. 원시인들 중에는 나무에 깃든 영혼을 숭배하는 정령 숭배자들과 우상 숭배자들이 있었습니다. 하지만 원시인들은 모두 지극히 높고 위대한 신에 대한 의식이 있었습니다. 이러한 신에 대한 의식은 인간 본성에 내재된 것입니다. 인간에게는 종교적 본성이 있습니다.

성경에 따르면, 인간은 하나님의 형상과 모양대로 지음 받았기에 신에 대한 의식이 있습니다. 인간을 **인간**답게 만드는 것은, 하나님의 형상이라는 독특한 특성 때문입니다. 다시 말해, 인간은 몸body과 영혼soul과 영spirit을 지닌 존재입니다. 또는—이런 표현이 괜찮다면—인간은 몸과 영혼을 지닌 존재입니다. 여러분은 영이 영혼의 일부라고 말할 수도 있습니다. 저는 이 점에 관해 왈가왈부할 생각이 없습니다. 제가 말씀드리고자 하는 것은, 인간의 본성에는 동물적인 부분, 곧 몸이 있다는 점입니다. 인간의 몸은 동물의 몸과 매우 흡사합니다. 그러나 인간에게는 인간만의 독특한 측면이 있습니다. 인간은 자신을 성찰하고 다른 이들과 소통할 수 있습니다. 그러나 그 무엇보다도 하나님을 의식할 수 있는 힘과 능력이 있습니다. 곧 인간 안에는 영적 요소가 있습니다. 그 요소는 롱펠로처럼 말합니다. "너는 흙이니 흙으로 돌아갈 것이니라'(창 3:19)는 말씀은 영혼에는 해당되지 않는다." 그 요소는 "더 광대한 창공, 더 신선한 공기"를 달라고 울부짖습니다.* 또한 전도서의 기록대

---

* 윌리엄 워즈워스, '라오다미아Laodamia' 중에서.

로, 하나님이 인간에게 영원을 사모하는 마음을 주셨다고 일깨웁니다. 인간은 천하보다 더 크며, 자신을 초월하는 그 존재를 위해 살도록 지음 받았음을 알려 줍니다. **이것이 바로 영혼입니다.**

거듭 말씀드립니다. 영혼은 인간의 독특한 본질입니다. 영혼은 육체의 영역을 뛰어넘습니다. 눈에 보이지 않고 손으로 만질 수는 없지만, 우리 모두가 영혼을 의식하고 있습니다. 인간은 자신을 소멸하는 존재로 여길 수 없습니다. 여러분은 죽으면 그것으로 끝이라고 생각하거나 말할 수 있지만, 그렇게 믿거나 상상해서는 안 됩니다. 인간은 불멸의 존재이지 죽기 위해 태어난 존재가 아님을 암시해 주는 실체가 인간에게 있기 때문입니다. 우리는 우리 안에 소멸되지 않는 다른 요소가 있음을 알고 있습니다. 이것이 성경의 핵심 가르침입니다. 사도는 이렇게 말합니다. "나는 영원히 존재한다. 그리고 내 **영혼**이 평안하다는 것을 알기에 '그럼에도 불구하고'라고 말할 수 있다. 사람들이 내 몸을 자기 마음대로 할 수 있지만 내 영혼은 손대지 못한다." 사도가 여기서 밝히듯이, 그는 자신에게 진정한 확신을 주는 영혼이 있음을 압니다.

물론 사도 바울만 그러한 고백을 할 수 있는 것은 아닙니다. 그는 우리 주인이자 주님이신 구주 예수 그리스도께 가르침을 받았을 뿐입니다. 예수님께서 이렇게 말씀하셨습니다. "사람이 만일 온 천하를 얻고도 자기 목숨을 잃으면 무엇이 유익하리오?"(막 8:36) 그분은 비유를 들어 어리석은 부자 이야기를 하셨습니다(눅 12:16-21). 이 부자는 재물이 너무 많고 하는 일이 너무 잘 되어서, 재산을 주체할 수 없을 정도가 되었습니다. 그 많은 재물을 보관하기에 곳간은 턱없이 좁았습니다. 그는 이렇게 혼잣말을 했습니다. "자, 이제 어떻게 할까? 곳간을 헐고서 더 크게 지어야겠다. 그리고 내 영혼에게 말해야지. '영혼아, 여러 해 동안 쓸 많은 물건을 쌓아 두었으니, 너는 마음 놓고 먹고 마시고 즐겨라.'" 그러자 하나님께서 그에게 말씀하셨습니다. "어리석은 사람아, 오늘밤에 네 영혼을 네게서 도로 찾을 것이다. 그러면 네가 장만한 것들이 누구의 것이 되겠느냐?" 그 부자는 영혼에는 전혀 관심이 없었습니다! 주님은 언제나 영혼에 대해 가르치셨습니다. 부자와 거지 나사로의 비유에서도 그렇게 하셨습니다(눅 16:20-31). 그 이야기에 등장하는 부자의 문제는, 그가 자신에게 영혼이 있다는 사실을 잊어버린 것입니다. 이것이 성경 전체의 가르침입니다. 성경의 기본 전제는, 인간이 하나님의 형상으로 창조되었기 때문에 동물보다 차원이 높으며, 하나님과 영원을 사모하는 능력을 지닌 영적 존재라는 것입니다. 이것이 인간의 본질이며 인간의 독특한 측면입니다.

지금의 세계가, 곤경과 혼란 속에서 자포자기와 절망에 빠져 있다는 사실에 저는 놀라지 않습니다. 현대인은 "인간"이 어떤 존재인지 모릅니다! 그러니 무엇이 잘못되었는지 어떻게 알 수 있습니까? 자기 자신을 제대로 인식하지 못하는데 어떻게 사태를 바로잡을 수 있습니까? 이것이 첫 번째 요점입니다. 이제 다음 이야기로 넘어가겠습니다.

인간은 이 세상에서 어떤 일을 하도록, 어떤 존재가 되도록 부름 받았습니까? 현대인들에게 이보다 더 긴급한 질문은 없습니다. 그렇지 않습니까? 인간은 이 땅에 왜 태어났습니까? 인간은 동물에 불과합니까? 인간은 이 세상에서 그저 먹고 마시며 섹스에 탐닉하기 위해 존재합니까? 그것이 인간의 존재 목적입니까? 그것이 인간의 삶입니까? 성경은 그렇지 않다고 말합니다. 하나님의 형상과 모양대로 지음 받은 인간은, 피조세계를 다스리고 이 땅에서 하나님의 대리인이 되라는 부름을 받았습니다. 이 때문에 하나님께서 인간에게 모든 동물들의 이름을 짓는 특권을 부여하셨습니다. 인간은 동물들을 다스리고 지배하도록 부름 받았습니다. 인간은 어느 정도 피조세계를 다스렸습니다. 하지만 인간이 지금처럼 되면서, 이번에는 피조세계의 지배를 받고 있습니다. 인간과 피조세계 사이에는 주도권을 차지하기 위한 싸움이 끊임없이 전개되고 있습니다. 그러나 인간은 피조세계의 주인으로 하나님의 영광을 위해 살라는 부름을 받았습니다. 웨스트민스터 소요리문답을 인용하고자 합니다. 그 첫 번째 질문은 이렇습니다. "사람의 제일되는 목적이 무엇인가?" 답변은 이렇습니다. "하나님을 영화롭게 하는 것과 영원토록 그분을 즐거워하는 것입니다." 이것이 바로 인간에게 부여된 사명입니다! 그렇다면 인간은 주어진 사명을 다하고 있습니까?

이제 다음 질문으로 넘어가겠습니다. 인간의 행복을 결정하는 요인은 본래 무엇이었습니까? 우리 모두는 행복해지기를 바랍니다. 고통을 좋아하거나 즐기는 사람은 아무도 없습니다. 인간은 본래 행복을 누리고 이 땅의 소산을 즐기도록 지음 받았습니다. 인간은 완전하면서도 만족스런 삶을 살도록 예정되었습니다. 하나님은 인간을 만드시고 낙원에 살게 하셨습니다. 그것이 하나님의 계획이었습니다. 그렇다면 인간의 행복을 결정하는 요인은 무엇입니까? 현대인과 그가 처한 곤경에 대한 성경적 진단의 핵심과 근원이 여기 있습니다. 인간의 행복이 그가 처한 환경에 따라 결정되는 것은 하나님의 뜻이 아니었습니다. 그런데도 우리 모두는 걸핏하면 하나님의 뜻을 거스르는 결정적 실수를 저지릅니다. 우리는 행복이 여건에 의해 좌우된다고 생각합니다. 대다수 사람들은 앞서 인용한 어리석은 부자와 같습니다. 돈이 많아야 행복하고 돈으로 행복을 살 수 있다고 생각합니다. 그러나 그럴 수 없습니다. 돈으로 쾌락은 살 수 있어도 행복은 살 수 없습니다. 백만장자라도 행복을 누리지 못할 수 있습니다. 행복은 돈으로 살 수 없습니다! 한 유명한 재산가는 자신의 인생이 커다란 실패작이라고 허심탄회하게 털어놓았습니다. 제가 알기로, 그 남자는 다섯 번이나 결혼한 경력이 있지만 행복한 결혼이 어떤 것인지 아직 모르고 있습니다. 이 세상 최고의 부자인데도 말입니다! 행복은 돈으로 살 수 없습니다. 돈은 쓸모가 많지만 행복을 결정하지 못합니다. 물건이나 소유물도 행복을 결정하지 못합니다. 절대로! 인간은 본래 돈이 아닌 다른 차원에서만 행복을 누릴 수 있습니다. 돈과 같은 외적 환경에 의지하는 한 인간은 불행해집니다.

현대인들이 불행을 자초하는 것은 바로 그 때문입니다. 폭탄을 제거할 수만 있다면, 전쟁을 끝낼 수만 있다면, 감옥을 없애거나 새로운 교화정책을 쓸 수만 있다면, 모든 사람이 교육을 받을 수만 있다면, 주머니가 두둑한 가운데 마음껏 마시고 춤추며 섹스를 즐길 수만 있다면, 완벽하게 행복해질 것이라고 그들은 착각합니다.

하지만 그런 착각이 통한 적은 단 한번도 없습니다. 왜 그렇습니까? 우리가 처한 환경이 대체로 우리에게 불리하기 때문입니다. 인간의 행복은 오직 한 가지에 달려 있습니다. 그것은 하나님과의 관계입니다! 하나님과의 관계만이 행복을 보장합니다. 탁월한 철학자였던 성 아우구스티누스St. Augustine는 평안과 행복과 안식을 찾기 위해 철학에 심취했고 여자와 사랑을 나누기도 했습니다. 안 해본 것이 없었습니다. 그러나 그는 이렇게 고백합니다. "당신이 우리를 지으셨으니, 당신 안에서 쉼을 얻기까지 우리 마음은 쉴 수 없나이다." 우리는 어디서 평안을 찾을 수 있습니까? 우리는 영혼으로, 영혼을 지으신 하나님께로 돌아와야 합니다. 우리는 그분을 위해 지음 받았고, 그분과 교제하도록 창조되었습니다. 그러므로 나침반의 바늘처럼, 우리가 저 북쪽을 향할 때까지는 결코 안식을 누리지 못할 것입니다. 다른 곳에는 안식이 없습니다.

여기서 필연적으로 제기되는 질문이 있습니다. 이 모든 것이 인간에 관한 기본 가정이라면(실제로 그러하지만) 현대인과 그의 삶은 왜 이렇게 되었습니까? 왜 이 모든 문제와 곤경과 불안, 가슴앓이들이 생기는 것입니까? 왜 다양한 형태의 쾌락 속에서 평안과 안식과 만족을 찾으려고 야단법석을 떠는 것입니까? 대체 무엇이 잘못되었습니까? 이것은 아주 중대한 질문입니다. 만약 제가 이 세상에 살면서 어떤 상황에 처하든 사도처럼 "그럼에도 불구하고"라고 말할 수 있으려면, 감옥에서도 죽음과 만물의 종말을 대면해서도 평안할 수 있으려면, 저는 이처럼 중요한 질문들에 대해 빠짐없이 답변해야 할 것입니다. 대체 무엇이 잘못되었을까요? 삶이 왜 이렇게 되었을까요? 왜 어떤 사람이 복음을 전하다 감옥에 갇혔을까요? 왜 전쟁과 전쟁에 관한 소문이 끊이지 않을까요? 왜 사람들은 속임수를 쓸까요? 왜 사람들은 맹세한 것을 지키지 않을까요? 왜 순진한 어린아이들이 부모의 사랑을 받지 못한 채 고통당하고 마음 아파하며 이기적인 어른들에게 폭행당하고 이리저리 내몰릴까요? 왜 이런 일들이 일어날까요? 이에 대한 적절한 설명은 처음부터 끝까지 성경만이 제시합니다. 인간은 하나님의 형상과 모습대로 창조되었지만 그분에게 반역했고 교만해졌습니다. 인간은 하나님처럼 되고 싶어 그분을 의도적으로 무시하고 그분의 계명을 어기며 제멋대로 행했습니다. 인간은 결국 타락하고 말았습니다.

이로 인해 인간은 하나님의 형상을 잃어버렸습니다. 그분과의 교제가 끊어져 더 이상 하나님을 알지 못하고, 더 이상 그분의 축복도 받지 못하게 되었습니다. 인간은 하나님께 등을 돌리고 자신을 하나님으로 여겼습니다. 그는 자신밖에 모르는 사람이 되었습니다. 그는 자율적으로 행동하고, 필요한 것은 스스로 조달합니다. 자신이 우주의 중심이기에 생명과 우주 전체를 다스릴 수 있다는 착각에 빠집니다. 하지만 그는 그럴 수 없음을 깨닫습니다. 왜 그럴까요? 성경에 따르면, 답은 간단합니다. 인간이 균형을 잃었기 때문입니다.

인간이 균형을 잃었다는 의미는 다음과 같습니다. 앞서 살펴보았듯이, 인간은 몸과 혼과 영으로 되어 있습니다. 하나님은 인간을 지으시면서, 자신의 몸을 다스릴 수 있는 혼과 이성적인 영을 주셨습니다. 몸은 본능과 욕망이 있습니다. 인간이 몸은 있는데 본능이 없다면 완전한 존재라 할 수 없습니다. 예를 들어, 섹스가 그 자체로 죄악된 것이라는 생각은 완전히 비성경적입니다. 섹스를 죄악이라고 가르쳤던 옛사람들은 성경과 기독교에 무지한 자들이었습니다. 그들에게 잘못된 생각을 주입한 것은 거짓 종교였습니다. 하나님은 인간을 지으실 때 본능을 주셨기 때문에, 인간의 본능은 전혀 잘못된 것이 아닙니다. 그렇다면 무엇이 잘못되었습니까?

하나님이 최초로 지으신 인간은 완벽했고 자신의 본능을 잘 다스렸습니다. 본능은 인간의 종 노릇 했습니다. 인간은 본능을 이용해 자신의 욕구를 충족시켰을 뿐 아니라 무엇보다도 하나님께 영광을 돌렸습니다. 인간은 균형 잡힌 삶을 살면서 더없는 행복을 만끽했습니다. 인간은 지금과는 다른 차원, 다른 영역에서 살았습니다. 거기에는 균형이 있었고 그의 삶은 균형을 이루고 있었습니다. 그러나 인간이 하나님의 뜻을 저버린 순간, 하나님과의 관계는 깨지고 말았습니다. 최고의 기능을 하는 영혼이 생명력을 잃고 그 기능을 멈췄습니다. 바울은 에베소서 2:1에서 "그는 허물과 죄로 죽었던 너희를 살리셨도다"라고 말합니다. 이것은 인간이 영적으로 죽었음을 의미합니다. 이제 인간은 하나님을 알지 못하고, 하나님이 계심을 깨닫지 못합니다. 인간은 하나님의 뜻에 따라 살지 못합니다. 영적으로 죽어 균형감각을 잃은 것입니다. 인간은 더 이상 자신의 혼과 이성적인 영의 지배를 받지 않습니다. 정욕과 욕망의 지배를 받을 뿐입니다. 아시다시피, 바울 사도는 "육체와 마음의 원하는 것"이라는 표현을 써서 정욕이 육체뿐만 아니라 마음에까지도 영향을 끼친다고 말합니다. 여러분은 온 세상이 정욕과 욕망으로 인해 타락했다는 사실을 알고 있습니까? 인간은 자신이 자율적이고 독립적인 존재라고 말하면서 홀로서기를 시도합니다. 하나님이나 그분의 율례는 안중에도 없습니다. 인간은 욕망이 이끄는 대로 살면서 "어떻게 살든 내 맘이다. 내 자신을 드러내고, 내 뜻대로 사는 게 뭐가 잘못됐다는 거지?" 하고 항변합니다. 문제는 모든 사람들이 다 이렇게 생각한다는 것입니다. 그래서 사람들은 시기하고 질투하며 원한과 앙심과 증오심을 품습니다. 상대방을 적으로 만들고, 긴장을 조성하고, 싸움을 일으킵니다. 급기야 나라 간의 전쟁이 터집니다. 세계는 가진 자들과 못 가진 자들로 나뉘며, 내 편과 네 편으로 갈라집니다. 서로 자기가 옳다고 우깁니다. 이 모든 것은 인간이 타락한 결과입니다. 이제 인간은 동물보다 더 낮은 차원에서 행동합니다. 인간은 어느 동물보다 더 극악무도한 존재가 되었으며, 앞으로도 그럴 것입니다. 균형감각을 잃은 인간은 더 극악해져 갑니다. 이제, 육체가 주도권을 쥐고 온갖 정욕과 욕망과 욕구를 좌지우지합니다. 인간은 그것을 자랑하기까지 합니다. 이렇게 함으로써, 인간은 자신에게 있는 가장 고상한 이성적 영과 혼을 괴롭히며 파괴합니다.

세상은 고통스럽고 수치스러운 곳으로 전락했습니다. 절망과 불행으로 가득한 곳이 되었습니다. 이것이 바로 이 세상에 대한 유일한 설명입니다.

이제 다음 질문을 할 차례입니다. 지금까지 제기된 질문들은 논리적 연속성을 지닙니다. 어떤 이는 이렇게 말합니다. "그렇군요. 목사님께서 세상이 이 모양이 된 이유를 줄곧 설명하셨는데,

궁금한 것이 하나 더 있습니다. 앞으로 인류의 운명은 어떻게 될까요?" 이것은 엄청난 질문입니다. 인간은 한낱 동물에 불과하기 때문에 죽으면 그것으로 끝이 아닙니까? 인간이 이 땅에서 살다가 죽는 것이 뭐 그리 대단합니까? 만약 그런 입장을 취한다면 거기서 이런 논리적 추론이 가능합니다. 만약 인생이 여러분에게 불리하게 전개되었다면 거기에서 벗어나는 것이 상책입니다. 스스로 목숨을 끊으십시오! 계속 견뎌야 할 이유가 어디 있습니까? 여러분이 스스로 목숨을 끊을 수 있는데 "두 손으로 거친 파도처럼 밀려드는 재앙과 싸워 물리치려는 이유가 무엇입니까? 그만한 가치가 있습니까? 싸울 가치가 있습니까? 고민할 가치가 있습니까? 아득히 먼 과거의 고대 그리스 시대 그리고 이후의 많은 위대한 철학사들은 자살이라는 방법을 택해 이 문제를 해결하려 했습니다. 자살은 매우 논리적인 해결 방법입니다. 그러나 아시다시피, 죽음은 끝이 아닙니다! 인간에게는 불멸의 영혼이 있습니다. 사도는 말합니다. "내가 믿는 자를 내가 알고 또한 내가 의탁한 것을 그날까지 그가 능히 지키실 줄을 확신함이라."

바울이 말하는 "그날"은 세상의 종말이자 역사의 종말입니다. 하나님께서 모든 인간을 최종적으로 심판하시는 날입니다. 사도는 자신의 영혼, 죽음과 삶, 그리고 죽음 이후의 "그날"을 의식하며 살아갑니다. 성경 전체에서 일관된 견해가 있습니다. 인간은 동물이 아닌 살아 있는 영이며, 죽음은 끝이 아니라는 것입니다. "한 번 죽는 것은 사람에게 정해진 것이요 그 후에는 심판이 있으며"(히 9:27), 그리고 심판 후에는 영원한 세계가 있다는 것입니다. 인간의 영은 소멸되지 않습니다. 이 영원한 세계에는 두 가지 가능성이 있습니다. 하나는, 말로 다 표현할 수 없는 희열과 행복과 기쁨의 세계입니다. 다른 하나는, 생각조차 하기 싫은 괴로움과 절망과 때늦은 후회의 세계입니다.

사랑하는 여러분, 이것이 여러분의 현세적 인생관을 결정합니다. 이것이 현세적 삶을 어떻게 살아 낼 것인가를 좌우합니다. 여러분은 자신에게 영혼이 있다는 사실을 알고 있습니까? 여러분의 영혼은 소멸되지 않고, 언젠가 하나님 앞에서 몸으로 행한 일들에 대해 해명해야 한다는 사실을 알고 있습니까? 이것이 신약성경의 가르침입니다. 주님은 "오늘 밤에 네 영혼을 도로 찾으리니"라고 말씀하셨습니다(눅 12:20). 하나님이 그렇게 요구하셨습니다! 여러분은 이것이 인간 삶의 방식을 필연적으로 결정한다는 사실을 알고 있습니까? 제게 영혼이 있다면, 저는 먹고 마시고 섹스를 즐기며 세상의 쾌락을 좇지 않을 것입니다. 저는 별 생각 없이 "내일이면 죽으리니, 먹고 마시며 흥겹게 놀아 보자!"라고 말하지 않을 것입니다. 오히려 저는 "종말이 올 때까지 열심히 살자. 나는 책임감 있는 존재다. 나를 지으신 분 앞에서 그분이 내게 주신 능력과 재능을 어떻게 활용했는지 설명해야 한다. 그분의 질문에 어떻게 대답해야 할까?"라고 말하겠습니다. 저의 삶 전체는, 제가 이 문제들을 어떻게 보느냐에 따라 결정되고 변화될 것입니다.

이 시점에서 마지막으로 생각해 보고자 합니다. 이러한 관점에서 볼 때, 인간에게는 어떤 위로와 소망이 있습니까? 이 험난한 세상에 살고 있는 우리는 과연 무엇을 할 수 있습니까? 우리는 이러한 질문을 제기해야 합니다. 저는 이 질문에 대해 교리적인 답변을 제시하고자 합니다. 그것은, 인간 스스로 할 수 있는 일이 아무것도 없으며, 온갖 노력을 기울이더라도 결과는 실망뿐이라는 것입니다. 이것이 성경의 가르침입니다. 여러분은 이렇게 말합니다. "목사님은 너무 비관적이시군요! 저는 이 세상을 지금보다 나은 곳으로 만들 작정입니다. 토론을 활발히 전개해서 기필코 전쟁을 끝낼 것입니다." 이전 사람들도 그런 시도를 했습니다. 온갖 시도를 다 했습니다. 문명의 역사는 모두 세상을 바로잡기 위한 투쟁의 역사입니다. 인간은 언제나 신기루 같은 행복을 찾기 위해 고심해 왔습니다. 그러나 인간은 평안을 찾을 수 없었습니다. 우리는 역사와 문명의 위대한 증언을 우습게 여겨서는 안 됩니다. 그 증인은 고상하며 놀랍습니다. 인간은 자신의 노력과 지성과 생각과 수고를, 온통 정치와 그 밖의 모든 영역에 쏟았습니다. 그 결과 우리는 어떻게 되었습니까? 이제 득과 실을 따져 봐야 할 때가 아닙니까?

　인간의 노력이 매번 실패로 끝나는 이유는 무엇입니까? 역사상 위대했던 모든 문명이 물거품처럼 사라진 이유는 무엇입니까? 그리스도를 믿지 않는 과학자들까지도, 지금이 세계사와 문명사에서 마지막 시대가 될지도 모른다는 우려를 나타내는 이유는 무엇입니까? 무엇이 잘못되었습니까? 우리가 애를 써도 헛수고로 끝나는 이유는 무엇입니까? 인간의 고귀한 노력을 비웃고, 마침내 그 노력을 쓸모없는 것으로 만들어 버리는 치명적인 존재는 무엇입니까? 그것이 무엇입니까? 혹시 인간이 자신을 구원할 수 없다고 말하는 것은 아닙니까? 인간이 최선의 노력을 기울였지만 번번이 실

패하고 말았습니다. 노력은 위대했지만 결국 실패했습니다. 인간을 구원할 수 있는 힘은 "숨 쉬는 인간"에게도, 위대한 세계 종교에도 있지 않습니다. 세계 어느 종교도 우리에게 희망을 주지 못합니다. 세계 종교를 연구해 보십시오. 거기에 희망이 없다는 사실을 알게 될 것입니다. 세계 종교가 줄 수 있는 유일한 희망이 무엇입니까? 여러분이 죽어 이 세상을 떠난 후, 마침내 궁극적이고 절대적인 경지, 곧 열반에 몰입하는 것입니까? 그 안에서 인간의 개체성은 사라지고 맙니다. 어떤 이들은 인간의 유일한 희망이 일련의 환생을 경험하는 데 있다고 말합니다. 인간이 형상을 바꾸어 다시 태어난다는 것입니다. 공자는 "과거를 돌아보고 너희 조상들에게 제사를 올려라. 위대한 것은 과거이니 그 시절로 돌아가기 위해 애를 쓰라"고 권면합니다. 이러한 세계 종교는 인간에게 완전히 깊은 절망과 자포자기를 안겨 줍니다.

왜 그렇습니까? 세계 종교에 궁극적으로 소망이 없는 것은, 인간에 내재되어 있는 결정적 모순을 다룰 수 없기 때문입니다. 인간의 모든 문제가 일어나는 궁극적 원인을 예레미야 선지자의 말을 통해 확인할 수 있습니다. "만물보다 거짓되고 심히 부패한 것은 마음이라. 누가 능히 이를 알리요"(렘 17:9). 인간은 알 수 없습니다. 인간은 자신에게 관대하기 때문입니다. 인간은 실제보다 더 나은 사람으로 언제든 변신할 수 있습니다. 똑같은 문제를 놓고 상대를 비판하면서도 자신은 변호하는 것이 인간입니다. 인간은 정직하지 않습니다. 인간은 편견에 사로잡힌 증인이며, 어리석은 사람입니다. 예레미야가 던진 질문을 다시 한번 봅시다. "누가 인간의 마음을 알 수 있으랴."

　오직 한분만이 인간의 마음을 알고 있습니다. 주님은 "사람의 마음을 감찰"하십니다(렘 11:20). 그러므로 우리는 이 사실로 돌아와야 합니다. 사도 바울이 말한 것처럼, 인간은 **구원받아야** 합니다. 그는 말합니다. "하나님이 우리를 구원하사 거룩하신 소명으로 부르심은"(딤후 1:9). 인간은 구원받아야 합니다. 그렇지 않으면 인간은 결코 평안과 안식을 누리지 못합니다. 최악의 상황에서도 "내가 또 이 고난을 받되 부끄러워하지 아니함은"이라고 절대 말할 수 없습니다. 그러므로 인간은 자신으로부터 구원받아야 합니다. 더 이상 환경에 얽매이지 않고, 세상과 육체와 악마에게서 놓임을 받아야 합니다. 하나님에 의해, 하나님께로, 하나님을 위해 구원받아야 합니다. 인간은 하나님 품 안에서만 평안과 안식을 누릴 수 있습니다.

　어떻게 그런 일이 일어납니까? 그 비결은 다음과 같습니다. "내가 믿는 자를 내가 알고." 사도는 지금 "사망을 폐하시고⋯⋯ 생명과 썩지 아니할 것을 드러내신" 우리 주 구주 예수 그리스도에 관해 이야기하고 있습니다(딤후 1:10). 거기에 해답이 있습니다. 모든 것이 그것으로 귀착됩니다. 인간이 자신의 실상을 파악하고, 자신이 철저하게 무기력하며 무능력하다는 사실을 깨닫고서, 바로 그 자리에서 하나님께 울부짖기 전에는 일말의 소망도 없습니다. 우리가 부르짖으면 주님은 응답해 주실 것입니다. 하늘에서 오셔서, 이 땅에 사시다가 죽어 묻히시고 부활하신 주님은 우리의 탄원에 응답하실 것입니다. 그분은 "내게 오는 자는 내가 결코 내쫓지 아니하리라"고 말씀하셨습니다(요 6:37). 주님은 비극과 수치 가운데서, 괴로움과 실패 가운데서 신음하는 이 세상을 향해 "수고하고 무거운 짐 진 자들아, 다 내게로 오라. 내가 너희를 쉬게 하리라"고 말씀하십니다(마 11:28). 그분은 또 "내가 온 것은 양으로 생명을 얻게 하고 더 풍성히 얻게 하려 함이라"고 말씀하십니다(요 10:10). 여러분이 죽음에 직면하더라도 주님의 도우심으로 그러한 삶을 누린다면, 여러분은 담대한 사도와 더불어 고백할 수 있습니다. "이는 내게 사는 것이 그리스도니 죽는 것도 유익함이라"(빌 1:21). 왜냐하면, "그리스도와 함께 있는 것이 훨씬 더 좋은 일"(빌 1:23)이기 때문입니다.

> 사람들은 나를 괴롭히고 난처하게 하지만
> 그로 인해 나는 주님의 품을 갈망하게 되네.

그것이 바로 해답입니다! 두려울 것 없습니다. 옛 찬송가의 가사처럼, "예수 품에 안기면 두려울 것 없네."*

여러분에게 주 예수 그리스도에 관해 더 상세히 말씀드리고자 합니다. 사랑하는 여러분, 우리에게 유일한 소망이 있습니다. 그것은 하나님께서 이 세상을 포기하지 않으셨고, "하나님이 세상을 이처럼 사랑하사—반역과 죄악을 일삼고, 제멋대로 행동하는 인간도 사랑하사—독생자를 주셨으니 이는 그를 믿는 자마다 멸망하지 않

---

* 찬송가 476장 후렴.

고 영생을 얻게 하려 하심이라"는 사실입니다(요 3:16). 어떤 일이 닥치든지, 우리로 하여금 "내가 또 이 고난을 받되 부끄러워하지 아니함은 내가 믿는 자를 내가 알고 또한 내가 의탁한 것을 그날까지 그가 능히 지키실 줄을 확신함이라"고 고백하게 하셨다는 사실입니다.

제5장

우리 구주 그리스도

> 이로 말미암아 내가 또 이 고난을 받되 부끄러워하지 아니함은 내가 믿는 자를 내가 알고 또한 내가 의탁한 것을 그날까지 그가 능히 지키실 줄을 확신함이라. (딤후 1:12)

앞서 살펴보았듯이 인간의 절망적인 상황에 대한 유일한 해답은 구원입니다. 인간은 스스로 아무것도 할 수 없지만 하나님은 인간을 구원하셨습니다. 바울의 진술에 따르면, 그가 지금처럼 자족하는 삶을 살며 감옥에 갇혀 죽음을 앞에 둔 상황에서도 낙담하지 않을 수 있었던 비결은, 오직 그가 복음을 믿었기 때문이었습니다.

복음은 사람의 기질과 무관하며 시대를 초월합니다. 복음은 오직 하나입니다. 사도는 갈라디아 교인들에게 편지를 쓰면서 "그러나 우리나 혹은 하늘로부터 온 천사라도 우리가 너희에게 전한 복음 외에 다른 복음을 전하면 저주를 받을지어다"라고 말합니다. 여기서 바울은 디모데에게 "너는 그리스도 예수 안에 있는 믿음과 사랑으로써 내게 들은바 바른 말을 본받아 지키"라고 당부합니다.

(저는 여러분에게 디모데후서 1:6-14 전체를 기억하라고 거듭 권면합니다.) 이어 디모데후서 2:8에서 "내가 전한 복음대로 다윗의 씨로 죽은 자 가운데서 다시 살아나신 예수 그리스도를 기억하라"고 당부합니다. "내가 전한 복음." 바울이 말하는 "내가 전한 복음"은 오직 하나입니다.

다른 사도들도 정확히 같은 복음을 전했습니다. 바울은 이런 사실을 갈라디아 교회와 고린도 교회에 힘써 전했습니다. 사도들 사이에는 아무런 다툼이 없었습니다. 베드로는 한때 곁길로 나갔으나 그가 동일한 믿음에서 떠나 있다고 바울이 일깨우자 돌아왔습니다. 동일한 구원, 동일한 믿음, 곧 "성도들에게 단번에 전해진 믿음"이 있습니다. 믿음이 단번에 전해졌다면 20세기에도 그런 일이 일어나지 말라는 법이 어디 있습니까? 믿음은 하나님께서 주신 계시입니다. 믿음은 인간의 이성이 아닙니다. 인간이 발견한 것이 아닙니다. 사도는 여기서 하나님이 그것을 계시하셨다고 말합니다. 그분이 "우리를 구원하사 거룩하신 소명으로 부르심은 우리의 행위대로 하심이 아니요 오직 자기의 뜻과 영원 전부터 그리스도 예수 안에서 우리에게 주신 은혜대로 하심이라. 이제는…… 나타났으니"(딤후 1:9). 바로 이것입니다! 믿음은 단번에 나타난 바 되었습니다.

복음은 오직 하나입니다. 이 세상이 얼마나 오랫동안 지속되겠습니까? 저는 모릅니다. 천년 동안 지속된다 해도 새로운 복음은 나타나지 않을 것입니다. 나타날 필요도 없습니다. 현대인에게 새로운 메시지가 필요하다는 생각은 복음을 전면 부인하는 것입니다. 현대인! 그들은 어떤 존재입니까? 현대인은 그의 조상들보다 훨씬 더 나은 사람입니까? 그는 더 도덕적인 사람입니까? 간음이나 우상숭배를 하지 않는 사람입니까? 술에 취하지 않습니까? 원자폭탄을 제조할 만큼 무모한 존재가 아닙니까? 새로운 메시지가 필요할 만큼 경이로운 존재입니까? 정말 그렇습니까?

문제는 여전합니다. 지금도 삶과 죽음, 하나님의 심판, 영원에 대한 의식이 문제입니다. 문제의 본질은 바뀌지 않았습니다. 감사하게도 복음도 여전히 동일한 해답을 제시합니다. 성경의 이 가르침 외에 제가 설교할 수 있는 내용은 하나도 없습니다. 사도가 디모데에게 하는 "바른 말을 본받아 지키"라는 권면은 제가 전하고 싶은 말씀입니다. 이 권면은 이 단락(딤후 1.8-14)의 핵심입니다. 그러나 제가 거듭 강조하는 것은 여러분이 이 메시지 전체를 믿어야만 그 메시지가 주는 위로와 위안, 힘과 능력을 체험할 수 있다는 사실입니다. 기독신앙의 교리를 믿지 않으면 기독교가 주는 어떤 유익도 누릴 수 없습니다.

현대인이 잘못 생각하는 것이 또 하나 있습니다. 자기가 사는 지역에서 복음을 전하는 젊은이가 있었습니다. 그런데 그가 출세하고 유명세를 타면서 더 이상 복음을 전하지 않았습니다. 어느 날 사람들이 그의 신앙에 관해 묻자, 그는 이렇게 대답했습니다. "아, 글쎄요, 저는 기독교 윤리는 여전히 고수하지만 교리는 더 이상 믿지 않습니다." 자신이 너무 똑똑해지고 위대해져서 교리를 믿지 않게 된 것입니다. "그렇지만 저는 기독교 윤리는 고수합니다." 그것이 그의 유일한 답변이었습니다. 기독교 교리를 믿지 않는다면, 그 교리를 믿을 때 주어지는 능력을 믿지 않는다면, 기독교 윤리를 실천할 수 있는 사람은 아무도 없습니다. 그것은 불가능합니다.

현대 세계가 지금 상태가 된 것은, 우리의 어리석은 조상들 때문입니다. 19세기 중반 그들은 기독교 교리를 부인하더라도 기독교가 주는 온갖 유익은 누릴 수 있다는 잘못된 믿음에 빠졌습니다. 1859년에 출간된 다윈의 「종의 기원 On the Origins of Species」을 필두로 과학계는 목소리를 높이기 시작했고 사람들은 이런 주장을 하기에 이르렀습니다. "지금이 어느 시대인데 기적이나 동정녀 탄생이나 그리스도의 이적 따위를 믿습니까? 그동안 축적된 지식에 비추어 보건대 그런 얘기는 터무니없는 것이오. 하지만 기독교가 제공하는 혜택은 누리고 싶소." 우리가 살고 있는 이 20세기가 증명해 주고 있습니다. 기독교 교리를 버리면 기독교가 주는 유익을 누릴 수 없습니다. 유익을 누리고 싶어도 누릴 수가 없습니다. 모든 유익이 교리에서 나오기 때문입니다. 삶은 믿음의 결과입니다. 믿음과 삶은 서로 뗄 수 없는 관계입니다. 그 둘은 분리될 수 없습니다.

사도가 디모데후서 1:12에서 강조하는 것은, 자신이 "확신"하므로 부끄러워하지 않는다는 것입니다. 그는 말합니다. "나의 나 된 것은 내가 믿는 바의 진리를 확신하기 때문이다." 그러므로 우리가 진리를 믿는 것은 더없이 중요합니다. 우리가 실제로 믿을 때까지는 결코 그러한 체험을 알 수 없을 것입니다. 물론 우리는 거짓 체험을 할 수 있습니다. 우리로 하여금 그러한 거짓 체험을 하게 만드는 단체들이 많이 있습니다. 예를 들어, 크리스천 사이언스 Christian Science는 사람들에게 일시적인 행복을 준다고 합니다. 저는 이 단체가 죽는 것을 도와준다는 이야기는 들어본 적 없지만 잠시나마 사람들을 행복하게 해준다는 이야기는 들었습니다. 이와 비슷한 다른 사교들도 많이 알고 있습니다. 마약이나 술도 얼마 동안은 사람들을 짜릿하게 체험할 수 있게 해줍니다. 우리에게 일시적인 행복을 주는 것은 많이 있습니다.

하지만 우리의 관심사는 일시적 행복이 아니라 삶과 죽음과 영원입니다. 이것만이 우리에게 진정한 도움을 줄 수 있습니다. 그러므로 우리는 기독교 교리를 믿어야 합니다. 바울은 지금 디모데에게 그렇게 하라고 권면합니다. 사도는 말합니다. "디모데야, 지금 네가 이렇게 된 것은 교리에 대한 분명한 확신이 없기 때문이다. 너는 네 문제를 해결할 수 있는 길이 나에게 딸려 있다고 굳게 믿고 있다. 그러나 그렇지 않다. 모든 것이 하나님의 능력에 달려 있다. 나를 바라보지 말고 교리를 확실히 믿고 기본으로 돌아가라. 진리에 대한 분명한 확신이 없으면 네 문제는 해결되지 않는다. 뜻하는 바도 이룰 수 없다." 저도 지금 이 자리에서 바울의 권면을 여러분에게 그대로 전해야겠습니다.

우리가 진리를 명확히 이해하고자 한다면 출발점은 우리의 문제가 아니라 하나님입니다. 세상을 지으시고 다스리시며 뜻을 두고 계시는 하나님을 알아야 합니다. 우리는 인간이 동물에 불과한 것이 아님을 알았습니다. 인간은 살아 있는 영혼입니다. 하나님을 위해, 하나님과 교제를 나누며 영원의 세계를 바라보도록 하나님의 모습대로 지음 받았습니다.

하지만 인간이 곤경에 처해 있는 것은 분명합니다. 이는 마귀,

이 세상의 신, 악의 세력이 인간을 꾀어 하나님께 반역하도록 했기 때문입니다. 인간은 죄와 악과 마귀의 노예로 전락했습니다. 인간은 애를 써도 그들에게 속수무책으로 당하기만 하며 그들과 맞서 싸울 힘조차 없습니다. 문명의 전 역사는 악과 마귀와 맞섰던 인간의 처절한 투쟁입니다. 저는 여기서 인간의 찬란한 업적을 깎아내리려는 것이 아닙니다. 그리스 철학이나 시를 우습게 여기면 바보 취급을 당합니다. 그리스 철학이나 시는 고상한 시도였으나 실패로 끝났습니다. 아테네에 가서 그리스의 찬란한 문명을 직접 눈으로 확인해 보십시오. 여러분의 눈에 들어오는 것은 **현재가 아닌 과거**에 찬란했던 그리스의 영광입니다. 한때 빛을 발했던 문명들은 모두 똑같은 결말을 맞이했습니다. 그 문명들은 결코 뜻을 이루지 못했습니다. 뜻을 이룰 수가 없었습니다. 앞서 살펴보았지만 온갖 논리와 사고, 철학과 문명으로는 인간의 문제를 해결할 수 없습니다. 세계 어느 종교도 무능하기는 마찬가지입니다.

그렇다면 희망이 없습니까? 있습니다. 이것이 제가 복음을 설교하는 주된 목적입니다. 저는 이 문제의 소극적 측면을 살펴보는 데 시간을 할애했습니다. 모든 사람들은 달리 어쩔 도리가 없을 때라야 비로소 그리스도께 나옵니다. 저도 마찬가지였습니다. 우리는 모두 아주 잘난 체하고, 자기만족에 빠져 있으며, 자신감이 넘칩니다. 우리는 뭐든 할 수 있다고 생각합니다. 바로 그때, 우리는 뼈아픈 실패를 맛보고, 먼지 속에 나뒹굴며 한탄합니다. "나는 이렇게 먼지를 뒤집어쓰는 신세가 되었고, 찬란했던 인생은 간 곳이 없구나." 바로 그때, "땅에서 붉은 꽃이 피어나고 영원한 삶이 싹틈니다." 이것은 우리에게 복된 희망입니다. 희망도 없고 의지할 데 없으며 절망에 빠져 있을 때 비로소 우리는 복음의 메시지에 귀 기울일 준비가 된 것입니다. 복음의 메시지가 무엇입니까? 바울이 디모데에게 상기시키는 내용이 바로 복음입니다. 우리가 지금 살펴보고자 하는 것은, 복음이 전적으로 한 사람에게서 시작해 한 사람을 중심으로 한다는 사실입니다. "내가 부끄러워하지 아니함은." 왜 그럴까요? "내가 믿는 자를 내가 알기" 때문입니다. 바울은 그분을 홀로 내버려 두지 않고 계속해서 그분에 관한 이야기를 전합니다. 그는 디모데후서 1:9에서 "하나님이 우리를 구원하사 거룩하신 소명으로 부르심은 우리의 행위대로 하심이 아니요 오직 자기의 뜻과 영원 전부터 그리스도 예수 안에서 우리에게 주신 은혜대로 하심이라. 이제는 우리 구주 그리스도 예수의 나타나심으로 말미암아 나타났으니"라고 말합니다. 예수 그리스도! "내가 믿는" 그분! 언제나 바로 그분입니다.

아주 쉽게 설명해 보겠습니다. 바울을 바울답게 만든 것은 무엇입니까? 감옥에 있으면서도 어떻게 그처럼 기뻐할 수 있었을까요? 죽음을 앞두고 어떻게 미소 지을 수 있었을까요? 시련을 당하면서도 어떻게 기뻐할 수 있었을까요? 답은 단 하나입니다. 바울이 어떤 사람을 만났기 때문입니다! 그는 복되신 "그분"을 만났습니다. 바울이 그분을 만나기 전에는 다소 사람 사울이었습니다. 자기만족에 푹 빠져 있었으나 비참하고 불행한 삶을 살아가던 유대인이었습니다. 스스로 의롭다고 생각하는 사람은 참 행복을 누릴 수 없습니다. 언제나 자신을 살펴야 하고 매사에 신중을 기해야 하기 때문입니다. 만일 우리가 도덕적이고 종교적인 삶을 살아 냄으로써 스스로를 구원하고자 한다면 우리는 결코 행복을 알 수 없습니다. 종교가 인간을 행복하게 해준 적은 단 한번도 없었습니다. 도덕도 마찬가지입니다. 종교는 우리를 예의 바르고 자족하는 사람으로 만들지만 행복을 주지는 못합니다. 도덕이 인간으로 하여금 찬양하게 한 적은 단 한번도 없었습니다. 종교도 마찬가지입니다. 도덕과 종교는 인간을 침울하게 합니다. 그 때문에 우리는 종교와 기독교의 차이를 절대로 희석시켜서는 안 됩니다. 인간으로 하여금 찬양하게 하는 것은 오직 기독교뿐입니다.

바울이 찬양할 수 있었던 비결은 무엇일까요? 그는 여러 서신에서 그 비결을 밝힙니다. 우리는 그것을 익히 알고 있습니다. 그가 다메섹으로 가던 때의 일입니다. 그는 교회에 대해 "여전히 위협과 살기가 등등" 했습니다. 그때 홀연히 하늘로부터 빛이 그를 둘러 비추자 그는 저 복되신 얼굴을 뵈었고 그분의 목소리를 들었습니다. "사울아, 사울아, 네가 어찌하여 나를 박해하느냐?" 그는 그분이 영광의 주님이심을 깨달았습니다! 예수 그리스도를 만났습니다! 그분을 알게 되었습니다! 그의 삶 전체가 바뀌었습니다. 그는 거듭나 새로운 삶을 살게 되었습니다. 이 구절을 보면 그는 감옥에 갇혀 죽음을 앞두고 있지만 조금도 기가 꺾이지 않습니다. 왜 그렇습니까? "오, 나는 그분을 안다. 다메섹으로 가는 길에서 만난 그분을 안다. 그분을 알게 되니 내 영혼은 평안하기만 하구나."

기독교는 전적으로 복되신 이분에게 달려 있습니다. 저는 부정적인 내용을 언급하지 않기를 원합니다. 하지만 어쩔 수 없습니다.

저는 제게 주어진 청지기직에 대해 하나님께 설명해야 하기 때문입니다. 가장 위대한 전도자인 이 사도가 말합니다. "우리가 다 반드시 그리스도의 심판대 앞에 나타나게 되어 각각 선악 간에 그 몸으로 행한 것을 따라 받으려 함이라. 우리는 주의 두려우심을 알므로 사람들을 권면하거니와"(고후 5:10-11). 연약하고 무가치한 저 역시 그렇게 해야 합니다. 우리가 사는 세상은 이렇습니다. 책과 신문기사와 텔레비전과 라디오는 최대한 빨리 그리고 자주, 우리에게 중요한 것은 예수의 가르침이라고 말합니다. 기독교는 그분의 가르침을 받아들여 최선을 다해 실행에 옮기고 그분을 본받는 것이라고 선전합니다. 하지만 사도는 그것이 거짓이라고 말합니다. "하나님이 우리를 구원하사 거룩하신 소명으로 부르심은 우리의 행위대로 하심이 **아니요**"(딤후 1:9). 거듭 말씀드립니다. 우리에게 더없이 중요한 것은, 주 예수 그리스도의 가르침이 아니라 "내가 믿는 그분 **자신**"입니다. 사도가 지금 "감옥에 갇혀서도 기뻐할 수 있는 것은, 예수의 가르침을 들은 후 있는 힘을 다해 그분의 가르침을 실천에 옮겼기 때문"이 아닙니다. "이제 내가 이룩한 업적을 돌아볼 수 있게 되었기 때문"도 아닙니다. 오히려 "내가 믿는 자를 내가 알고 또한 내가 의탁한 것을…… 그가 능히 지키실 줄을 확신"하기 때문입니다. 중요한 것은 바로 "그분"입니다. "그분"뿐입니다.

사랑하는 여러분, 오늘날에도 마찬가지입니다. 우리에게 중요한 것은 예수님뿐입니다. 제가 강단에 선 것은 여러분더러 산상수훈을 실천하라고 권면하거나 그리스도를 따르라고 말하기 위해서가 아닙니다. 그것은 지엽적인 문제일 뿐입니다. 제가 이 자리에 선 주된 이유는, 여러분에게 질문을 하기 위해서입니다. 여러분은 그분을 알고 있습니까? 여러분은 주 예수 그리스도를 만났습니까? 여러분 안에 그분에 대한 확신이 있습니까? 여러분은 "내가 믿는 자를 내가 알고 또한 내가 의탁한 것을 그날까지 그가 능히 지키실 줄을 확신함이라"고 고백할 수 있습니까? 저는 이 자리에서 다시 한번 여러분 앞에 그분을 선보이고자 합니다. 이것이 사도가 디모데에게 실천하라고 일깨우는 내용입니다.

저는 이 점을 여러분에게 거듭 일깨우고 싶습니다. 디모데는 설교자이자 복음 전도자였지만, 사도가 그에게 기독신앙의 기초를 가르치고 기독교의 근본 원리를 다시 일깨울 수밖에 없었습니다. 저 역시 바울과 같은 일을 하고자 합니다. 이에 대해 변명하지 않겠습니다. 제가 확신하건대, 오늘날 교회와 국가의 모든 문제는 이 원리를 잊어버렸기 때문에 발생한 것입니다. 사람들은 기독교를 안다고 생각하지만 실은 알지 못합니다. 그들이 기독교를 안다면 이렇게 되지 않았을 것입니다. 기독교는 예수 그리스도이며, 그에 관한 사실들입니다.

그렇다면 이 사실들은 무엇일까요? 사도는 우리에게 그 사실들을 제시합니다. 우리의 출발점은 "예수", "그리스도 예수", 또는 "예수 그리스도"입니다. 사도가 지금의 그가 된 것은 한 사람을 만났기 때문입니다. 그의 이름은 예수, 나사렛 예수입니다. 그는 인간입니다. 그는 베들레헴에서 태어나 구유에 뉘었습니다. 사람들은 이 아기를 예수라고 불렀습니다. 우리는 한 사람을 살펴보고 있습니다. 우리는 그에 대해 명확한 입장을 취해야 합니다. 우리의 전반적 입장이 예수라 하는 이 사람에게 토대를 두고 있기 때문입니다. 그런데 여기서 매우 중대한 질문이 제기됩니다. 그는 단지 인간일 뿐입니까? 그는 역사상 가장 위대했던 종교 교사이자 가장 위대했던 도덕적 전형일 뿐입니까? 그것이 전부일까요?

사도 바울이 예수에 관해 어떻게 말하는지 보십시오. "이제는 우리 구주 그리스도 예수의 **나타나심**으로 말미암아 나타났으니"(딤후 1:10). 이 사람이 누구든, 우리는 그가 자신의 모습을 드러냈다고 말할 수 있습니다. 여러분은 보통 사람에 대해 그가 이 세상에 자신의 "모습"을 드러냈다고 말합니까? 여러분 가정에 한 아기가 태어났을 때 "이 아기가 자신의 모습을 드러냈다"라고 말합니까? 당연히 아닐 것입니다. 그냥 태어났다고 하는 것이 적절한 표현입니다. 그런데 여기 자신의 "모습을 드러낸" 사람이 있습니다. 이것은 신의 현현顯現입니다! 그분이 이 세상에 모습을 드러내시기 전부터 계셨다는 말입니다. 말하자면, 그분은 베일 뒤에 계시다가 갑자기 커튼을 열어젖히면서 모습을 드러내셨습니다.

이것이 기독교의 핵심적인 가르침의 일부입니다. 그렇다면 우리는 그분의 나타나심을 다음 구절과 연결시켜야 합니다. "우리를 구원하사 거룩하신 소명으로 부르심은 우리의 행위대로 하심이 아니요 오직 자기의 뜻과 영원 전부터 그리스도 예수 안에서 우리에게 주신 은혜대로 하심이라. 이제는…… 나타나심으로 말미암아 나타났으니." 이 구절은 기독교의 핵심입니다. 하나님께서 세상을 지으셨을 뿐 아니라, 지금도 이 세상에 관심과 흥미를 보이고 계심을 말해 줍니다. 하지만 이보다 훨씬 더 중요한 것이 있습니다. 세상의 기초가 놓이기 전부터 하나님은 이 세상을 구원하기 위한 놀라운 목적과 뜻을 품고 계셨다는 사실입니다. 세상은 이 사실을 알지 못합니다. 문명이 늘 그래왔듯이, 권력자들과 정치인들은 상황을 개선하기 위해 위대한 철학자들의 말에 귀를 기울입니다. 그리고 우리는 그들의 말에 좌지우지됩니다. 하지만 반드시 알아야 할 사실은, 하나님이 이 세상을 향한 계획과 뜻을 품으셨고, 그 계획은 세상의 기초가 놓이기 전에 있었다는 것입니다. 그 계획은 하나님의 마음속에 있었고, 예수 그리스도가 나타나심으로써 우리 앞에 밝히 드러났습니다.

이것이 신약성경 전체의 메시지입니다. 또한 구약성경의 메시지이기도 합니다. 구약성경 전체는, 하나님께서 에덴동산의 타락한 인간에게 하신 약속이 성취되기를 고대합니다. 타락한 인간에게 하나님은 이렇게 말씀하셨습니다. "너희가 이렇게 하였으니 뱀의 후손과 너희의 후손이 영원히 원수가 될 것이요 여자의 후손은 뱀의 머리를 상하게 할 것이라"(창 3:15 참조). 이는 악과 죄와 마귀와 지옥에 대한 정복을 의미합니다. 하나님은 이 약속을 이루고 계십니다.

구약성경 전체는 이 약속의 성취를 내다보고 있습니다. 그것은 구약성경이 보여주는 놀라운 사실입니다. 신약성경의 시각으로 구약성경을 보면 이 약속이 계속 진행되고 있음을 알게 됩니다. 하나님은 그 약속을 되풀이하십니다. 그런 후에 하나님은 이방 나라에서 아브람이라는 사람을 불러내어 그를 하나님의 사람으로 변모시킵니다. 하나님은 "너는 여러 민족의 아버지가 될지라"고 말씀하시면서 자신의 약속을 실천에 옮기십니다(창 17:4). 하나님이 그렇게 하시는 것은 이 사람에게서 여자의 후손이 나와 장차 뱀의 머리를 상하게 할 것이기 때문입니다. 그분의 약속은 동일합니다. 하나님은 아브람에게 "하늘을 우러러 뭇별을 셀 수 있나 보라. 네 자손이 이와 같으리라"고 말씀하셨습니다. "땅의 모든 족속이 너로 말미암아 복을 얻을 것이라"(창 12:3). 구약 시대의 사람들은 이 약속의 성취를 기다렸으며 하나님의 약속은 성취를 향해 계속 나아갑니다.

하나님의 약속은 구약성경에서 끊임없이 되풀이됩니다. 위대한 입법자인 모세를 예로 들겠습니다. 그는 하나님의 백성들을 애굽의 속박과 노예생활에서 해방하여 그들을 가나안 땅으로 인도했습니다. 하나님이 모세더러 성막과 희생제물에 대해 하시는 말씀—피는 반드시 흘려야 하고 희생제물은 하나님께 반드시 드려야 한다—을 읽어 보십시오. 왜 그렇게 말씀하십니까? 이것이 하나님이 장차 하실 일의 예표이기 때문입니다. 어린양은 아침과 저녁에 잡아 죽여 성막에서 희생제사와 의식을 치릅니다. 이 제사와 의식은 반복적으로 치러지면서 정교해집니다.

시편과 예언서들을 읽다 보면 동일한 사실을 발견하게 됩니다. 가장 위대한 선지자 중 하나인(더러 복음주의적인 선지자라 일컬어지는) 이사야는 백성들에게 이렇게 선포했습니다. "너희의 하나님이 이르시되 너희는 위로하라. 내 백성을 위로하라." 왜 그럴까요? 이 위대한 분이 오시기 때문입니다! "골짜기마다 돋우어지며 산마다 언덕마다 낮아지며 고르지 아니한 곳이 평탄하게 되며……. 너희는…… 여호와의 길을 예비하라.…… 여호와의 영광이 나타나고 모든 육체가 그것을 함께 보리라"(사 40:1, 3, 4, 5). "너희는 위로하라!" 그분이 오신다! 모든 선지자들이 전한 메시지가 바로 이것이었습니다. 그들은 하나같이 이 강력한 구원자가 나타나기를 손꼽아 기다리고 있었습니다. 인간은 죄와 사탄의 종 노릇 하고 있습니다. 인간은 무력하고 아무것도 할 수 없는 존재입니다. 율법을 지킬 능력이 없는 실패자입니다. 하지만 구원자가 올 것입니다. 선지자들은 그분이 오시기를 손꼽아 기다립니다.

우리는 신약성경에 이르러 엄청난 진술을 발견하게 됩니다. "때가 차매 하나님이 그 아들을 보내사 여자에게서 나게 하시고 율법 아래에 나게 하신 것은 율법 아래에 있는 자들을 속량하시고" (갈 4:4-5). "때가 차매"라는 표현에 주목하십시오. 하나님은 이 세상의 기초를 놓기 전부터, 이 세상이 시작되기 전부터 뜻을 품고 계셨습니다. 그것은 이 세상을 향한 그분의 뜻과 계획이었습니다. 그때까지 모든 준비를 하고 계셨는데 드디어 때가 온 것입니다. 때가 찬 것입니다. 때가 무르익자 그분이 오셨습니다. "때가 차매 하나님이 그 아들을 보내사 여자에게서 나게 하시고 율법 아래에 나게 하신 것은 율법 아래에 있는 자들을 속량하시고."

이것은 중대한 일입니다! 주님의 "나타나심!" "우리 구주 예수 그리스도의 나타나심……." 거기 베들레헴 구유에 누워 있던 아기는 다름 아닌 하나님의 아들, 하나님의 영원하신 아들이었습니다. "태초에 말씀이 계시니라. 이 말씀이 하나님과 함께 계셨으니 이 말씀은 곧 하나님이시니라.…… 만물이 그로 말미암아 지은 바 되었으니 지은 것이 하나도 그가 없이는 된 것이 없느니라"(요 1:1, 3). 하나님의 영원하신 말씀! 또 주목해야 할 메시지가 있습니다. "말씀이 육신이 되어 우리 가운데 거하시매"(요 1:14). 베들레헴에서 태어난 아기는 "육신이 된 말씀"이었습니다. 그분은 하나님의 영원하신 아들로 나타나셨습니다! 그분은 시간 안으로, 세상 안으로 들어오셨고 인간의 몸을 입으셨습니다. 그분은 성육신하셨고 자신의 신성에 인성을 더하셨습니다! 여기에 "나타나심"의 전적인 신비가 있습니다.

그러므로 여러분이 동정녀 탄생을 믿을 때까지 기독교의 위로와 위안은 낯선 것이 됩니다. 나사렛 예수는 난순히 인간이 아니셨습니다. 나아가 완전한 인간만도 아니셨습니다. 그분은 신인神人이셨습니다! 성령으로 잉태하사 동정녀에게 나셨습니다. 이것이 바울의 신앙입니다. 이것이 초대교회의 신앙, 여러 세기를 지나온 교회의 신앙입니다. 현대인들은 이 사실을 믿지 못합니다. 그래서 그들은 지옥을 택합니다! 그것이 제가 현대인들에게 드려야 할 말씀의 전부입니다. 인간을 구원하려면 인간일 뿐 아니라 하나님이어야 합니다. 우리가 우리 영혼의 병을 알고, 하나님의 율법에 영적인 성격이 있음을 알고, 자신이 도덕적으로나 영적으로 무능하다는 사실을 깨닫게 될 때, 어려움 없이 동정녀 탄생을 믿을 수 있습니다.

하나님의 형상과 모습대로 완벽하게 지음 받은 최초의 인간인 아담이 죄를 짓고 타락했습니다. 하나님께서는 또 다른 완전한 인간을 지으심으로 세상을 구원하실 수 없었습니다. 완전한 인간이 실패했기 때문입니다. 타락한 인간이 자신을 구원할 수 없듯이 완전한 인간도 자신의 힘으로 마귀를 대적할 수 없습니다. 인간에게는 그 이상의 것이 필요합니다. 바로 그 이상의 것이 도래했습니다. "예수의 나타나심!" 성자 하나님이 하늘에서 이 세상으로 오셨습니다. "하나님이 세상을 이처럼 사랑하사 독생자를 주셨으니." 그분은 여자의 후손입니다. 그분은 육신의 아버지가 없습니다. 그분은 "성령으로 잉태"되셨습니다. 그분은 구약에서 예언되고 오랫동안 예기豫期되어 온 분입니다. 세례 요한의 아버지 사가랴는 그분에 관한 메시지를 받았습니다. 대천사 가브리엘도 그분에 대해 말했습니다. 가브리엘은 그분의 어머니 마리아에게 찾아와 "은혜를 받은 자여, 평안할지어다. 주께서 너와 함께하시도다.…… 여자 중에 네가 복이 있으며"라고 말했습니다(눅 1:28, 42). 마리아는 두려움을 느꼈습니다. "천사가 이르되 마리아여, 무서워하지 말라. 네가 하나님께 은혜를 입었느니라. 보라, 네가 잉태하여 아들을 낳으리니 그 이름을 예수라 하라. 그가 큰 자가 되고 지극히 높으신 이의 아들이라 일컬어질 것이요 주 하나님께서 그 조상 다윗의 왕위를 그에게 주시리니 영원히 야곱의 집을 왕으로 다스리실 것이며 그 나라가 무궁하리라. 마리아가 천사에게 말하되 나는 남자를 알지 못하니 어찌 이 일이 있으리이까. 천사가 대답하여 이르되 성령이 네게 임하시고 지극히 높으신 이의 능력이 너를 덮으시리니 이러므로 나실바 거룩한 이는 하나님의 아들이라 일컬어지리라"(눅 1:30-35).

이분은 단순히 인간이 아닙니다. 인간의 몸을 입은 하나님이십니다! 여기, 한 몸 안에 두 본성을 지닌 인간이 있습니다. 그분은 완전한 하나님, 완전한 인간이십니다. 그분이 나타나셨습니다! 이것이 기독교의 중심 메시지입니다. 우리에게 필요한 것은 더 위대한 메시지나 가르침이 아닙니다. 우리를 구하고, 우리를 구속하며, 우리를 구원할 수 있는 강력한 존재가 필요합니다. 여기에 그분이 계십니다. 그분이 "나타나셨습니다." 하늘에서 내려오신 하나님! 하나님 중의 하나님! 영광스러운 하나님의 아들! 그분이 오셨습니다! "우리 구주 예수 그리스도가 나타나셨습니다."

이제 여러분의 시선을 예수 그리스도에게 고정시키십시오. 사도는 이 구절에서 모든 것을 요약하고 있습니다. "이분을 보라, 나의 나 된 것은 내가 그분을 만났으며, 그분을 알며, 내가 의탁한 것을 그날까지 그가 능히 지키실 줄을 알기 때문이다"라고 바울은 말합니다. 우리도 그분을 바라봅시다! 여기 계신 그분에게 모든 것이 달려 있습니다. 그분은 아기로 태어나 구유에 누우셨습니다. 그분의 이야기를 따르고 그분의 가르침에 귀를 기울이십시오. 그분은 바리새인 학교 문턱에도 가 본 적이 없습니다. 그분은 자라면서 목수 일을 배웠을 뿐입니다. 하지만 그분이 가르치기 시작하자 사람들은 놀라운 반응을 보였습니다. "이 사람의 말은 권위가 있으며, 바리새인이나 사두개인과는 같지 않다." 그분을 체포하러 보낸 병사들이 돌아와 "보고합니다. '그 사람이 말하는 것처럼 말한 사람은 이때까지 없었습니다. 우리는 그분의 몸에 손을 댈 수 없었습니다." 그들은 이어서 말합니다. "그분에게는 무언가가 있었습니다. 권위 같은 것 말입니다. 우리는 그처럼 권위 있는 말씀은 난생 처음 들었습니다. '그 사람이 말하는 것처럼 말한 사람은 이때까지 없었습니다'(요 7:46).

예수님께서 친히 하신 말씀을 들어봅시다. "옛사람에게 말한 바……하였다는 것을 너희가 들었으나 나는 너희에게 이르노니"(마 5:21-22). "내가 곧 길이요 진리요 생명이니 나로 말미암지 않고는 아버지께로 올 자가 없느니라"(요 14:6). "아브라함이 나기 전부터 내가 있었느니라"(요 8:58). "나는……하기 위해 왔다." 그분의 말씀은 언제나 동일합니다. "내가 태어났다"가 아니라 "내가 왔다"입니다. 그분은 세상 안으로 들어오셨습니다. 그분은 예언을 성취하셨습니다. "공의로운 해가 떠올라서 치료하는 광선을 비추리니"(말 4:2). 그분은 "내가 왔다"라고 말씀하십니다. 그분의 주장에 주목하십시오. 그분은 일상적 삶에 여념이 없는 사람들에게 서슴지 않고 이렇게 말씀하십니다. "나를 따르라!" 그러자 사람들은 그분을 따릅니다. 사람들에게 이처럼 완전한 헌신과 순종을 요구하는 이분은 대체 누구십니까? 자신을 구별하여 "나는 스스로 있는 자"라고 말씀하시는 이분은 누구십니까? 이분은 과연 누구신가요? 이것은 더없이 중요한 질문입니다.

그분이 행하신 기적과 증거들을 다시 한번 살펴봅시다. 그것들은 그분에 관한 메시지의 핵심을 이룹니다. 요한복음에 따르면, 기적은 표징이라고 합니다. 주님이 사람들에게 자신의 정체를 드러내기 위해서 행하신 표징입니다. 또한 사람들이 그분을 믿지 않을 때 사용한 논거입니다. 그분은 "내가 행하거든 나를 믿지 아니할지라도 그 일은 믿으라"고 말씀하셨습니다(요 10:38). 감옥에 갇히고 건강이 나빠지면서 약해진 세례 요한은, 예수님의 정체성에 혼란을 느껴 두 제자를 보내 물었습니다. "오실 그이가 당신이오니이까, 우리가 다른 이를 기다리오리이까?" 그러자 예수님은 이렇게 답하셨습니다. "너희가 가서 듣고 보는 것을 요한에게 알리되 맹인이 보며 못 걷는 사람이 걸으며 나병환자가 깨끗함을 받으며 못 듣는 자가 들으며 죽은 자가 살아나며 가난한 자에게 복음이 전파된다 하라"(마 11:3-5). 그분이 기적을 행하시자 사람들은 놀라면서 "이런 희한한 일은 처음이다. 대체 무슨 일이지?"라는 반응을 보였습니다. 그들은 두려움에 휩싸였고 제자들조차 놀라움을 금치 못했습니다. 기적을 행하셨습니다! 이분은 과연 누구십니까?

예수님께서는 완전하고 죄 없는 삶을 사셨습니다. 그분은 사십 일 동안 광야에서 마귀의 유혹을 받았지만 죄는 범하지 않으셨습니다. 그분은 세상을 떠나시기 전에 "누가 나를 고소할 수 있겠느냐?"라고 항변하실 수도 있었습니다. 사람들은 그분을 고소할 수 없었습니다. 그들은 실패했습니다. 애를 썼지만 처절하게 실패했습니다. 그분은 마귀를 물리치고, 악을 정복하며, 모든 유혹을 이겨 내셨습니다. 그런 그분이 이전에 하신 일들과 모순되는 것 같은 일을 하셨습니다. 그분은 이전에 파도에게 명하여 잠잠케 하시며, 사나운 바람을 잠재우시며, "저는 자는 사슴같이 [뛰게]" 하시며(사 35:6), 또한 죽은 자를 살리셨습니다. 그런데 그가 손 한 번 제대로 쓰지 못한 채 체포되어, 유죄판결을 받고 나무에 못 박혀 인간으로서는 가장 수치스럽고 불명예스러운 죽음을 당하셨습니다. 그분은 십자가에 달려 힘없이 돌아가셨습니다. 온갖 적대자들의 야유와 비웃음, 환호소리가 들려옵니다. 그들은 그분을 죽였습니다. 그들은 그분을 제거했습니다. 그들은 이제 모든 것이 끝났다고 생각합니다. 그들은 그분의 시신을 십자가에서 내려 무덤에 매장합니다. 무덤 입구에 큰 돌을 세워 놓고 무덤을 봉인합니다. 그들은 병사들을 배치해 무덤을 지키게 합니다. 그것이 나사렛 예수의 마지막입니다.

하지만 그것은 끝이 아니었습니다! 사도가 여기서 디모데에게 매우 각별하게 일깨우는 것이 있습니다. "이제는 우리 구주 그리스도 예수의 나타나심으로 말미암아 나타났으니 그는 사망을 폐하시고 복음으로써 생명과 썩지 아니할 것을 드러내신지라"(딤후 1:10). 이 메시지는 그분과 그분이 행하신 일에 관한 것입니다. 그분은 죽음을 물리치고 승리하십니다.

사랑하는 여러분, 바울의 주장이 전적으로 여기에 근거합니다. 사도행전의 처음 몇 장을 읽어 보십시오. 사도들이 전한 메시지가 "예수님과 그분의 부활"임을 알게 됩니다. 왜 부활을 전했습니까? 예수님이 어떤 분인지를 최종적으로 입증하는 것이 부활이기 때문입니다. 부활 때까지는 제자들도 마음이 흔들렸습니다. 그들에게 마지막으로 확신을 준 것은 부활이었습니다. 바울은 그분이 "성결의 영으로는 죽은 자들 가운데서 부활하사 능력으로 하나님의 아들로 선포되셨"다고 말합니다(롬 1:4). 그분이 이렇게 선포되지 않았다면 우리의 구주가 되실 수 없었습니다. 그분은 "사망을 폐하"셨습니다(딤후 1:10). 그분은 죽음을 취소하셨습니다. 그분은 죽음을 무시하셨습니다. 그분은 죽음을 해체하셨습니다. 동시에 그분은 복음을 통해 생명과 썩지 않는 불멸의 삶을 드러내셨습니다. 이것이 바로 기독교 메시지입니다. 그것은 바울이 비시디아 안디옥에서 전한 메시지에서도 명백히 드러납니다(행 13:16-41). 그 메시지는 디모데후서의 이 구절들을 완벽하게 설명해 줍니다. 거기서 그는, 유대인들이 잡아다가 무덤 속에 매장한 예수님에 관해 전하고 있습니다. 그러나 하나님께서 그분을 살리셨습니다! 이 모든 일이 뜻하는 바는 무엇입니까?

이제 제가 말씀드린 것을 정리하고자 합니다. 하나님의 뜻이라면, 이에 대해 더 상세히 다루겠지만 굳이 그럴 필요는 없습니다. 지금까지 다룬 내용만 해도 완벽하게 기독교 교리를 요약하고 있기 때문입니다. 이것을 믿고, 확신하고, 비율처럼 살다가 죽을 사람이 그리스도인입니다. 여기에 모든 의미가 드러나 있습니다. 그분이 누구인지 우리에게 말해 줍니다. 그분이 하나님의 아들이라고 우리에게 전합니다. 비시디아 안디옥에서 행한 설교에서 바울이 논증하듯이, 다윗 왕은 매우 위대하고 훌륭한 사람이었습니다. 하지만 그가 죽자 그의 육체는 썩고 말았습니다. 그러나 죽어도 육체는 썩지 않은 유일한 분이 있습니다. 그분은 죽은 자 가운데서 살아난 최초의 사람이고 부활의 첫 열매이십니다. 그분은 누구입니까? 그분은 성자 하나님이십니다! 복음이 그 사실을 입증합니다. 그분에 관한 모든 것이 그 사실을 입증합니다. 그분의 오심, 동정녀 탄생, 그분의 "나타나심", 그분의 전 인격, 그분의 삶, 그분의 가르침, 그분의 기적, 그분의 부활. 이 모든 것이 입증하는 것은 하나입니다. 그분이 바로 하나님의 아들이시라는 사실입니다.

예수께서는 이 세상에서 무슨 일을 하셨습니까? 성경은 말합니다. "하나님이 세상을 이처럼 사랑하사 독생자를 주셨으니 이는 그를 믿는 자마다 멸망하지 않고 영생을 얻게 하려 하심이라." 그분 스스로 말씀하셨습니다. "인자가 온 것은 잃어버린 자를 찾아 구원하려 함이라"(눅 19:10). 그분은 우리에게 우리 자신을 구원하는 법을 알려 주기 위해 오시지 않았습니다. 그분은 우리를 구원하기 위해 오셨습니다. 그러므로 그분은, 영광의 보좌를 버리고 이 땅에 오셔야 했습니다. 십자가에 달리고, 무덤에 장사되며, 죽은 자들 가운데서 일어나셔야 했습니다. 그분은 우리를 구원하기 위해 이 모든 일을 하셔야 했습니다.

예수께서 어떤 사역을 하셨습니까? 먼저, 그분은 인간의 존재 목적이 무엇인지를 우리에게 알려 주셨습니다. 그분은 우리가 살고 있는 바로 이 땅에 오셨으며—"자기 땅에 오매"—우리와 똑같은 문제에 부딪치고 똑같은 시련을 겪으셨습니다. 그분은 "모든 일에 우리와 똑같이 시험을 받으신 이로되 죄는 없으"셨습니다(히 4:15). 그분은 대저택이나 궁전이나 성에서 호화롭게 살지 않으셨습니다. 오히려 그분은 가난한 삶을 사셨습니다. 보통 사람들처럼 평범하게 살면서 거친 세파에 시달리기도 하셨습니다. 그분은 세상의 추함과 악과 죄를 두 눈으로 똑똑히 보셨습니다. 그분은 그 모든 것을 겪으셨습니다. 예수님은 본래 인간이 어떻게 살아야 하는지를 보여주셨습니다. 세상에 살되 세상에 물들지 않고 순수함을 잃지 않으며, 오염되지 않는 길이 무엇인지도 보여주셨습니다. 우리는 그분에게서 완벽한 인간, 완전한 인격을 봅니다. 하나님과의 끊임없는 교제를 통해 인간이 본래 어떤 일을 하도록 태어났는지를 보여주는 한 인간을 봅니다. 우리는 그분에게서 이 모든 것을 봅니다.

그러나 감사하게도, 예수님의 사역은 거기서 끝나지 않습니다! 만일 완전한 모습이 그분이 보여주신 전부라면, 그분은 우리에게서 온갖 비난을 듣게 될 것입니다. 세상에서 가장 어리석은 것은, 우리가 주님을 본받기 위해 이 세상에 태어났다는 생각입니다. 자기 자신도 만족시키지 못하면서 어떻게 그분을 본받을 수 있겠습니까? 그것은 터무니없고 불가능한 일입니다. 그분은 인간이자 하나님이십니다! 죄가 없으신 분, 순결하신 분, 완벽하신 분입니다! 그런데 그것이 전부가 아닙니다. 그분은 왜 이 땅에 오셨습니까? 우리로 하여금 인간의 존재 목적이 무엇인지 깨닫게 하기 위해 오셨습니다. 또한 우리의 원수들을 물리치기 위해 오셨습니다. 우리는 왜 인생에서 실패합니까? 그것은 우리가 연약하기 때문에, 마귀가 활개 치기 때문입니다. 인간은 왜 죄를 짓습니까? 유혹과 악의 세력 때문입니다. 인간은 왜 죽음을 두려워합니까? 인간의 본성이 그렇기 때문입니다. 우리는 두렵지 않은 척할 수 있습니다. 우리는 어둠 속에서 용기를 잃지 않으려고 이따금씩 어린아이처럼 휘파람을 불어 봅니다. 그러나 인류 전체는 "죽음의 사슬에 매여" 있어 죽음을 두려워합니다.

인간이 죽음을 두려워하는 이유는 무엇입니까? 사도 바울은 고린도 교인들에게 보낸 편지에서 "사망이 쏘는 것은 죄"이기 때문이라고 말합니다(고전 15:56). 죽음에 있어서 근본 문제는 죄입니다. 만일 죄가 없다면 인간은 죽음을 두려워하지 않았을 것입니다. 그러나 죄는 엄연히 존재합니다. 인간은 죽음이 끝이 아니라 죽음 이후에 하나님의 심판이 있음을 예감합니다. 인간은 자신이 죄인임을 알기 때문에 죽음을 두려워합니다. 인간은 신학에 대한 지식이 해박하지 않아도 본능적으로 죽음을 두려워합니다. "사망이 쏘는 것은 죄요 죄의 권능은 율법이라." 우리는 스스로 무가치한 존재, 비난받을 만한 존재라고 생각합니다. 그것들은 우리가 물리쳐야 할 적입니다. 그리스도는 그러한 적들을 전부 물리치기 위해 오셨습니다. 감사하게도 그분이 그 일을 이루셨습니다! 앞서 말씀드렸듯이, 그분은 죄 없는 삶을 사셨습니다. 악과 죄는 그분 근처에 얼씬도 할 수 없었습니다. 그렇다면 마귀는 어떻습니까? 마귀는 광야에서 사십 일 동안 그분을 시험했고 그분에게 질문을 퍼부었습니다. 그리고 "네가 만일 하나님의 아들이어든 내게 증거를 보여라"고 하면서 그분을 함정에 빠뜨려 걸려 넘어지게 하려고 했습니다. 하지만 그리스도는 "사탄아, 물러가라"고 말씀하셨습니다. "주 너의 하나님을 시험하지 말라"고 꾸짖으셨습니다(마 4:1-11 참고). 그분은 성경 말씀을 인용하면서 사탄과 대적하셨습니다. 그분은 죄와 악을 물리치셨습니다. 유혹을 물리치셨습니다. 마귀를 물리치셨습니다.

그러나 최후의 적은 무시무시한 병기를 지닌 죽음입니다. 지금 이 시간에도 우리는 죽음을 향해 가고 있습니다. 죽음은 세상에 있으면서 모든 인간을 쓰러뜨립니다. 가장 용감하고 위대한 사람도 죽음 앞에서 쓰러집니다. 그들이 썩어 가는 모습이 보이지 않습니까? 위인들도 늙고 노쇠해집니다. 그들도 여느 사람들처럼 죽습니다. 최후의 적은 한 사람도 남김없이 쓰러뜨립니다. 이 땅에서 행복한 삶을 살고 넉넉히 이기는 자로서 승리하는 삶을 살기에 앞서, 먼저 해야 할 일이 있습니다. 우리는 마귀와 죄와 유혹을 물리칠 수 있어야 합니다. 죽음을 정복할 수 있어야 합니다. 죽음을 꿰뚫을 수 있어야 합니다. 죽음에 직면해서도 웃을 수 있어야 합니다. 죽음 너머의 세계를 볼 수 있어야 합니다. 인간이 그렇게 할 수 있는 유일한 길이 있습니다. 이분입니다! **그분**은 과연 무엇을 하셨을까요?

디모데후서 1:10을 흠정역KJV으로 읽으면 원문의 뜻을 파악하기 어렵습니다. 10절은 사실상 이렇게 번역되어야 합니다. "이제는 우리 구주 그리스도 예수의 나타나심으로 밀미암아 나타났으니 그는 한편으로 사망을 취소하시고—사망을 해체하시고 분해하시며—다른 한편으로 생명과 썩지 아니할 것을 드러내신지라." 그분이 하신 일이 그것입니다. 그분은 최후의 적을 물리치셨습니다. 그분은 죽음을 겪으셨습니다. 죽음에서 그 쏘는 것을 제하셨습니다. 그분은 죽음이 끝이 아님을 입증하셨습니다. 그분은 죽음을 향해 "사망아, 너의 승리가 어디 있느냐. 사망아, 네가 쏘는 것이 어디 있느냐"라고 말씀하실 수 있습니다(고전 15:55). 그분은 사망을 취소하셨습니다. 그래서 최후의 적이 마침내 정복되었습니다.

다른 한편으로 그분은, 생명과 영원한 삶을 드러내셨습니다. 예수 그리스도의 부활은 죽음이 끝이 아니라는 결정적 증거입니다. 지금의 삶, 지금의 세상만 있는 것이 아닙니다. 또 다른 영역, 또 다른 삶이 있습니다. 썩지 않는 또 다른 세계가 있습니다. 그곳은 오염

된 세계가 아닙니다. 그곳은 순수하고, 영원하며, 영광스럽고, 완전한 세계입니다. 주님은 우리에게 그 세계를 살짝 보여주셨습니다. 우리가 그분과 그분에 관한 진실을 알게 되면 현세의 삶이 전부가 아님을 깨닫습니다. 죽을 위기에 처해도 그것이 끝이 아님을 압니다. "내게 사는 것이 그리스도니 죽는 것도 유익함이라"(빌 1:21)는 사도 바울의 깨달음을 그리스도 예수 안에서 얻습니다. 그것은 주님과 함께 있는 것이 훨씬 더 좋다는 뜻입니다. 그분은 죽음을 몸소 겪으셨지만 죽음 저편에 계십니다. 그분은 죽음의 장막을 헤치고 올라가 영광 가운데 계십니다. 우리도 그분과 함께 있을 것입니다. 사도의 신앙이 그러했습니다. 사도는 말합니다. "내가 부끄러워하지 않는 것은 내가 믿는 자를 내가 알기 때문이다. 그분이 죄를 정복하셨고, 악마와 지옥을 정복하셨으며, 죽음을 정복하셨다는 것을 알기 때문이다. 그분은 모든 것을 정복하셨다. 내 영혼은 그분이 든든히 지켜 주시기에 평안하다. 그리고 나의 모든 적들을 물리친 그분은 나를 이끌어 자신의 영원히 영광 가운데 거하게 하실 것이다."

그와 동시에 바울이 깨달은 것이 있습니다. 하나님께 철저히 순종하는 삶을 사신 그리스도께서 다른 적, 곧 하나님의 율법을 다루셔야 했다는 사실입니다. "사망이 쏘는 것은 죄요 죄의 권능은 율법이라." 하나님의 거룩하신 본성은 죄를 혐오합니다. 우리가 어떻게 하나님 앞에서 의로울 수 있을까요? 율법은 우리를 비난합니다. 우리가 어떻게 율법을 지킬 수 있을까요? 우리는 할 수 없습니다. 그러나 율법을 지킨 분이 계십니다. 그분은 우리를 위해 완벽하게 율법을 지키셨습니다. "······여자에게서 나게 하시고 율법 아래에 나게 하신 것은 율법 아래에 있는 자들을 속량하시고"(갈 4:4). 그분은 적극적이고 완전한 순종의 삶을 사셨습니다. 갈보리 언덕의 십자가에 달리심으로 그 일을 이루셨습니다. 거룩하신 하나님의 율법에 따라 우리는 우리가 지은 죄와 죄과, 악과 죄악에 대한 벌을 받아야 했습니다. 그러나 우리의 벌을 그분이 대신 받으셨습니다. 그분은 모든 일을 이루셨습니다. 우리에게 필요한 모든 것을 그분이 이루셨습니다. 우리를 쓰러뜨리고, 우리를 패배시키는 모든 적을 그분이 물리치셨습니다. 그분 홀로 말입니다. 그분이 적을 물리치는 데는 하나님이자 인간이신 그리스도와 "우리 구주 그리스도 예수의 나타나심"이 필요했습니다.

사랑하는 여러분, 참되게 살고 참되게 죽는 유일한 길은 예수 그리스도를 알고 그분을 믿는 것입니다. 저는 제가 믿어 온 그분을 알고 있습니다. 저는 그분이 완전한 하나님이자 완전한 인간이심을 믿습니다. 저는 그분이 영원한 영광을 버리고 이 땅에 오셔서 동정녀 마리아에게 나셨다고 믿습니다. 저는 그분이 권능의 기적을 베풀어 자신의 신성을 드러내고 확증하셨다고 믿습니다. 저는 그분이 저를 용서하기 위해 십자가에 달려 돌아가셨다고 믿습니다. 저는 마땅히 제가 맞아야 할 채찍을 그분이 대신 맞으셨다고 믿습니다. 저는 그분이 자신을 대속제물로 드리셨다고 믿습니다. 저는 그분이 자신을 완벽한 희생제물로 드리심으로 거룩하신 하나님과 거룩한 율법의 모든 요구를 완전히 충족시키셨다고 믿습니다. 저는 그분의 몸이, 죽기 전 그대로 무덤에서 일어났지만 영광스럽게 변화되었다고 믿습니다. 저는 말 그대로 육체의 부활을 믿습니다. 육체의 부활을 말하지 않는 복음은 제게 없습니다. 육체의 부활이 없다면 그분이 죽음을 물리쳤다는 사실을 알 수 없기 때문입니다. 육체의 부활이 없다면 그분이 하나님의 아들이심을 알 수 없기 때문입니다. 현대 과학이 뭐라고 해도 저는 육체의 부활을 믿습니다. 저는 성령이 강림하기 열흘 전 예루살렘의 감람 산에서 제자들이 보는 가운데 그분이 승천하셨다고 믿습니다. 저는 그분이 구름을 헤치고 하늘로 오르시는 것을 제자들이 목격했다고 믿습니다. 저는 그분이 오순절 날에 성령을 보내셨다고 믿습니다. 저는 그분이 다시 오셔서 자신을 믿는 사람들을 영접하실 것을 믿습니다. 세상 모든 사람들을 의로 심판하며, 자신의 영원한 왕국을 세우실 것을 믿습니다. 그것이 제가 믿는 바입니다. 저는 제가 믿어 온 그분을 알고 있습니다.

나는 그분만을 믿네,
내 죄를 대속하려 돌아가신 그분을.

저는 제 영혼과 영원한 평안을 그분에게 맡겼습니다. 저는 제가 그분에게 의탁한 것을 그분이 그날까지 능히 지켜 주실 것으로 확신합니다.

사랑하는 여러분, 여러분은 그분을 알고 있습니까? 여러분은 그분을 믿습니까? 여러분은 그분에 대한 이 증거를 믿습니까? 사도는 말합니다. "나를 부끄러워 말고, 우리 주님에 대한 증언을 부끄러워 말라." 여러분은 하나님과 그분의 아들에 대한 생각보다 세상 사람들의 생각에 더 많은 관심을 가집니까? 여러분은 조롱당하고 웃음거리가 되는 것이 두렵습니까? 사람들은 여러분에게 말할 것입니다 "아직도 그걸 믿으세요? 동정녀 탄생을 믿으세요? 한 몸에 두 본성이 있다는 걸 믿으세요? 기적을 진짜 믿으세요?" 그들의 말이 무슨 상관이 있습니까! 그들은 참다운 삶을 살 수 없습니다. 인생을 이해할 수도, 자기 자신을 이해할 수도 없습니다. 평안히 죽을 수도, 심판에 대해 준비할 수도 없습니다.

제6장
하나님의 변함없는 뜻

> 이로 말미암아 내가 또 이 고난을 받되 부끄러워하지 아니함은 내가 믿는 자를 내가 알고 또한 내가 의탁한 것을 그날까지 그가 능히 지키실 줄을 확신함이라. (딤후 1:12)

사도 바울이 자신의 신앙을 진술하는 도전적인 주장을 계속해서 살피고 있습니다. 이번에는 디모데후서 1:6-14에서 바울이 디모데에게 하나님의 위대한 뜻을 일깨우고 있음을 여러분에게 상기시키고자 합니다. 앞서 살펴본 대로, 하나님은 인간의 삶과 이 세상에 뜻을 두고 계십니다. 하나님은 천지만물을 지으셨고, 창조하셨고, 유지하시고, 고안하시고, 다스리십니다. 그분은 시간을 시작하셨을 뿐 아니라 시간을 끝내실 것입니다. 성부, 성자, 성령의 삼위일체 하나님은 인간 구원에 뜻을 두고 계십니다. 여기에 사도를 지탱하는 소망이 있습니다.

그런데 이 위대한 뜻은 "영원 전부터 그리스도 예수 안에서 우리에게 주신 바" 되었습니다(딤후 1:9). 이것은 우리에게 큰 위로가 됩니다. 얼마나 큰 축복입니까. 세상을 만드시기 전에 인간 구원의 위대한 뜻을 품으신 하나님을 바라볼 수 있다니요. 세상의 기초를 놓기 전에 하나님이 뜻을 가지고 계셨다는 성경 구절을 읽을 때마다 우리는 한껏 고양됩니다. 우리는 하찮은 일상과 사소한 문제로 야단법석을 떨어서는 안 됩니다. 눈을 들어 영원한 세계, 복되고 영광스러운 하나님과 그분의 뜻으로 시선을 돌리십시오. 그분의 뜻은 특별히 그리스도 예수 안에 계시됩니다. 그분의 뜻은 세상의 기초가 놓이기 전부터 그리스도 안에서 우리에게 주어졌습니다. "이제는 우리 구주 그리스도 예수의 나타나심으로 말미암아 나타났으니"(딤후 1:10). 우리는 하나님의 아들이 이 땅에 오신 사건을 다뤘습니다. 예수님은 하나님의 아들이십니다! 육신을 입었으나 하나님이십니다! 우리의 모든 적, 심지어 죽음까지도 물리치신 하나님이십니다! 장차 영광 가운데 다시 오셔서 자신의 모든 적들을 물리치시고 영광스러운 자신의 영원한 왕국을 선보이실 하나님이십니다!

그러나 거기서 끝나지 않습니다. 그것이 전부가 아닙니다. 하나님의 아들이 이 땅에 나타났습니다. 그분은 자신의 사역을 완수했고 인간을 구원하고자 하시는 하나님의 뜻을 실현시키셨습니다. 사명을 완수한 예수님께서 하늘로 올라가, 영원한 영광 가운데 하나님의 보좌 우편에 앉아 계십니다. 그것이 전부가 아닙니다. 다른 것이 또 있습니다. 그렇다면 우리가 던져야 할 질문이 있습니다. 이 모든 것이 우리에게 어떻게 임하는가? 사도 바울이나 디모데에게는 어떻게 임했는가? 다른 이에게는 어떻게 임하는가? 오늘 말씀을 전하면서 이 문제에 대한 확실한 답을 드리겠습니다. 우리가 살펴보아야 할 또 하나의 큰 주제가 있습니다.

제가 강조하고자 하는 것은, 기독교의 구원이 역사에 기초하고 있다는 사실입니다. 이것은 핵심적인 요소입니다. 그런데 오늘날 많은 사람들이 여기에 걸려 넘어집니다. 우리는 철학과 관념, 사상에 너무 길들여져 있습니다. 우리는 인간을 구원할 수 있는 관념이나 우리 마음을 사로잡을 수 있는 사상이 필요하다고 말합니다. 하지만 그것은 기독교가 아닙니다. 기독교는 하나님께서 자신의 뜻을 행하시는 것입니다. 세례 요한의 아버지 사가랴는 그것을 선포합니다. "하나님이여, 그 백성을 돌보사 속량하시며"(눅 1:68). 성경은 하나님이 행하신 일을 기록한 책입니다. 우리의 구원은 사상이 아닙니다. 이것은 전적으로 하나님이 인간 역사에 개입해 행하신 일에 달려 있습니다. 그것이 우리가 구원을 확신할 수 있는 이유입니다. 사상이란 나타났다가 사라지고, 그릇된 것으로 밝혀지면 새로운 사상으로 대체됩니다. 그러나 기독교는 역사적 사건들로 이루어져 있습니다. 저는 여러분에게 몇몇 역사적 사건들을 상기시켰습니다. 이를테면 하나님의 천지창조, 유대인들의 역사, 하나님의 개입, 애굽 노예생활에서의 해방, 바벨론에서의 포로생활, 예루살렘으로의 귀환 등입니다. 때가 이르자, 하나님께서 독생자를 보내셔서, 여자에게 나게 하시고, 어떻게 율법 아래 나게 하셨는지도 상기시켰습니다. 우리는 하나님의 아들 나사렛 예수의 탄생과 부활이라는 역사적 사건과 사실을 접하고 있습니다. 사실입니다! 사상이 아니라 사실입니다. 그렇기 때문에 성경은 그분이 부활하셔서 여러 사람에게 여러 모양으로 나타나신 사건을 자세히 기록하고 있습니다. 사도 바울은 고린도전서 15장에서 예수의 부활을 목격한 사람들을 열거합니다. 그들은 선택받은 목격자들입니다. 이 모든 것은 사실입니다.

다음으로 살펴볼 사실은 오순절입니다. 오순절은 우리가 성령 강림절로 지키는 날입니다. 성령 강림절은 어떤 날입니까? 그날은 예루살렘에서 일어난 굉장한 사건을 기념하는 날입니다. 이 사건은 사도행전 2장에 기록되어 있습니다. 예루살렘 사람들은 깜짝 놀라면서, "이 말하는 사람들이 다 갈릴리 사람이 아니냐……우리가 다 우리의 각 언어로 하나님의 큰일을 말함을 듣는도다"라고 말했습니다(7, 11절). 하나님의 큰일은 대체 무엇입니까? 그것은 제가 방금 말씀드린 성령 강림입니다. 오순절 날에 어떤 일이 일어났습니까? 사람들은 다락방에 모여 열흘 동안 기도하면서 주님이 말씀하신 것을 기다리고 있었습니다. "홀연히 하늘로부터 급하고 강한 바람 같은 소리가 있어"(2절). 이어 놀라운 일이 일어납니다. 무슨 일입니까? 오, 그것은 복되신 삼위일체의 세 번째 위격인 성령이 초대교회에 임하신 사건입니다. 성령은 하나님께서 영원 전부터 세우신 뜻을 실행하기 위해 오셨습니다. 하나님은 아들을 보내어 자신의 일을 하게 하시고, 성령을 보내서 그 일을 지속하게 하셨습니다. 이것은 사실입니다.

저는 이 위대하고 강력한 사실을 살펴보고자 합니다. 이 사건은 예수님의 탄생과 그분의 십자가 죽음과 영광스러운 부활, 승천만큼이나 사실입니다. 성령이 모인 무리들에게 임하시고 뒤이어 놀라운 일이 일어난 것은 진기한 현상이자 역사적 사실입니다. 그것은 전적으로 새로운 것의 시작입니다. 물론, 예루살렘과 다른 모든 곳에서 이런 일이 있었을 때에도 사람들은 같은 반응을 보였습니다. 그들은 진기한 현상에 직면한 것입니다. 거기 있던 사람들, 베드로를 비롯한 다른 사도들은 대체 어떤 사람들이었습니까? 그들은 지극히 평범한 사람들, 무식하고 배우지 못한 사람들이었습니다. 베드로는 어부였습니다. 몇몇 사도들도 어부였습니다. 그들은 가르침이라고는 받아 본 적이 없고, 뛰어난 지성이나 철학적 통찰력과는 거리가 먼 사람들이었습니다. 정말 평범한 사람들, 평범한 노동자들이었습니다. 모든 사람이 그들을 알고 있었습니다. 그런데 이 사람들이 일단의 사도들과 함께 느닷없이 방언으로 말하는 것이 아니겠습니까? 그것도 권위 있게 말할 뿐 아니라 영광과 환희의 영에 사로잡힌 가운데서 말입니다. 그러자 사람들이 몰려들더니 한마디씩 합니다. "대체 이게 어찌된 일이오?" 진기한 현상입니다!

이것은 하나님의 위대한 계획의 일부였습니다. 성령을 받은 사람들은 변화되어 담대히 복음을 전했습니다. 그들은 능력을 받아 기적을 행하고 놀라운 일들을 해냈습니다. 복음이 널리 알려지자 사람들이 그것을 듣고 믿었습니다. 그들은 초대교회의 일원이 되었습니다. 당시 다소의 사울로 알려진 바울도 메시지를 들었습니다. 그는 그 메시지를 좋아하지 않았고 오히려 대적했습니다. 그렇게 하면서도 자신이 비참하게 느껴졌습니다. 그러나 그가 그 메시지를 전하는 사람이 되었습니다! 어찌된 일입니까? 그를 변화시킨 요인은 무엇입니까? 여기서 바울은 자신이 회심하게 된 과정을 디모데에게 상기시킵니다. 오순절 날에 예루살렘에서 일어난 일의 의미는 무엇입니까? 성령이 기독교회에 임하신 사건의 의미는 무엇입니까? 이에 대한 답은 단 하나입니다. 하나님의 뜻이 계속 이루어지고 있다는 것입니다. 하나님께서 성령을 보내신 것은, 자신의 뜻이 마침내 이루어질 때까지 그것을 계속 추진하고 확장하기 위한 것입니다. 그 뜻이 현재뿐 아니라 미래에도 지속적으로 이행되는지 확인하기 위해서였습니다. 사도가 디모데에게 이처럼 편지를 쓸 수 있는 것도 하나님의 뜻이 있었기 때문입니다. 어느 누구도 개인적 체험으로 바울과 같이 삶과 죽음에 대한 관점과 승리하는 삶의 방식을 가질 수 없습니다. 이 모든 사실을 믿을 때라야 가능합니다.

오순절의 의미를 살펴봅시다. 저는 순전히 교리적이거나 신학적인 의미를 숙고하는 데 시간을 쓰고 싶지 않습니다. 그러나 이 문제는 중요합니다. 오순절 사건은 하나님의 약속이 성취되고 확증되었다는 의미에서 매우 중요합니다. 하나님은 구약성경에서 자신의 성령을 부어 주겠다고 약속하셨습니다. 베드로는 오순절 날에 예루살렘에서 설교하면서 그 사실을 전합니다(행 2:17). 그런데 여러분은 성령 강림의 의미를 깨닫고 있습니까? 기독교의 전체적 입장은 하나님의 뜻에 달려 있습니다! 영원 전부터 계획된 하나님의 뜻 말입니다.

하나님께서는 때로 자신의 계획과 뜻을 부분적으로 알려 주십니다. 그분은 자신이 장차 어떤 일을 할 것인지 예고하셨습니다.

실제로 일이 일어나기 몇 세기 전에 자신의 계획을 말씀하셨습니다. 자신의 독생자가 태어날 것이라는 그분의 예언은 그대로 이루어졌습니다. 성령이 강림할 것이라는 예언도 오순절 날에 그대로 성취되었습니다. 그래서 저는 하나님의 뜻을 더욱 확증하고 믿을 수 있습니다. 하나님의 말씀을 알고 있을 뿐 아니라, 그 말씀이 성취된 것을 알기 때문입니다. 다시 말해, 오순절 날에 성령이 임하시고 예루살렘의 많은 사람들이 이를 목격하고 놀랐다는 것을 알기 때문입니다. 저는 이 오순절 사건이 기독교회 성장의 원동력이 되었다고 봅니다. 저는 교회를 오직 한 가지 말로 설명할 수 있습니다. 교회는 하나님의 뜻입니다. 교회가 단순히 인간이 만든 기관이라면 오래 전에 자취를 감추었을 것입니다. 하지만 교회는 인간의 교회가 아닙니다. 하나님의 뜻입니다! 오순절은 하나님의 약속을 확증하고 하나님의 뜻을 증거합니다.

오순절에는 또 다른 교훈이 있습니다. 그것은 성령 강림이 복되신 주님이자 구주이신 예수 그리스도의 위격을 입증한다는 사실입니다. 예수께서는 자신이 하나님의 아들이라고 말씀하십니다. 그분의 주장은 사실입니까? 앞서 보여드렸듯이, 부활은 그분의 주장이 사실임을 입증하기에 충분합니다. 하지만 이를 보충하는 자료가 또 있습니다. 그분이 떠난다는 생각에 슬퍼하며 울적해 하는 제자들에게 주님은 위로의 말씀을 하십니다. "너희는 마음에 근심하지 말라. 하나님을 믿으니 또 나를 믿으라"(요 14:1). 그분은 계속해서 말씀하십니다. "내가 아버지께 구하겠으니 그가 또 다른 보혜사를 너희에게 주사 영원토록 너희와 함께 있게 하리니 그는 진리의 영이라.⋯⋯ 내가 너희를 고아와 같이 버려두지 아니하고"(요 14:16-18). 그분은 또한 말씀하십니다. "내가 떠나가는 것이 너희에게 유익이라. 내가 떠나가지 아니하면 보혜사가 너희에게로 오시지 아니할 것이요 가면 내가 그를 너희에게로 보내리니"(요 16:7). 그분은 자신을 의탁했습니다. 그분은 이렇게 말씀하신 것입니다. "이제 나는 내 자신을 너희들 손에 맡긴다. 나는 십자가에 달릴 것이고, 너희들 곁을 떠날 것이다. 그러나 슬퍼하지 마라. 내가 떠나도 너희들은 홀로 버려지지 않을 것이다. 나는 너희들에게 성령을 보낼 것이다." 성령이 오순절 날에 강림하지 않으셨다면, 예수 그리스도가 하나님의 아들이 아니라고, 메시아가 아니라고 주장할 만합니다. 하지만 성령이 오심으로 예수께서 하나님의 아들이자 메시아이심이 입증되었습니다. 예수께서 약속하셨고 그 약속은 이루어졌습니다. 그분은 하나님의 아들이십니다! "내가 아버지께 구하겠으니 그가 또 다른 보혜사를 너희에게 주사." 그러므로 성부와 성자와 성령이 계십니다. 각 위격은 다른 위격의 말을 입증합니다.

그러나 제가 무엇보다도 강조하고 싶은 것은, 성령의 오심이야말로 하나님께서 자신의 사역을 실행하실 것이라는 결정적 증거가 된다는 사실입니다. 성령은 교회로 보내심을 받았기 때문에 교회 안에 계십니다. 복되신 성 삼위일체의 세 번째 위격인 성령은 받은 사명을 완수할 때까지 그 일을 계속하실 것입니다. 여기에 우리의 위로와 위안이 있습니다. 저는 신문을 읽고 텔레비전을 시청하고 라디오를 청취하며 뉴스를 듣습니다. 정치가들의 연설을 경청하며, 그들의 회의나 활동, 계획과 이 세상을 위한 제안 등을 지켜봅니다. 맞습니다. 그런 일들은 필요합니다. 그러나 저는 거기에 신뢰를 두지 않습니다. 늘 그래왔듯이, 그 같은 세상적 노력들은 저를 실망시킵니다. 세상은 전보다 더 나아지지 않았습니다. 오히려 악화되어 갑니다. 그러나 저는 교회에 계신 성령을 바라봅니다. 하나님의 뜻을 봅니다. 하나님 역사의 위대한 절정들을 봅니다. 저는 그것이 사실임을 압니다. 하나님은 자신의 말씀을 이루시고 자신의 약속을 성취하십니다. 성령의 오심은 "하나님의 놀라운 사역들" 중 하나입니다.

그렇다면 성령은 하나님의 뜻과 역사를 어떻게 진행하십니까? 바울은 그것을 한 문장으로 설명합니다. 나는 이렇게 이러한 인생관을 가질 수 있었는가? 우리 가운데 날 때부터 이러한 인생관을 갖는 사람은 없습니다. 우리는 하나같이 본능적으로 삶을 두려워합니다. 우리는 죽음을, 그 알 수 없는 내세를 더욱 두려워합니다. 나는 어떻게 이러한 확신과 확증을 가질 수 있었는가? 나는 어떻게 이 모든 것을 생생하고 실제적이며 중요한 것으로 만들 수 있었는가? 해답은 오직 하나, 성령의 역사입니다. 그분은 어떤 일을 하십니까? 그분은 우리를 부르십니다. 디모데후서 1:8-9을 다시 읽어 보겠습니다. "그러므로 너는 내가 우리 주를 증언함과 또는 주를 위하여 갇힌 자 된 나를 부끄러워하지 말고 오직 하나님의 능력을 따라 복음과 함께 고난을 받으라. 하나님이 우리를 구원하사 거룩하신 소명으로 부르심은……." 여기에 해답이 있습니다. 여러분은 오순절 날 베드로가 설교를 마치면서 한 말에 주목하셨습니까? 그는 "이 약속은 너희와 너희 자녀와 모든 먼 데 사람 곧 주 우리 하나님이 얼마든지 부르시는 자들에게 하신 것이라"고 말했습니다 (행 2:39). "하나님은 우리를 부르셨습니다!" 하나님은 우리를 구원하사 거룩하신 소명으로 부르셨습니다.

이 말씀은 하나님의 모든 뜻과 계획이 우리에게 적용되고 우리의 삶과 관련되어, 우리로 하여금 바울처럼 선포할 수 있게 한다는 뜻입니다. 이런 일을 할 수 있는 사람은 부르심을 받은 사람뿐입니다. 하나님의 부르심은 우리로 하여금 그 메시지의 진실, 곧 그분의 영원하신 뜻에 관한 진실을 볼 수 있게 하시는 그분의 방식입니다.

다음으로, 성령의 사역과 일에 대해 알아봅시다. 앞서 살펴보았듯이, 성령은 우리를 부르십니다. 우리가 부름을 받아야 하는 이유는, 우리가 본래 처한 위치와 조건 때문입니다. 우리는 어떤 위치에 있습니까? 이에 대한 해답은 성경에서 얼마든지 찾을 수 있습니다. 저는 사도 베드로의 말을 인용해 아주 간결하게 설명하고자 합니다. 그는 유대교와 이방 종교를 믿었던 사람들이 그리스도인이 되어 교회에 나오자 그들에게 말합니다. "너희는 택하신 족속이요 왕 같은 제사장들이요 거룩한 나라요 그의 소유가 된 백성이니 이는 너희를 어두운 데서 불러내어 그의 기이한 빛에 들어가게 하신 이의 아름다운 덕을 선포하게 하려 하심이라"(벧전 2:9). 하나님은 우리를 어두운 데서 불러내셨습니다.

이것은 오늘날 가장 실제적이고 절박한 문제입니다. 사람들이 삶에서 실패하고 불행해지는 이유는 무엇입니까? 그들이 내일을 두려워하는 이유는 무엇입니까? 그들이 죽음을 두려워하는 이유는 무엇입니까? 이 모든 것이 불확실한 이유는 무엇입니까? 사도처럼 삶과 죽음을 비롯한 모든 문제에 당당히 맞설 수 있는 사람을 찾기가 힘든 이유는 무엇입니까? 그들이 "어두운 데" 있기 때문입니다. 그분은 우리를 "어두운 데서 불러내"셨습니다. 이 말의 의미를 성경을 통해 설명하겠습니다. 우리 모두는 본래부터 어두운 데 있습니다. 우리 안에는 어두움이 있습니다. 오늘날 인생이 이 모양이 되고 세상이 이 지경이 된 것은, 인류 전체가 어두운 데 있기 때문입니다. 우리 모두는 태어날 때 "허물과 죄로 죽은" 상태였습니다. 우리는 죽었습니다! 그것이 우리의 모든 문제입니다.

성경은 우리가 하나님의 생명에 대해 죽었다고 선언합니다. 여러분은 지금 하나님의 뜻을 믿고 그 뜻대로 살고 있습니까? 내나수 사람들도 그러한 삶을 살고 있습니까? 그들 안에 하나님을 향한 마음이 조금이라도 있습니까? 그들의 삶의 근거는 하나님입니까? 그들의 삶의 근거는 무엇입니까? 그들의 삶에는 하나님이 들어설 공간이 조금도 없습니다. 그들은 인간으로 시작해서 인간으로 끝납니다. 세상으로 시작해서 세상으로 끝납니다. 그들은 죽었습니다. 허물과 죄로 죽었습니다. 그들은 하나님 없이, 목적도 없이 살고 있습니다. 그들에게는 오직 인간적인 생각뿐입니다. 그들은 하나님을 모릅니다. 그들은 영적으로 죽었습니다. 그들은 자신들 안에 영혼이 있다는 사실을 모릅니다. 영적인 영역이 있다는 사실도 전혀 모릅니다. 그들에게는 쾌락이 삶입니다. 그들은 술과 도박과 섹스와 돈과 자동차에 정신이 팔려 있습니다. 그들은 영적인 삶에 무지합니다. 눈에 보이지 않는 영적 세계는 그들에게 낯설기만 합니다. 그들은 단순한 인간의 사고를 뛰어넘는 고차원적인 세계가 있다는 것을 알지 못합니다. 그들은 초자연적인 실체가 있다는 것을 알지 못합니다. 그들은 워즈워스가 읊은 "그리고 나는 느꼈다. 고양된 생각의 기쁨으로 내 마음을 어지럽히는 어떤 초월자의 임재를"이라는 시구를 이해하지 못합니다.* 속물근성에 젖어 있는 그들에게는 이 세상과 이곳에서의 삶이 전부입니다.

결과적으로, 그들은 무지하고 생각이 없고 부주의합니다. 물론 그들도 전쟁이 일어나지 않을까 걱정하고, 폭탄이 투하되면 깜짝 놀라며, 질병과 사고와 죽음이 찾아들면 고민합니다. 하지만 잠시뿐입니다. 그들은 차분히 앉아 인생의 문제를 진지하고 심오하게 생각하거나 묵상하지 못합니다. 그들은 좀처럼 진지한 질문을 던지지 않습니다. "내게 무슨 일이 일어날까? 내가 죽으면 어떻게 되지? 나는 어디로 갈까? 나는 어떤 존재지? 나는 어디를 향해 가고 있는 거지? 내 존재 목적은 무엇일까?" 그들은 이러한 질문들을 회피합니다. 그런 까닭에 인간은 상황과 우연에 희생자가 됩니다. 이를테면 주식 시세, 날씨, 그들에게 일어날 수 있는 뜻밖의 이상한 일들이 그들의 삶을 결정합니다. 그들은 영원의 세계에 대해 알지 못합니다. 궁극적인 운명에 대해 생각하지도 않습니다. 이는 그들이 영적으로 죽었고, 어두운 데 있으며, 무지하기 때문입니다. 그들은 이러한 것들을 알지 못합니다. 이교 신앙의 실상이 그러합니다. 이교 신앙은 하나님을 전혀 알지 못하고 무지합니다. 바울의 말처

---

* '틴턴 사원 몇 마일 위에서 지은 시Lines Composed a Few Miles above Tintern Abbey' 중에서.

럼 "그들의 미련한 마음이 어두워졌"습니다(롬 1:21).

그뿐 아닙니다. 그들은 하나님의 일을 들을 때 매우 어리석은 일로 치부합니다. 그들은 말합니다. "당신은 지금 사람들이 아직도 하나님을 믿는다고 말하는 겁니까? 20세기 중반의 사람들이 아직도 나사렛 예수가 하나님의 아들임을 믿는다고요? 사람들이 아직도 거룩함을 믿는다고요? 이건 정말 가당치도 않은 일입니다. 우스꽝스럽고 엉뚱하기까지 합니다.…… 바보 같은 짓, 터무니없는 생각을 하다니! 이미 오래전에 기독교는 전부 구닥다리가 되었고 완전히 조롱거리가 되었어요. 과학의 시대에 사람들이 지옥과 영원한 형벌과 하나님의 진노를 믿다니, 이거야말로 웃기는 일 아닙니까?" 그들은 "지금이 어느 시대인데 사람들이 아직도…… 힌디니, 정말 알다가도 모를 일이야"라고 합니다. 바보 같은 짓! 그들은 과학과 지식의 진보가 비약적으로 이루어지고 있는 20세기에 살고 있기 때문에 이런 입장을 표명합니다. 그들이 기독교의 모든 것을 바보 같은 짓으로 치부하는 것은 비극적인 일입니다. 그들은 너무 무지해 1세기 사람들도 이와 똑같은 주장을 했다는 사실을 모릅니다. 사도 바울은 고린도전서 2장에서 이렇게 말합니다. "육에 속한 사람은 하나님의 성령의 일들을 받지 아니하나니 이는 그것들이 그에게는 어리석게 보임이요 또 그는 그것들을 알 수도 없나니 그러한 일은 영적으로 분별되기 때문이라"(14절). 지금부터 이천 년 전 사람들도 지금과 똑같은 말을 했습니다. 더 먼 과거로 거슬러 올라가 봐도 상황은 다르지 않습니다. 시편기자는 "어리석은 자는 그의 마음에 이르기를 하나님이 없다 하는도다"라고 개탄했습니다(시 14:1). 우리는 무지합니다! 우리는 어두움 가운데 있습니다!

인간은 본래 어리석고 무지합니다. 그래서 인생은 문제투성이입니다. 죽음이 엄습하면 모든 것이 사라지고 삶의 기반이 무너져 내립니다. 인간은 본래 사물과 다른 사람들에게 의존합니다. 그런데 그들이 사라지면 우리에게는 남는 것이 아무것도 없습니다. 그런 후에 죽음이 찾아들면 우리는 무슨 일이 일어나고 있는지, 우리가 어디로 가고 있는지 알 수 없습니다. 무지입니다! 어두움입니다! 우리는 어두운 데서 나오라는 "부르심"을 받아야 합니다. 우리를 부르셔서 무지와 어두움에서 나오게 하는 것은, 하나님이 세우신 복된 뜻의 일부입니다. 하나님께서는 독생자를 보내셔서 인간이 하나님과 화해할 수 있는 수단인 구원의 길을 열어 놓으셨습니다. 자신의 영을 보내셔서 인간으로 하여금 이러한 하나님의 역사를 깨닫게 하셨습니다. 그것이 바로 오순절 날에 성령이 시작하신 역사입니다. 하나님께서는 우리를 위해 구원의 길을 열어 놓으실 뿐 아니라 우리를 구원으로 인도하십니다. 우리를 어두운 데서 불러내셔서 그의 기이한 빛으로 들어가게 하십니다.

사도행전 2장을 보면, 하나님께서 행하시는 일을 정확하게 보여주는 한 사례가 나옵니다. 이 사람 베드로를 보십시오. 자신을 뽐내고 허풍떨기 좋아하는 어부 베드로를 보십시오. 그는 주님이 십자가에 달리시기 전날 밤 그분께 장담했습니다. "모두 주를 버릴지라도 나는 결코 버리지 않겠나이다." 그 후 베드로가 바깥뜰에 앉아 주님이 심문당하는 것을 듣고 있을 때 하녀가 그를 알아보고는 "너도 갈릴리 사람 예수와 함께 있었도다"라고 말했습니다. 그러자 베드로는 "나는 그 사람을 알지 못하노라"고 부인했습니다 (마 26:33, 69, 72). 그는 이후로도, 맹세하면서 두 번이나 더 부인 했습니다. 비열하고 비겁한 베드로입니다. 베드로는 목숨을 건지기 위해 자신에게 한없는 은혜를 베푸신 분, 둘도 없는 친구, 자신의 주님이자 주인 되시는 분을 부인했습니다. 베드로가 말입니다! 그랬던 그가 오순절 날에 담대하게 복음을 전했습니다. 단순히 전하기만 한 것이 아닙니다. 능력 있게, 설교를 경청하던 사람들이 마음에 찔릴 정도로 아주 능력 있게 전했습니다. "이날에 신도의 수가 삼천이나 더하더라"(행 2:41). 그것은 성령의 역사였습니다. 이러한 기적을 일으킨 주역은 베드로가 아닙니다. 베드로를 사용하신 성령이었습니다. 사람들을 어두운 데서 불러내어 하나님의 기이한 빛에 들어가도록 베드로를 택해 수단과 통로로 삼으신 성령이었습니다.

성령은 어떻게 그 일을 하십니까? 여기에 성령 사역의 모든 영광이 있습니다. 그분을 힘입어 저는 확신 있게 말할 수 있습니다. 여러분은 제가 지금까지 드린 말씀이, 쓸데없고 터무니없으며 어리석은 소리라고 생각할지 모르겠습니다. 하지만 성령은 제 뒤에서, 제 안에서, 저를 통해서 여러분의 눈을 뜨게 하고 이 사실을 직시하도록 하십니다. 사도행전 2장에서 "형제들아, 우리가 어찌할꼬?"(37절)라고 외친 사람들처럼, 여러분 또한 그렇게 외치도록 강력하게 역사하실 것입니다. 하나님의 성령은 강력한 영이십니다. 성령은 우리 마음속에서 작용하십니다. 우리 마음을 밝히시며, 마음의 눈을 뜨게 하시며, 또한 마음을 지혜롭게 하실 수 있습니다.

성령은 그 전에는 없던 능력을 인간의 마음에 주실 수 있습니다. 그분은 육에 속한 사람을 영에 속한 사람으로 변화시켜, 그가 이전에 조롱했던 것을 이해하고 깨닫게 하실 수 있습니다.

성령이 그 일을 이루시는 방법은 종종 다음과 같습니다. 우리가 전에 여러 번 들었던 것을 들었을 뿐인데 갑자기 새로운 사실을 발견할 때가 있습니다. 전과는 달리 이 사실에 신경을 쓰기 시작합니다. 성령이 우리에게 강력하게 진리를 전하신 것입니다. 우리는 난생 처음 듣는 것처럼 진리에 귀 기울이기 시작합니다. 전에는 무의미하다고 생각되었던 것에서 의미를 발견합니다. 빌립보에서 전도하는 바울의 말을 경청했던 루디아처럼 진리를 경청하기 시작합니다. 그러나 진리를 경청하는 것보다 더 중요한 것이 있습니다. 우리가 진리에 대해 인격적인 관심을 보인다는 점입니다. 이것은 성령의 역사입니다. 어떤 사람이 복음이 선포되는 곳에서 설교 감정가sermon-taster처럼 복음에 귀를 기울일 수 있습니다. 그는 복음 전도자, 복음 전파, 선포되는 말씀, 그 밖의 다른 것에 관심을 보일 수 있습니다. 논쟁이나 특별한 사상에도 관심을 보일 수 있습니다. 그러나 그것은 관객이나 비평가의 자세입니다. 극장에서 연극을 관람하듯 초연하게 듣는 것입니다. 복음은 그런 것과 아무 상관이 없습니다. 그것은 흥미의 문제입니다. 그는 독특한 취향을 갖고 있을 뿐입니다. 그 이상은 아닙니다. 그러나 성령이 임하실 때 인간은 개인적인 관심을 보이면서 듣기 시작합니다. 이것은 성령의 역사입니다. 그분의 역사로 말미암아 이러한 것들이 우리에게 생생하고 현실적이고 실제적이며 의미 있게 다가옵니다.

또한 성령은 하나님과 그분의 영광을 우리에게 보여주십니다. 그분은 우리의 어두움을 밝히시고 무지를 폭로하십니다. 이제 우리의 사고방식이 바뀝니다. "나는 하나님에 관해 토론하면서 내 입장을 밝힌 적은 있다. 그런데 그분에 대해, 그분이 어떤 존재인지에 대해 진지하게 생각한 적은 단 한번도 없었다. 하나님은 전능하신 창조주이신가? 하나님은 '빛이시며 그에게는 어둠이 조금도 없으'신가?"(요일 1:5) 하나님은 거룩하시고 공평하시며 의로우신 분입니까? 그렇습니다. 하나님은 그런 분이십니다! 우리는 하나님에 대해 생각하기 시작합니다. 그분이 우주 전체보다 더 소중한 분이심을 깨닫습니다. 우리에게 이런 깨달음을 주시는 분은 성령뿐입니다.

　또한 성령은 우리의 죄된 성품을 드러내십니다. 그분은 실제로 우리 자신을 직시하게 만드십니다. 자신이 죄인이라는 자각이 들 때 우리를 부르시는 성령의 사역을 깨닫습니다. 주님은 말씀하셨습니다. "그가 와서 죄에 대하여 의에 대하여 심판에 대하여 세상을 책망하시리라"(요 16:8). 성령은 실제로 그렇게 하십니다. 우리 모두는 자신을 방어하고 변명하며 해명하는 삶을 살았습니다. 우리는 이렇게 생각합니다. "어쨌든 나는 그렇게 나쁜 인간은 아니야. 그렇다고 완벽한 성인이라는 얘기는 물론 아니고······." 이 말은 이런 뜻입니다. "나는 괜찮은 사람이야. 크게 잘못한 것도 없고. 다른 사람들은 잘못을 저지르지만 나는 그렇지 않거든." 우리는 우리 자신과 대면한 적이 한번도 없습니다. 그러나 성령이 진리를 우리에게 적용하시면 우리는 자신을 직시하고 자신의 참모습을 보게 됩니다. 위대한 다윗 왕을 예로 들어 보겠습니다. 다윗은 밧세바를 보자 욕정이 일어나 그녀를 범했습니다. 그런 후에 자신의 죄를 감추고 그녀를 후처로 삼기 위해 그녀의 남편을 전사하게 만들었습니다. 일을 잘 처리했다는 생각에 그는 기분이 몹시 좋았습니다. 그러자 하나님의 영이 다윗의 영혼을 뒤흔들기 시작했습니다. 죄책감이 찾아들면서 다윗은 곧 자신의 적나라한 모습을 보게 되었습니다. 그가 이렇게 고백합니다. "'내가 죄악 중에서 출생하였음이여, 어머니가 죄 중에서 나를 잉태하였나이다.' 나는 사악하고 부패한 인간, 내게 필요한 것은 깨끗한 마음이로구나. '하나님이여, 내 속에 정한 마음을 창조하시고 내 안에 정직한 영을 새롭게 하소서'"(시 51:5, 10).

이번에는 디모데에게 편지를 쓰고 있는 사도 바울의 예를 들어 보겠습니다. 회심 이전의 바울은 세상에서 남부러울 것이 없는 사람이었습니다. 그는 종교적이고 도덕적인 인물이었습니다. 자신은 하나님의 율법을 지켰기 때문에 더 이상 어떤 의무도 질 필요가 없다고 생각했습니다. 모든 것이 평안하다고 생각했습니다. 그때 성령이 그를 부르시고 그의 영혼을 만지시기 시작했습니다. 바울은 고백합니다. "내 속에 곧 내 육신에 선한 것이 거하지 아니하도다.…… 오호라, 나는 곤고한 사람이로다. 이 사망의 몸에서 누가 나를 건져내랴"(롬 7:18, 24). 그는 또 이렇게 토로합니다. "나의 모든 의는 한갓 똥과 쓰레기 같은 것이요, 쓸모없는데다 악취까지 풍기는구나." 그는 자신의 의를 혐오했습니다! 그는 자신의 마음, 자기의, 자기확신에서 흉악함을 보았습니다. 의에 대한 자신의 관념이 잘못되었음을 깨달았습니다. 자신의 사악함, 불결함, 부패함을 보았습니다. 그것이 바로 성령이 역사하시는 방식입니다.

그 다음으로, 성령이 우리에게 일깨우시는 사실이 있습니다. 우리는 예외 없이 죽는다는 것입니다. 죽음 이후에 하나님의 심판대 앞에 서서 이 땅에서 살아 낸 삶과 몸으로 행한 일들을 설명해야 한다는 것입니다. 그때 우리는 하나님의 율법이 우레 같은 소리로 우리를 비난하는 것을 목격합니다. 하나님은 스스로 존재하시는 분이기 때문에 이렇게 말씀하십니다. "네 마음을 다하고 목숨을 다하고 뜻을 다하고 힘을 다하여 주 너의 하나님을 사랑하라.⋯⋯ 네 이웃을 네 자신과 같이 사랑하라"(마 12:30 31). 그런데 우리뿐 아니라 그 어느 누구도 이를 실천하지 못했습니다. 그러므로 우리는 죄인입니다. 우리는 악하고 부도덕한 존재입니다. 우리는 환한 저 빛과 함께 거할 수 없습니다! 우리는 지옥에 떨어진 저주받은 존재입니다. 하나님의 진노를 피할 수 없는 존재입니다. 만약 우리가 그런 상태로 죽는다면, 결국 그런 상태로 영원히 사는 것을 의미합니다. 우리는 고통과 수치에서 영원히 벗어날 수 없습니다. 말할 수 없는 어리석음, 불결함과 부도덕 그리고 사악함 속에서 영원히 살아야 합니다. 우리는 이 사실을 알고 있습니다. 우리는 아무리 애를 써도 우리 자신을 변화시킬 수 없음을 깨닫습니다. 그런 노력을 해본 적이 있습니까? 선한 삶을 살고자 애쓴 적이 있습니까? 그리스도를 닮고자 애쓴 적이 있습니까? 역사상 몇몇 위인들이 그것을 시도했지만 결국 이렇게 토로할 수밖에 없었습니다.

내 손의 수고가

주의 법의 요구를 채울 수 없고

쉼 없는 나의 열심

늘 흐르는 나의 눈물도

죄를 사할 수 없도다.

주여, 구원하소서.

주께만 구원이 있나이다.

— 오거스터스 탑레이디Augustus Toplady*

최선을 다해 보십시오. 그래도 소용없습니다! 우리는 소망 없는 무력한 존재입니다. 그런데도 우리는 앞으로 나아가고 있습니다. 날마다 죽음을 향해, 죽음 너머의 심판을 향해 더 가까이 나아갑니다. 우리는 우리 자신을 보면서 거룩하신 하나님을 대면하지 않을 수 없음을 자각합니다. 우리가 무엇을 할 수 있겠습니까? 할 수 있는 일은 아무것도 없습니다. 저는 베드로의 설교를 듣고 마음이 찔렸던 이 사람들처럼 두려워 떨면서 부르짖습니다. "형제들아, 우리가 어찌할꼬?"라고 부르짖습니다.

성령은 인간을 그런 상황으로 이끄십니다. 성령은 인간을 어두운 데서 불러내셔서 하나님의 기이한 빛으로 들어가게 하십니다. 성령은 어둠의 공포, 우리의 절망과 무력함을 폭로하십니다. 우리는 우리의 적나라한 모습을 보고 부르짖습니다. 이제 어찌할꼬?

* 찬송가 188장 2절.

바로 그때 성령이 답을 주십니다. "너희가 회개하여 각각 예수 그리스도의 이름으로 세례를 받고 죄 사함을 받으라. 그리하면 성령의 선물을 받으리니"(행 2:38). 성령은 주 예수 그리스도에 관한 진리, 그분의 구주 되심, 그분의 신성, 그분의 십자가 죽음과 부활, 그분 안에서 인간을 구원하고자 하시는 하나님의 모든 계획을 우리에게 보여주십니다. 성령은 그것을 위해 보내심을 받으셨습니다. 성령은 그분이 행하신 모든 일과 하고자 하시는 모든 일을 알려 주십니다.

우리가 성령의 역사를 바라보고 믿는 순간, 모든 것이 변화됩니다. 우리는 더 이상 어둠 속에 있지 않고 빛 가운데 있습니다. 우리 자신과 삶과 죽음에 대한 시각이 새로워집니다. 하나님의 위대하시고 영원하신 뜻에 비추어 그 모든 것을 조명하기 때문입니다. 성부 하나님은 성자를 보내십니다. 성자 예수님은 자신의 사역을 수행하시고 아버지께로 돌아가십니다. 성령은 보내심을 받아 자신의 사역을 실행하십니다. 어떤 사역입니까? 그것은 우리가 눈을 열어 우리의 실상과 불확실한 처지를 보게 하는 것입니다. 그런 다음에 우리를 향한 하나님의 놀라운 예비하심을 바라보게 하는 것입니다. "하나님이 우리를 구원하사 거룩하신 소명으로 부르심은 우리의 행위대로 하심이 아니요 오직 자기의 뜻과 영원 전부터 그리스도 예수 안에서 우리에게 주신 은혜대로 하심이라." 이제 우리는 우리 자신을 영원한 세계로 가는 순례자이자 하나님의 자녀로 인식합니다. 우리가 사는 이 세상이 죄로 가득하고 유죄 선고와 저주를 받은 곳이기 때문에 더 이상 소망이 없다는 사실을 깨닫습니다.

세상이 개혁되는 일은 없습니다. 그런 일은 절대 일어나지 않을 것입니다. 성경은 이 세상이 심판받아야 할 대상이라고 단호히 말합니다. 새로운 세상, "의가 있는 곳인 새 하늘과 새 땅"이 나타날 것입니다(벧후 3:13). 하나님에 관한 이 메시지를 믿는 사람은 누구나, 새로운 세상을 기다리고 준비하며 찾아 나설 것입니다. 마침내 거기서 영원히 살 것입니다. 세상이 비웃고 딱하게 여겨도 그는 주님의 이름을 찬양할 것입니다.

"내가 의탁한 것을……." 바울이 무엇을 의탁했습니까? 나의 영혼과 나의 영혼을 "그날까지" 지켜 주시기를 의탁한 것입니다. 그 위대한 날, 하나님의 아들이 다시 오셔서 세상을 의로 심판하고 악과 악에 속한 모든 것을 멸하며, 자신의 영광스러운 왕국을 세우실 것입니다. 네로 황제에 의해 처형당할 노쇠한 바울이 감옥 바닥에 누워서 "내가 또 이 고난을 받되 부끄러워하지 아니함은 내가 믿는 자를 내가 알고 또한 내가 의탁한 것을 그날까지 그가 능히 지키실 줄을 확신함이라"고 고백할 수 있었던 것은, 그가 주님의 다시 오심을 확신했기 때문입니다.

사랑하는 여러분, 여러분은 부르심을 받았습니까? "하나님이 우리를 구원하사 거룩하신 소명으로 부르심은……." 여러분은 부르심을 받아 어두운 데서 나왔습니까? 지금 이 순간, 여러분의 인생관은 무엇입니까? 삶의 토대는 무엇입니까? 내일, 내년 그리고 장래를 어떻게 전망합니까? 죽음을 직시한 적이 있습니까? 죽음 너머의 세계를 직시한 적이 있습니까? 지금 어디에 서 있습니까? 지금 인생의 어느 시점을 지나고 있습니까? 삶의 이치를 터득했습니까? 모든 사태에 대해 준비하고 있습니까? 최악의 상황에 직면해서도 이렇게 말할 수 있습니까? "내가 또 이 고난을 부끄러워하지 아니한다. 나는 지금 내가 어디에 서 있는지, 장차 내게 어떤 일이 일어날지 알고 있다. 나는 현재가 두렵지 않고 미래 또한 두렵지 않다."

> 무시무시한 하나님의 율법 앞에
> 나는 전혀 손을 쓸 수 없구나.
> 나의 구주, 그분의 순종과 보혈로
> 내 모든 죄악이 감추어지리니.
>
> 내 이름 그분의 손바닥에 새겨져
> 영원히 지워지지 않고,
> 내 이름 그분의 마음속에 아로새겨져
> 지울 수 없는 은혜의 흔적이 되네.
> 진심을 다해 확실히
> 나는 끝까지 참아 내리.
> 하늘에 있는 영광스러운 영혼들만큼
> 안전하지 못하나 더 행복하리라.

이처럼 확신하는 이유는 무엇입니까? 그것이 하나님의 뜻이기 때문입니다. 그것이 그분의 뜻이라는 확신 때문입니다.

장래 일이나 현재 일들도,

그리고 이 땅이나 저 하늘의 일들도,

그분으로 하여금 자신의 뜻을 막지 못하며

내 영혼을 그분의 사랑에서 떼어 놓지 못하리.*

인간이 이처럼 고백하고 살며 죽을 수 있는 것은, 그가 하나님의 뜻을 알기 때문입니다. 그 어느 것도 방해할 수 없는 하나님의 뜻을 알기 때문입니다. 다시 말해, 영원 전부터 계획된 그리스도의 오심과 베들레헴에서의 아기 탄생, 인간 예수의 죽음과 부활 그리고 승천과 성령 강림을 통해 계시된 하나님의 뜻을 알고 있기 때문입니다. 하나님의 뜻은 분명하고도 확실합니다. 하나님의 뜻은 여러 사실들에 의해 입증됩니다. 궁극적인 사실은, 하나님의 아들이 다시 오심으로 역사를 끝맺으시고, 세상을 의로 심판하시며, 그분의 백성들을 친히 영접하셔서, 영원한 영광의 나라를 세우실 것이라는 점입니다.

사랑하는 여러분, 여러분에게 간청하고 거듭 이 질문을 던집니다. 여러분은 부르심을 받았습니까? 오순절의 의미를 깨달은 적이 있습니까? 여러분의 삶은 성부와 성자와 성령 하나님께 토대를 두고 있습니까? 제가 지금까지 드린 말씀이 여러분에게 어떤 의미가 있습니까? "설교가 대체 언제 끝나지? 빨리 끝났으면 좋겠는데"라고 생각하면서 무덤덤한 자세로 설교를 들었습니까? 아니면, 제

* 로마서 8:38-39 참조.

설교가 여러분 영혼에 긴요하다고 생각해서 한 말씀도 안 놓치고 귀담아들었습니까? 알지 못하면 살 용기도, 죽을 용기도 나지 않는다고 느낀 적이 없습니까? 여러분이 믿어 온 분을 알고 있습니까? 여러분의 삶에서 하나님의 뜻을 발견합니까? 그분의 뜻 안에 거하고 있습니까? 지금 이 순간, 그분의 뜻 안에 거하는 것이 세상에서 더없이 중요한 일이라고 생각합니까? 만일 그렇다면, 저는 성령이 그분의 사역을 완수하셨고 여러분을 부르셨다고 자신 있게 말씀드릴 수 있습니다! 성령은 여러분을 부르셔서, 하나님의 기이한 빛에 들어가게 하셨습니다.

그러나 제가 드린 말씀이 지금 여러분에게 중요하지 않다면, 세상 ㄱ 무엇보다 더 중요하지 않다면, 여러분은 아직 어둠 가운데 있는 것입니다. 저는 하나님의 이름을 걸고 말씀드립니다. 하나님의 독생자가 하늘의 영광 보좌를 버리고 이 땅에 오셔서 목수로서 미천한 삶을 사셨다는 사실이, 베들레헴 마구간에서 태어나 구유에 누워 온갖 수모를 다 참아 내셨다는 사실이 여러분에게 정말 무의미하다면, 그분이 십자가에 달려 죽으셨는데도 여러분이 무덤덤하다면, 저는 이렇게 말씀드릴 수밖에 없습니다. 여러분은 아직도 칠흑 같은 어둠 속에 있고, 영적으로 죽었으며, 여러분에게 하나님의 진노가 임박했다고 말입니다.

제 말을 들으십시오! 하나님께서는 이 세상을 어두운 데서 불러내셔서 자신의 기이한 빛으로 들어가게 하시려고, 세상과 교회에 성령을 보내셨습니다. 여러분은 스스로를 잃어버린 영혼으로 생각한 적이 있습니까? 자신의 실상을 깨달은 적이 있습니까? 하나님의 심판이라는 관점에서 자신을 살펴본 적이 있습니까? 영원을 묵상해 본 적이 있습니까? 하나님의 말씀에 귀를 기울이십시오. 이 역사적 사실이 들려주는 이야기에 귀를 기울이십시오. "형제들아, 우리가 어찌할꼬?"라고 부르짖으십시오. 여러분이 그렇게 할 때 저는 베드로의 말을 인용해 답변하고자 합니다. "회개하십시오." 자신의 죄를 시인하고 고백하십시오. 더 이상 자신을 방어하지 마십시오. 잔꾀를 부리지 마십시오. 자신의 무지를 인정하십시오. 우리는 본래 이것들에 관해 하나도 알지 못합니다. 그러니 회개하십시오! 주 예수 그리스도를 믿으십시오. 어린아이처럼 이 메시지를 받아들이십시오. 여러분 자신을 그 메시지와 그분과 그분의 사랑에 내맡기십시오. 여러분 자신과 여러분의 영혼과 영원한 미래를 그분의 손에 의탁하십시오. 그럴 때 비로소 여러분은 사도와 더불어, "세상이 나를 어찌하든 내가 부끄러워하지 아니함은 내가 믿는 자를 내가 알고 또한 내가 의탁한 것을 그날까지 그가 능히 지키실 줄을 확신함이라" 하고 고백할 수 있을 것입니다.

오, 복되신 성령이여, 부어 주소서! 들을 수 있는 능력을 주시고, 닫힌 귀를 열게 하시고, 완악한 마음을 부드럽게 하시고, 완고한 의지를 버리게 하시고, 당신의 영광스런 일을 이루시며, 하나님의 아들 예수 그리스도의 이름을 영화롭게 하소서. 아멘.

제7장

하나님의 구속방식

이로 말미암아 내가 또 이 고난을 받되 부끄러워하지 아니함은 내가 믿는 자를 내가 알고 또한 내가 의탁한 것을 그날까지 그가 능히 지키실 줄을 확신함이라.　　(딤후 1:12)

디모데후서 1:12이 주요 구절이지만, 우리가 실제로 고찰하는 대목은 이 구절이 포함된 단락 전체임을 여러분은 기억할 것입니다. 제가 특별히 12절에 주의를 환기시키는 것은, 이 구절이 오늘날 이 세상에 선포되는 기독교 메시지를 아주 명료하고 완벽하게 드러내기 때문입니다. 기독교 메시지를 일종의 철학적 관점이나 사고방식으로 간주하는 것은, 그것을 오해하는 것입니다. 기독교 메시지는 이 세상에서 가장 실제적인 것입니다. 그것은 삶의 방식입니다. 우리에게 구원과 해방을 가져다주는 새로운 삶의 방식입니다. 승리와 기쁨을 누릴 수 있는 방식, 구원에 이르는 방식입니다. 사도가 12절에서 이 점을 완벽하게 보여줍니다.

여러분도 기억하겠지만, 바울은 죽음의 그림자가 드리운 가운데 감옥에서 이 편지를 썼습니다. 하지만 바울은 걱정하는 디모데에게 "나는 부끄러워하지 않는다. 나는 마음이 흔들리지 않는다. 나는 의기소침하지 않는다"라고 말하면서, 자신의 확신에 대한 근거를 제시합니다. 우리가 함께 고찰하고 있는 것이 바로 그 근거입니다. 사도로 하여금, 삶과 죽음 그리고 어떤 변덕스러운 사람이 가하는 온갖 위협에 맞설 수 있게 해주는 요인은 무엇입니까? 그 비결은 무엇입니까? 저는 이 질문들에 대한 사도의 답변에 여러분의 주의를 환기시키고자 합니다. 그의 답변이 현대인들에게 꼭 필요한 말씀이기 때문입니다. 이보다 더 중요한 것은 없습니다. 여러분은 인생을 어떻게 살아가고 있습니까? 여러분은 어떻게 살고 있습니까? 여러분은 나이 드는 것에 어떻게 대처합니까? 여러분은 병에 걸리고 재산과 직장을 잃을 때 어떻게 대처합니까? 여러분은 가족 중 누군가가 세상을 떠나거나 슬픔에 잠길 때 어떻게 대처합니까? 여러분은 죽음이 임박할 때 어떻게 대처합니까? 미래에 대해 어떻게 대처합니까?

인생을 살다 보면 이러한 질문들을 피할 수 없습니다. 무엇보다 중요한 질문은 이것입니다. 여러분은 그 모든 상황에 바울처럼 대처할 수 있습니까? 여러분은 "내게 무슨 일이 일어나도, 내 앞길에 재앙이 덮치더라도, 나는 두려워하지도 당황하지도 희망을 잃지도 않는다. 그것은 나와 아무 상관이 없다. 나는 부끄러워하지 않는다"라고 말할 수 있습니까? 그것이 문제입니다. 여러분은 바울처럼 고백할 수 있습니까?

기독교 복음은 우리가 바울처럼 고백할 수 있다고 말합니다.

복음은 당면한 인생의 문제들에 대해 다양하게 조언해 줄 수 있습니다. 전반적으로 현대인의 비극은 자신의 문제보다는 다른 이들의 문제에 더 많은 신경을 쓰는 데서 비롯됩니다. 사람들은 기독교에 대해 고정관념을 가지고 있습니다. 기독교는 평화, 전쟁, 폭탄 및 남아프리카 분쟁 등과 같은 몇몇 주제들에 관해 특정한 입장을 고수하는 종교일 뿐이라고 생각합니다. 하지만 사랑하는 여러분, 저는 여기서 여러분의 첫 번째 문제를 지적하고자 합니다. **여러분은 어떻게 살아가고 있습니까?** 여러분은 세상과 육신과 마귀에 어떻게 맞서고 있습니까? 여러분은 죽음이 다가오고 있다는 사실을 어떻게 받아들입니까? 복음은 이 문제들을 아주 명료하고 분명하게 다룹니다. 사도가 지금과 같은 자세를 가지게 된 것은 자신의 기질이나 배경 때문이 아닙니다. 그것은 하나의 이유, 곧 그가 기독교 복음을 믿기 때문입니다.

앞서 살펴보았듯이, 우리는 복음이 무엇인지 정확히 알 수 있고 또한 정의 내릴 수 있습니다. 우리가 사는 이 시대는 교리와 신학 및 정의들definitions은 꺼려하지만, 모호한 영에 대해 이야기하는 것은 선호합니다. 이러한 경향은 사도의 말에 완전히 배치됩니다. 바울은 자신이 디모데에게 가르친 것을 상기시킵니다. 그는 매우 분명한 어조로 말합니다. "너는…… 내게 들은바 바른 말을 본받아 지키고 우리 안에 거하시는 성령으로 말미암아 네게 부탁한 아름다운 것을 지키라."

복음을 정의하기는 어렵지 않습니다. 다행히 사도는 우리를 위해 이 한 단락에서 복음의 개요를 완벽하게 보여줍니다. 바울은 디모데를 돕고자 했습니다. 그의 전반적인 논증은 달리 말하면 이렇습니다. "디모데야, 너도 알다시피 네가 이런 곤경에 처하게 된 것은 단지 네가 부름 받아 전해야 할 복음을 잊어버렸기 때문이다." 그래서 바울은 디모데에게 복음의 기초를 다시 가르쳐야 했습니다. 저 역시 이 자리에서 여러분을 위해 복음의 기초를 제시하고자 합니다. 우리는 혼란한 시대에 살고 있기 때문에 항상 근본 원리로 돌아가지 않으면 안 됩니다. 오늘날 세상이 이렇게 된 것은 대부분 근본 원리들을 잊어버렸기 때문입니다. 우리는 원리들을 잊어버렸고, 실용주의자와 공리주의자를 방불케 하는 자가 되었습니다. 자칭 실용주의자들인 우리는 정의 따위는 안중에도 없습니다. 오직 실용성만을 따집니다. 우리는 행동주의자가 되면서 정신적 버팀목을 모두 잃어버렸습니다. 우리가 지금 어디에 있는지도 모릅니다. 첫 번째 원리로 돌아가야 합니다. 그런데 감사하게도 그 원리가 우리 앞에 있습니다! 사도는 자신이 디모데에게 가르친 바가 무엇인지를, 디모데가 다른 사람들에게 가르쳐야 하는 바가 무엇인지를 정확히 일깨웁니다.

더 나아가, 다시 한번 말씀드립니다. 이 말씀은 계속 드리고자 합니다. 교회가 전하는 복음을 믿지 않고 자신이 바라는 복을 받을 수 있다고 생각한다면 교회에 나와도 소용없습니다. 복음을 믿지 않고는 복을 받을 수 없습니다! 교회에 나오면 무언가를 얻습니다. 정서적·심리적 체험을 할 수 있습니다. 그러나 그것은 복음이 주는 축복이 아닙니다. 그것은 가짜입니다. 복음을 믿지 않고서는 구원이 주는 축복을 알 수 없습니다. 그것이 복음의 가르침입니다.

그것이 바울의 논증입니다. 이 복음의 가르침을 굳게 붙잡지 못하기 때문에, 디모데는 흔들리고 확신하지 못하는 것입니다. 두려움과 불길한 예감, 불안에 사로잡히는 것입니다.

저는 계속적으로 복음의 전체적인 모습을 상기시키고자 합니다. 복음의 각 부분들이 모여 하나의 복합적인 통일체를 구성하기 때문입니다. 그것은 복음의 영광이자 하나님의 완벽한 계획입니다. 그것을 다음과 같이 요약해 보겠습니다. 어떤 사람이 곤경에 처했습니다. 그는 인생에서 실패해 다 포기하고, 결코 열려서는 안될 뒷문으로 빠져나가려고 합니다. 그는 괴로워서 어쩔 줄 몰라 하며, 실의에 빠져 허덕이고 있습니다. 복음은 그에게 어떤 메시지를 전할까요?

복음의 메시지는 처음에는 가혹하게 들릴지도 모릅니다. 하지만 복음이 어떠한 일을 하는지 정확히 알 때까지 참고 들으시기를 바랍니다. 복음은 막연한 위로의 말씀이 아닙니다. 복음은 사람들에게 이런 식으로 조언하지 않습니다. "잘 되고 있으니 너무 초조해 하지 마세요. 상황이 곧 나아질 겁니다. 당신도 알다시피, 곧 잊게 될 겁니다. 시간이 약입니다. 상황이 생각하는 것만큼 절망적인 것은 아닙니다." 그러한 위로는 기독교 복음을 완전히 우스꽝스럽게 만드는 것입니다. 그러나 기독교회는 너무도 자주 이렇게 해왔습니다. 하나님이 자비를 베푸시기를! 오늘날 많은 지성인들과 능력 있는 사람들이 교회를 멀리하는 것도 이런 이유에서입니다. 그들은 "눈물이나 질질 짜게 하는 것은 딱 질색"이라고 말합니다. 여러분의 생각에 전적으로 공감합니다. 저 역시 눈물이나 질질 짜게 하는 것은 싫습니다. 저는 그런 면에서 여러분에게 아무것도 줄 것이 없습니다. 그것은 기독교가 아닙니다. 기독교는 이 세상에서 가장 크고 강력한 것입니다. 기독교는 중요한 체험을 하게 하는 위대한 지적 체계입니다. 기독교는 위대한 통합체입니다. 저는 이 점을 여러분에게 설명하고자 합니다.

성경은 곤경에 처한 우리에게 "힘내세요. 앞으로 잘될 거에요"라고 말하지 않습니다. 대신에 성경은 다른 방식으로 문제를 다룹니다. 성경은 하나님과 하나님이 지으신 이 세상을 향한 그분의 뜻에서 시작합니다. 성경은 인간에 대한 질문에 답을 줍니다. 인간이 누구이며, 인간 문제의 본질이 무엇인지 말해 줍니다. 하나님 앞에서 타락한 인간이 어떻게 구원받아야 하는지도 말해 줍니다. 그것이 성경의 입장이고 사도 바울의 메시지입니다. 그는 디모데에게 이것을 상기시킵니다. 그것을 굳게 붙잡고 자신이 세상을 떠난 후에도 그것을 계속 전하라고 당부합니다.

기독교 메시지는 다음과 같습니다. 인간은 구원받아야 합니다. 우선 첫째로, 인간은 자신의 **죄책**guilt에서 구원받아야 합니다. 인간은 하나님 앞에서 죄를 범했습니다. 인간은 하나님께 불순종했습니다. 하나님의 법을 깨뜨린 인간은 하나님의 진노 아래 있습니다. 하나님은 지금 이 세상을 축복하시지 않습니다. 그러나 우리가 타락했음에도 하나님은 몇 가지 축복을 내리십니다. 주님은 말씀하셨습니다. "……하나님이 그 해를 악인과 선인에게 비추시며 비를 의로운 자와 불의한 자에게 내려 주심이라"(마 5:45). 하나님은 악인과 선인, 의로운 자와 불의한 자를 똑같이 대하십니다. 악인과 불의한 자에게도 자비를 베푸시는 하나님께 감사드립시다. 하나님이 자비를 베풀지 않으셨다면 이 세상은 오래전에 끝났을 것입니다.

우리는 하나님의 은혜로, 지금도 음식과 의복과 건강과 그 밖의 많은 것들을 누립니다. 그러나 제가 말씀드리고자 하는 것은, 우리의 삶은 하나님의 본래 뜻에 어긋나 있다는 것입니다. 이 세상은 하나님이 창조하신 의도에서 멀어졌습니다. 이것은 어처구니없는 일입니다! 인간은 하나님의 의도와 정반대로 나아가고 있습니다. 이것은 하나님이 의도하신 삶이 아닙니다. 이 모든 것은 인간이 죄를 지어 징벌받은 결과입니다. 하나님은 인간에게 집행유예 판결을 내리시면서 말씀하셨습니다. "너희가 내게 순종하고 율법을 지키면 복을 내리겠지만, 순종하지 않으면 벌을 내릴 것이다." 그럼에도 인간은 불순종했고 하나님은 벌을 내리셨습니다. 그러므로 하나님께 죄를 지은 우리는 우리의 죄책에서 구원받아야 합니다.

둘째로, 인간은 죄책에서 구원받아야 할 뿐 아니라 죄의 **권세** power에서도 똑같이 구원받아야 합니다. 인간은 날 때부터 죄의 권세 아래 있습니다. 인간은 하지 말라는 것은 더욱 하고 싶어 합니다. 금단의 열매에는 항상 뿌리치기 힘든 매력이 있습니다. 누가 그 죄의 권세에 맞설 수 있겠습니까?

셋째로, 인간은 죄책과 죄의 권세에서 구원받아야 할 뿐 아니라 죄의 **오염** pollution에서도 구원받아야 합니다. 인간에 관한 끔찍한 사실은 인간이 단순히 금기사항을 깬다는 것이 아닙니다. 인간이 본성상 그렇게 할 수밖에 없다는 점입니다. 본성상 눈앞에 펼쳐지는 매력과 번지르르한 광고에 반응할 수밖에 없다는 점입니다. 그것이 죄에 오염되었다는 증거입니다! 인간의 마음과 감각은 오염되어 있습니다. 인간은 철저하게 오염되어 있습니다. 인간은 사악하고 부도덕한 존재입니다. 기독교 메시지는 인간이 이러한 세 가지 형태의 죄에서 구원받아야 한다고 말합니다.

물론, 인간은 먼저 하나님과의 관계를 회복하여 그분의 은총과 축복을 받아야 합니다.

그렇다면 모든 문제는 다음과 같이 귀착됩니다. 만약 인간의 문제가 그가 하나님의 진노 아래에 있어 그분의 축복을 누리지 못하기 때문이라면 어떻게 하나님의 은총을 회복할 수 있습니까? 어떻게 하나님 앞에 의로울 수 있습니까? 이것은 우리에게 중대한 질문입니다. 이것이야말로 가장 중요한 질문입니다. 창세기부터 요한계시록까지 성경이 제기하는 가장 중요한 질문 하나가 있습니다. 인간은 어떻게 하나님 앞에서 의로울 수 있는가? 구약성경의 욥기를 보면, 온몸에 종기가 생겨 거의 미칠 지경이 된 욥이 고통 가운데서 인간은 어떻게 하나님 앞에서 의로울 수 있는지에 대한 질문을 던집니다(욥 4:17). 이것은 근본적인 질문입니다. 우리가 하나님 앞에서 의롭게 되어 그분의 축복을 누릴 때까지는 행복과 평안을 맛볼 수 없습니다. 진정한 승리의 삶을 살 수 없습니다. 오, 인간은 어떻게 하나님 앞에서 의롭게 되어 그분과의 관계를 회복할 수 있을까요? 이것이 구원이라는 포괄적 문제의 핵심입니다. 인간은 어떻게 구원받을 수 있을까요? 인간은 어떻게 자신의 죄책에서 구원받을 수 있을까요? 인간은 어떻게 가공할 죄의 세력에서 구원받을 수 있을까요? 인간은 어떻게 자신의 본성에 깊이 뿌리박혀 있는 오염에서 구원받을 수 있을까요?

사도가 이 문제를 어떻게 다루는지 보십시오. "하나님이 우리를 구원하사 거룩하신 소명으로 부르심은 **우리의 행위대로 하심이 아니요**······." 이 말씀이야말로 복음의 핵심입니다! 이 부정어법은 중요합니다! 오늘날 많은 문제들은, 사람들이 복음의 의미를 전혀 깨닫지 못하기 때문에 발생합니다. 우리 모두에게는 본래 "행위대로" 하려는 경향이 있습니다. 인간이 삶에 대해 진지하게 생각하고 자신에게 영혼—이전까지 잊고 있었고 완전히 무시하고 전혀 관심 두지 않았던 영혼—이 있다는 사실을 깨닫는 순간, 하나님은 살아 계시고 언젠가 그분 앞에서 자신과 자신이 걸어온 삶의 여정에 관해 설명 드려야 한다는 사실을 깨닫는 순간, 그는 틀림없이 이러한 반응을 먼저 보일 것입니다. "아하, 이제야 정신이 번쩍 드는구나. 그동안 나는 이 모든 것을 까맣게 잊고 동물처럼 살았구나. 이제 나는 깨달았다. 나는 한 인간이고 영혼이다. 나는 하나님과 관련 있다. 나는 그분의 축복이 필요하다. 어떻게 축복을 받을까? 이제 시작하자. 마음을 고쳐먹고 새로운 삶을 살아야겠어. 오늘부터 성경을 읽고 기도해야지. 어쩌면 직장을 그만두고 수도사나 은둔자가 되는 편이 나을지도 몰라. 수도원에 입회해서 죽을 때까지 수도 생활을 해야겠다. 이제부터는 하나님이 기뻐하시는 삶을 살아야겠어. 그러면 하나님이 나를 받아 주시고 축복해 주시겠지."

사실이 그렇지 않습니까? 우리는 본능적으로 그런 반응을 나타내지 않습니까? 우리는 흔히 그렇게 해야 그리스도인이 된다고 생각하지 않습니까? 여러분 자신에게 물어보십시오. 한 인간을 그리스도인으로 거듭나게 해주는 것이 무엇입니까? 그리스도인은 어떤 존재입니까? 여러분은 본능적으로 한두 번쯤은 다음과 같이 생각했을 것입니다. "그리스도인은 선한 사람이다. 선하게 살면 그리스도인이 된다. 그리스도인은 선한 일을 하려고 하는 사람이다. 그리스도인은 악한 일은 피하려 하고, 가능한 한 선한 일을 하려고 한다. 그런 사람이 그리스도인이다."

물론 여러분이 이러한 잘못된 견해를 가진 것은 교회의 가르침에 많은 영향을 받았기 때문입니다. 로마 가톨릭교회는 실제로 그렇게 가르치고 있습니다. 가톨릭교회는 성례 등을 통해 인간이 구원을 얻는다고 말합니다. 하지만 인간이 해야 할 몫이 있다고 합니다. 가톨릭교회는 인간의 협력을 크게 강조합니다. 그것이 이른바 신인神人협력설synergism입니다. 구원은 궁극적으로 인간에게 달려 있다는 것입니다.

로마 가톨릭교회만 그렇게 가르치는 것이 아닙니다. 그 가르침은 오늘날 아주 일반적입니다. 사람들은 기독교란 그리스도를 본받는 것이라고 생각합니다. 얼마나 멋진 생각입니까! 말하자면, 인간이 제 발로 가서 대단한 희생제사를 드리고 그리스도를 따르면 된다는 것입니다. 사람들은 자신을 희생하고 그리스도를 따르는 것을 좋아합니다. 그것은 영웅적이고 자기희생적인 것을 좇는 인간의 의식에 호소합니다. 이렇게 하는 사람들은 당대 최고의 그리스도인으로 추앙받습니다. 그들이 꽤 많은 것을 포기했고 다양한 업적을 쌓았기 때문입니다. 그리스도를 본받고 그의 삶을 좇아 사는 그들은 위대한 그리스도인입니다. 그렇게 하면 그리스도인이 된다고 그들은 말합니다. 자기 노력과 행위가 있으면 그리스도인이 됩니다.

이른바 신비주의의 관점에서 그리스도인이 되는 법을 설명하는 사람들도 있습니다. 그들의 주장도 결국 앞서 밝힌 잘못된 가르침과 거의 똑같습니다. 신비주의는 모든 것을 인간에게 일임하는 구조입니다. 인간은 몇 시간이고 명상과 묵상에 몰두해야 합니다. 자신에 대해 죽어야 하며, 영혼의 어두운 밤을 지나야 합니다. 엄청난 양의 독서도 해야 합니다. 철학서적과 신비주의와 신비주의적 방법에 관한 책을 읽어야 합니다. 신비주의는 엄격하고 단호한 훈련과 자기부정을 의미합니다. 오랜 시간 동안 이러한 단계들을 통과한 후 마침내 깨달음의 경지에 "이릅니다." 그것이 신비주의의 핵심적인 가르침입니다. 여기서 신비주의를 자세히 분석할 필요는 없습니다. 제가 말씀드리고자 하는 것은, 인간이 하나님과 그분의 축복이 필요하다는 사실을 깨닫게 되면, 자신이 죄인이기에 구원이 필요하다는 사실을 깨닫게 되면, 본능적으로 구원에 이르는 길을 즉각 찾아 나선다는 것입니다. "제가 어떻게 **해야** 구원을 얻을 수 있습니까?" 인간은 이런 질문을 던지고는 어떤 일이든 시도하려 합니다.

기독교회의 오랜 역사를 보면 이와 관련된 주목할 만한 좋은 사례들이 있습니다. 그중 하나가 디모데에게 편지를 쓰고 있는 바울입니다. 바울은 다메섹으로 가는 길에 부활하신 주님을 만나 그리스도인이 되기 전에 자신의 공로를 통해 하나님 앞에서 의롭게 되려고 애썼습니다. 바울은 빌립보서 3장에서 이 점을 완벽하게 설명하고 있습니다. "그러나 나도 육체를 신뢰할 만하며 만일 누구든지 다른 이가 육체를 신뢰할 것이 있는 줄로 생각하면 나는 더욱 그러하리니 나는 팔일 만에 할례를 받고 이스라엘 족속이요 베냐민 지파요 히브리인 중의 히브리인이요 율법으로는 바리새인이요 열심으로는 교회를 박해하고 율법의 의로는 흠이 없는 자라"(4-6절). 보시다시피, 바울은 자신감에 차 있었고 조금도 부러울 것이 없었습니다. 그는 자신의 공로를 의지했습니다. 그래서 하나님이 자신에 대해 아주 흡족하게 생각하실 것이라고 확신했습니다. 그는 도덕적이고 경건한 사람이었습니다. 주님의 이름을 더럽히는 이단이라고 생각되면 가차 없이 박해하던 사람이었습니다. 바울은 이처럼 선한 행실을 통해 자신이 하나님 앞에서 의롭게 될 수 있다고 자신했습니다. 다소의 사울은 그런 사람이었습니다! 하지만 영의 눈이 뜨이자 이렇게 고백합니다. "그러나 무엇이든지 내게 유익하던 것을 내가 그리스도를 위하여 다 해로 여길 뿐더러 또한 모든 것을 해로 여김은 내 주 그리스도 예수를 아는 지식이 가장 고상하기 때문이라. 내가 그를 위하여 모든 것을 잃어버리고 배설물로 여김은 그리스도를 얻고 그 안에서 발견되려 함이니 내가 가진 의는 율법에서 난 것이 아니요 오직…… 믿음으로 하나님께로부터 난 의라"(빌 3:7-9). 바울은 아주 훌륭한 실례입니다!

그러나 바울만이 아닙니다. 16세기로 교회 역사를 거슬러 올라가면 마르틴 루터Martin Luther가 있습니다. 그는 탁월한 젊은 수도사로 종교적이고 경건하게 살기를 원했습니다. 그래서 천직이라고 여겼던 법학교수직을 내던졌습니다. 하지만 그는 자신이 죄인이며 정죄를 받고 있다는 생각에 마음이 편치 않았습니다. 죄의식에서 벗어나고 싶었고 용서받고 싶었습니다. 그가 어떤 방법을 택했을까요? 그는 생각했습니다. "수도원의 독방으로 들어가야겠다. 거기서 금식하고 땀 흘리며 기도하고 구제해야겠다." 그는 자신의 결심을 실천에 옮겼습니다. 경건을 실천하고 선행을 쌓으면 구원받을 수 있다고 생각한 것입니다.

또 다른 예를 들어 보겠습니다. 1738년 5월 24일, 런던에 사는 존 웨슬리John Wesley에게 크게 주목할 만한 일이 일어났습니다. 그는 경건하고 독실한 부모에게서 태어나 줄곧 신앙적인 분위기에서 자랐습니다. 그는 옥스피드 대학에 진학해 뛰어난 학업 성적을 거두었습니다. 그러나 마음 한구석이 늘 허전했습니다. 그는 마음속의 고민으로 인해 하나님과의 평화를 원했습니다. 양심이 그를 괴롭히자 그는 무언가 더 해야겠다고 생각했습니다. 그래서 그는 옥스퍼드 감옥의 죄수들에게 복음을 전하기 시작했습니다. 이를 두고 웨슬리의 동료들, 친구들, 그리고 주변 사람들이 빈정대고 조롱했습니다. 하지만 이것조차도 충분치 않았습니다. 그는 대학에서의 선교 활동을 그만두고 미국 선교사로 나가야겠다고 마음먹었습니다. 그는 당시로서는 위험하다고 할 수 있는 항해를 감행했습니다. 그런데 그가 무엇을 하고자 했을까요? 웨슬리는 하나님 앞에서 의롭게 되고, 용서를 얻으며, 영혼의 평안을 얻을 수 있는 일들을 **행하려** 한 것입니다. 그래서 그는 자신의 모든 것을 바치기 시작했습니다.

시대를 거슬러 올라가 신앙의 거장들을 살펴보았습니다. 제가 말씀드리려는 핵심은, 로마서 10:3의 의미심장한 어구에 잘 요약되어 있습니다. 이 구절에서 바울은 유대인들의 모든 문제가 바로 그들이 "자기의를 세우려" 했다는 데 있다고 말했습니다. 그들은 하나님 앞에서 의롭다함을 얻기 위해서라면 무슨 일이든 했습니다. 내 힘으로 노력하고 시도해 보자! 인간은 본래 그렇습니다.

그러나 사도는 다음 구절에서 이 모든 문제를 한번에 다룹니다. "하나님이 우리를 구원하사 거룩하신 소명으로 부르심은 **우리의 행위대로 하심이 아니요**." 우리의 행위로는 왜 안 됩니까? 우리의 행위로는 왜 구원받지 못합니까? 다소의 사울과 루터, 웨슬리는 왜 자신을 구원할 수 없었습니까? 이 거장들은 왜 자신을 구원할 수 없었습니까? 이에 대한 답은 신약성경의 위대한 메시지이기도 합니다. 우리가 최선을 다해 모든 일을 완수했더라도 그것은 하나님이 우리에게 요구하시는 것도 요청하시는 것도 아니라는 것입니다. 사람들은 이렇게 말합니다. "인간이 도덕적 면에서 완전하고 선을 행하며 선한 삶을 살고 은혜를 베푸는 한, 원자폭탄과 같이 인류에 해를 끼치는 것에 반대하는 한, 하나님은 그를 그리스도인으로 간주하고 용서를 베푸실 것이며 모든 것이 평안할 것이다." 그러나 성경은 그렇지 않다고 말합니다. 왜 그렇습니까? 그것은 하나님의 요구사항이 아니기 때문입니다! 그것은 사도가 말하는 "자기의"입니다. 그들은 "자기의를 세우려고 힘써 하나님의 의에 복종하지 아니하였느니라"고 그는 말합니다.

이 문제는 대단히 중요합니다. "인간이 선한 삶을 살기만 하면 모든 것이 평안해질 거야"라고 현대인들이 말한다면, 저는 이렇게 묻겠습니다. "누가 여러분에게 그런 말을 했습니까?" 최근에 어떤 사람이 제게 이런 말을 했습니다. "목사님도 아시다시피, 저 역시 그들처럼 실용성을 중시하는 그리스도인입니다. 저는 교리에 관심이 없습니다. 실용적인 기독교를 믿기 때문이죠." 그러면서 자신이 선한 일을 하고 있다는 말을 했습니다. 불쌍한 사람입니다! 저는 그에게 묻고 싶었습니다. "누가 당신에게 그런 말을 했습니까? 인간의 선행으로 충분하다는 당신의 말은 어떤 권위에 근거하고 있습니까? 그렇게 생각할 수는 있지만, 그것은 성경의 가르침과 정면으로 배치됩니다. 당신은 자신의 의를 의지하는 것입니다."

하나님은 우리에게 선을 행하라고 요구하지 않으십니다. "네 마음을 다하며 목숨을 다하며 힘을 다하며 뜻을 다하여 주 너의 하나님을 사랑하고 또한 네 이웃을 네 자신 같이 사랑하라"고 요구하십니다(눅 10:27). 여러분은 많은 선행을 베풀 수 있습니다. 세계적인 자선사업가가 될 수 있습니다. 하지만 여러분의 전 존재로 하나님을 사랑하지 않는다면 여러분은 그분의 요구를 듣는 것이 아닙니다. 하나님은 우리가 그분을 사랑할 것을 요구하십니다. 그것은 십계명에 나타나 있습니다. 이것은 주 예수 그리스도께서 말씀하신 십계명을 요약한 것입니다. 하나님을 사랑하지 않으면서 많은 공적을 쌓는 것은 우리에게 유익이 되지 않습니다. 이것은 하나님이 요구하시는 바도 아닙니다. 하나님은 여러분이 선한 일에 얼마나 많은 기부금을 냈는지, 얼마나 많은 돈을 바쳤는지, 얼마나 많은 노력을 기울였는지, 혹은 얼마나 많은 에너지를 쏟았는지 묻지 않습니다. 하나님은 그런 일에 관심이 없습니다. 그분은 묻습니다. "너는 네 마음을 다하고 목숨을 다하고 뜻을 다하고 힘을 다하여 나를 사랑했느냐? 그리고 네 이웃을 네 자신 같이 사랑했느냐? 사랑했느냐, 사랑하지 않았느냐?" 그것이 하나님이 요구하시는 바입니다.

그뿐 아닙니다. 우리가 최고의 공적을 쌓았더라도 그것은 불충분하고 불완전합니다. 하나님은 완전무결을 요구하십니다. 사도는 로마서 10:5에서 그 점을 이렇게 설명합니다. "모세가 기록하되 율법으로 말미암는 의를 행하는 사람은 그 의로 살리라 하였거니와." 하나님은 인간에게 율법을 주시면서, 인간이 율법을 지키면 하나님이 흡족해 하신다고 말씀하셨습니다. 따라서 우리는 삶의 전 영역에서 율법을 지켜야 합니다. 실용성을 철저히 따지는 야고보는 그 점을 이렇게 설명했습니다. "누구든지 온 율법을 지키다가 그 하나를 범하면 모두 범한 자가 되나니"(약 2:10). 율법을 99.9퍼센트 지키는 것은 소용없습니다. 하나님은 완전무결을 요구하십니다. 그분 자체가 완전하시기 때문입니다. 하나님은 인간을 흠 없는 존재로 지으셨고 스스로 존재하시는 분이시기에 인간이 완전할 때만 흡족해 하십니다.

사랑하는 여러분, 우리의 업적은 어디 있습니까? 여러분의 선과 책에서 읽은 위대한 성자들의 선을 비교할 때 여러분은 어떤 기분이 듭니까? 아직도 여러분의 공적이 자랑스럽습니까? 그러나 성자들의 선조차도 하나님이 보시기에 쓸데없는 것입니다. 그것은 바울이 말하는 "배설물"과 "쓰레기"일 뿐입니다(빌 3:8). 이사야가 말하는 "더러운 옷"과 같은 것입니다(사 64:6).

하지만 더 끔찍한 사실이 있습니다. 세상에 알려진 위인들과 성자들의 삶을 들여다보십시오. 그들은 모두 하나님을 기쁘시게 하려고 애를 쓰면 쓸수록 자신들이 더욱 무가치한 존재임을 깨닫게 된다고 말합니다. 그리스도를 닮으려고 노력해 보십시오. 여러분은 자신에게서 지옥을 보게 될 것입니다. 여러분이 인류애를 논하며 객관적인 견해를 밝히는 것은 매우 바람직한 일입니다. 여러분이 경건한 삶을 살겠다고 작정한다면, 여러분이 수도원에 들어가 경건하게 살려고 애쓴다면, 여러분이 철저하고 완전한 순종 가운데 하나님을 발견하고 그분을 알며 그분을 기쁘시게 하고자 애쓴다면, 여러분은 자신에게서 온갖 악취가 나는 것을 깨닫게 될 것입니다. 그때 비로소 여러분은 "내 속 곧 내 육신에 선한 것이 거하지 아니하는 줄을 아노니"라는 바울의 탄식에 공감하게 될 것입니다(롬 7:18). 역사상 모든 위인들과 성자들이 이에 동의했습니다.

내 손의 수고가

주의 법의 요구를 채울 수 없고

쉼 없는 나의 열심

늘 흐르는 나의 눈물도

죄를 사할 수 없도다.

주여, 구원하소서.

주께만 구원이 있나이다.

―오거스터스 탑레이디

인간은 율법의 요구를 만족시킬 수 없습니다. 인간이 애를 쓰면 쓸수록 인간은 하나님의 거룩하심 앞에서 움츠러들어 하찮은 존재가 됩니다. 인간은 무력하고 소망이 없으며 악합니다. "우리가 행한바 의로운 행위로 말미암지 아니하고." 여러분의 선행, 여러분의 최선, 여러분의 인류애, 우주의 선함을 하나님의 탐조등으로 비추어 보십시오. 그것들은 어디에 있으며, 그것들은 무엇입니까? 배설물이며 쓰레기일 뿐입니다. 더럽습니다. 썩어서 악취가 납니다. 그렇습니다. 인간은 자신을 구원할 수 없습니다. "우리가 행한바 의로운 행위로 말미암지 아니하고."

의로운 행위로 구원받을 수 없음을 쉽게 설명해 보겠습니다. 지금 이 순간, 여러분은 자신 안에 있는 그 무언가를 의지하고 있습니까? 그렇다면 여러분은 그리스도인이 아닙니다. 여러분은 기독교 국가에서 태어나 자랐다는 사실에 의존하고 있습니까? 그렇다면 여러분에게 하나님의 자비가 필요합니다! 이 나라가 기독교 국가라고 아직도 생각한다면 여러분과 제가 과연 같은 민족인지 의심스럽습니다. 여러분은 어려서 세례를 받아 기독교인이 되었거나 나이 들어 세례를 받았다는 사실에 의존하고 있습니까? 그것이 여러분의 버팀목입니까? 여러분은 자신이 교회에 등록된 교인이라는 사실에 의지하고 있습니까? 정말 그렇습니까? 그렇다면 여러분에게 하나님의 자비가 필요합니다! 누구라도 그렇게 생각할 수 있습니다. 특히 이 문제에 더 이상 엄격하지 않은 오늘날에는 더욱 그렇습니다. 여러분은 여러분의 선에 의존하고 있습니까? 여러분은 결코 술에 취하지도, 간음을 행하지도, 살인을 저지르지도 않았다는 사실에 의지하고 있습니까? 이러한 것들이 여러분의 버팀목입니까? 그렇다면 여러분은 그리스도 바깥에 있는 것입니다! 사회적으로 덕망이 높다 해도 여러분은 그리스도 바깥에 있는 것입니다. "우리가 행한바 의로운 행위로 말미암지 아니하고"(딛 3:5). "우리의 행위대로 하심이 아니요."

그렇다면 무엇입니까? 가장 중요한 것은 무엇입니까? 사도가 우리에게 말해 줍니다. 그는 "그러나"라는 복된 단어를 소개합니다. "우리의 행위대로 하심이 아니요 [그러나] 오직 자기의 뜻과 영원 전부터 그리스도 예수 안에서 우리에게 주신 은혜대로 하심이라. 이제는 우리 구주 그리스도 예수의 나타나심으로 말미암아 나타났으니." 그것은 무엇입니까? 오, 그것은 모든 것을 변화시킵니다. 그것은 다소의 사울을 사도 바울로 변화시켰습니다. 절망에 빠진 수도사 루터를 강력한 개신교 개혁자로 바꾸어 놓았습니다. 그것은 1738년 5월 24일, 올더스게이트의 어느 작은 모임에서 존 웨슬리에게 일어난 일입니다. 웨슬리가 그 모임에 참석했을 때 그의 마음은 상해 있었습니다. 그는 비참하고 불행했고, 몸과 마음과 영혼이 곤고해져 완전히 절망에 빠져 있었습니다. 그러나 모임을 마쳤을 때는 새 사람이 되어 있었습니다. 그는 "우리의 행위대로 하심이 아니요 [그러나] 오직 자기의 뜻과 영원 전부터 그리스도 예수 안에서 우리에게 주신 은혜대로 하심이라"는 말씀에서 "그러나"를 발견한 것입니다. 제가 전하고자 하는 메시지는 이것입니다. 우리를 구원하시는 분은 하나님이십니다. 어느 인간도 자신을 구원할 수 없습니다. 하나님만이 자신의 위대한 뜻과 은혜 안에서 우리를 구원하고 건져 낼 길을 찾으셨습니다. 세상의 기초를 놓으시기 전에 계획된 하나님의 뜻과 은혜 안에서 말입니다.

은혜란 무엇입니까? 그것은 조금도 받을 자격이 없는 사람들에게 하나님이 베푸시는 호의입니다. 거저 베푸시는 호의입니다. 그것이 바로 은혜입니다! 이것은, 우리에게 실낱같은 소망조차 없지만 하나님이 은혜로 우리를 구원하신다는 복음의 메시지입니다. 우리는 은혜를 받을 자격이 없습니다. 어느 누구도 그럴 자격이 없습니다. 우리는 하나같이 사악합니다. 하나같이 절망적입니다. 하나같이 죄인입니다. 하나같이 타락했습니다. 그러나 하나님께는 하나의 계획이 있었습니다. 그것은 은혜라는 계획입니다. 하나님은 그 계획을 펼쳐 우리에게 말씀하십니다. "영원 전부터 그리스도 예수 안에서 우리에게 주신 은혜대로 하심이라. 이제는 우리 구주 그리스도 예수의 나타나심으로 말미암아 나타났으니 그는 사망을 폐하시고 복음으로써 생명과 썩지 아니할 것을 드러내신지라."

여기에 메시지가 있습니다. 인간은 오직 하나님의 아들 예수 그리스도와 그분이 행하신 일에 의해서만 구원받고 하나님과 화해할 수 있습니다. 사도 베드로는 권세자들과 관원들에게 신문받는 자리에서 이 사실을 아주 분명히 했습니다. "다른 이로써는 구원을 받을 수 없나니 천하 사람 중에 구원을 받을 만한 다른 이름을 우리에게 주신 일이 없음이라"(행 4:12). 이것이 유일한 길입니다.

왜 그렇습니까? 인간은 왜 자신을 구원할 수 없습니까? 하나님의 아들은 왜 하늘에서 이 땅으로 오셔야만 했습니까? 성육신은 왜 필연적이었습니까? 말씀 한마디면 되는 일을 하나님은 왜 굳이 이렇게까지 하셨습니까? 무에서 세상을 창조하셨는데 무에서 구원의 말씀을 만들어 내실 수는 없었습니까? 그분은 그렇게 하실 수 없었습니다! 인간이 구원받을 수 있는 길은 오직 하나였습니다. 그 이유는, 우리가 하나님의 율법을 깨뜨렸기 때문입니다. 그분의 율법은 존중되어야 하기 때문입니다. 하나님은 거룩하십니다. 하나님은 빛이시며, 그분 안에는 어둠이 조금도 없으십니다. 그분의 율법은 완전한 순종을 요구합니다. 그래서 하나님의 율법은 일점일획이라도 존중되고 지켜져야 합니다. 율법을 파기하는 것은 끔찍한 일입니다. 하나님을 모욕하는 일이기 때문입니다. 그분에게 반역하는 것이기 때문입니다. 그것은 극악한 일입니다! 하나님의 율법은 세세하고도 철저하게 지켜져야 합니다. 율법의 요구사항은 여기서 끝나지 않습니다.

우리의 죄는 어떻습니까? 우리의 죄책을 어떻게 처리해야 합니까? 이 죄책을 어떻게 지울 수 있습니까? 하나님의 율법에서 우리를 대적하는 것을 모두 어떻게 제거할 수 있습니까? 우리 죄는 속해져야 합니다. 하나님의 영광은 보전되어야 합니다. 그것이 율법의 또 다른 요구사항입니다. 인간은 자신의 죄가 속해질 때까지는 구원받을 수 없습니다. 인간은 하나님께 철저하게 순복할 때까지는 구원받을 수 없습니다. 인간은 자신을 구원할 수 없습니다. 여러분은 이렇게 말합니다. 그렇다면 하나님은 왜 완벽한 인간을 또 다시 지으시지 않았을까요? 최초의 인간은 완벽했습니다. 아담은 조금도 흠 없는 완벽한 존재로 지음 받았습니다. 그러므로 또 다른 인간을 창조해 봐야 아무 소용없습니다. 하나님은 굳이 또 다른 인간을 창조하실 필요가 없었습니다. 아담 안에는 죄가 없었습니다. 그는 더없이 순결했습니다. 죄가 전혀 없었습니다. 그는 하나님의 형상과 모습으로 지음 받았습니다. 아담은 처음부터 하나님 앞에서 의로운 존재였습니다. 완전한 피조물이었습니다. 하지만 완전한 인간이 타락했습니다. 그는 실패했습니다. 아담이 상대하기에 마귀는 너무 버거운 상대였습니다. 그러니까 또 다른 인간을 지어도 아무 소용없습니다.

우리가 구원받을 수 있는 유일한 길이 있습니다. 그것은 인간이면서 동시에 인간보다 훨씬 더 위대하고 큰 존재가 우리를 구원하러 오는 것입니다. 사도는 이 점을 로마서 8:3-4에서 인상적으로 묘사합니다. "율법이 육신으로 말미암아 연약하여 할 수 없는 그것을 하나님은 하시나니 곧 죄로 말미암아 자기 아들을 죄 있는 육신의 모양으로 보내어 육신에 죄를 정하사 육신을 따르지 않고 그 영을 따라 행하는 우리에게 율법의 요구가 이루어지게 하려 하심이니라."

이 구절에 모든 것이 잘 요약되어 있습니다. 그것이 의미하는 바는 다음과 같습니다. 인간에게 율법을 준다고 해서 그것으로 인간이 구원받는 것은 결코 아닙니다. 인간이 자신에게 맡겨진 율법을 이행하지 못했기 때문입니다. "모든 사람이 죄를 범하였으매 하나님의 영광에 이르지 못하더니"(롬 3:23). "의인은 없나니 하나도 없으며…… 온 세상으로 하나님의 심판 아래에 있게 하려 함이라"(롬 3:10, 19). 인간은 하나님의 율법을 지킬 능력이 없습니다. 인간은 율법을 받았지만 지키지 못했습니다. "율법이 할 수 없는 그것!" 그래서 은혜와 자비가 한없으신 하나님께서 자신의 독생자를 보내셨습니다. 베들레헴에 태어난 그 아기는 하나님의 영원하신 아들입니다. 하나님이 세우신 계획에는 완전한 인간이 필요합니다. 나아가 완전한 하나님이 필요합니다. 하나님의 아들 안에 하나님과 인간이 있습니다. 두 본성이 한 인격 안에 있는 것입니다. 그분은 인간보다 더 크십니다. 그분은 신인神人이시기 때문입니다. 그분은 인간이 이루지 못한 일을 해내실 수 있습니다.

그분은 이 세상에 오셔서 하나님의 거룩한 율법에 철저히 순종하셨습니다. 하나님은 하늘에서 그를 내려다보고 말씀하셨습니다. "이는 내 사랑하는 아들이요 내 기뻐하는 자라"(마 3:17). 그분은 불순종한 적이 없으셨습니다. 반역한 적도 없으셨습니다. 그분은 죄가 없으셨습니다. "모든 일에 우리와 똑같이 시험을 받으신 이로되 죄는 없으시니라"(히 4:15). 히브리서 저자에 의하면, 우리에게는 "거룩하고 악이 없고 더러움이 없고 죄인에게서 떠나 계"신 대제사장이 필요합니다(히 7:26). 이 땅을 밟은 사람으로서 하나님의 율법에 철저하게 순종하신 분은 그분밖에 없습니다. 유일하게 그분밖에 없습니다. 그를 보낸 분은 하나님이십니다. 하나님은 율법을 지키라고 아들을 보내신 것입니다. 그를 보내신 것은 하나님의 은혜입니다. "하나님이 세상을 이처럼 사랑하사 독생자를 주셨으니"(요 3:16). 그분은 오셔서 율법을 몸으로 완벽하게 지키셨습니다. 그분은 순종하는 마음으로 십자가에 달리셨습니다.

십자가에서 무슨 일이 일어났습니까? 바울은 로마서 3장에서 그 답을 제시합니다. 하나님은 우리의 죄를 대속하기 위해 독생자를 보내셨습니다. 이 때문에 그리스도는 갈보리 언덕의 십자가에 달려 돌아가셨습니다. 하나님은 우리의 죄를 자신의 아들이 대신 지게 하셨습니다. 독생자는 아무런 흠도, 죄도 없으신 분이셨습니다. 하지만 그분은 스스로 우리의 죄를 담당하셨습니다. 고린도후서 5:19-21을 읽어 보십시오. "곧 하나님께서 그리스도 안에 계시사 세상을 자기와 화목하게 하시며 그들의 죄를 그들에게 돌리지 아니하시고 화목하게 하는 말씀을 우리에게 부탁하셨느니라.······ 하나님이 죄를 알지도 못하신 이를 우리를 대신하여 죄로 삼으신 것은 우리로 하여금 그 안에서 하나님의 의가 되게 하려 하심이라." 사도 바울은 말합니다. "하나님이 우리를 구원하사 거룩하신 소명으로 부르심은 우리의 행위대로 하심이 아니요." 이것은 하나님의 뜻이자 은혜입니다. 그분의 뜻은 십자가에 달리신 그리스도 안에서 이루어졌습니다. "여호와께서는 우리 모두의 죄악을 그에게 담당시키셨도다"(사 53:6). "우리는 생각하기를 그는 징벌을 받아 하나님께 맞으며 고난을 당한다 하였노라"(사 53:4). 그분은 "세상 죄를 지고 가는 하나님의 어린양"이십니다(요 1:29).

구약성경에서 늘 가르치는 내용이 있습니다. 대속제물로 바칠 어린양은 언제나 흠이 없어야 한다는 것입니다. 절대적으로 완벽해야 한다는 것입니다. 이것은 하나님의 완전한 아들을 예표합니다. 완전하신 하나님이자 완전한 인간이 오실 것을 예표합니다. 하나님은 그를 때리시고 치셨습니다. 하나님은 우리의 죄 때문에 그를 벌하셨습니다. 그는 우리의 죄를 담당하셨습니다. "친히 나무에 달려 그 몸으로 우리 죄를 담당하셨으니 이는 우리로 죄에 대하여 죽고 의에 대하여 살게 하려 하심이라. 그가 채찍에 맞음으로 너희는 나음을 얻었나니"(벧전 2:24).

사랑하는 여러분, 그것이 구원의 메시지입니다. 그것이 인간이 구원받는 길입니다. 그것이 용서받고서 "주 예수 그리스도를 믿는" 유일한 길입니다. 그것이 "바른 말을 본받아 지키는" 것입니다. "미쁘다, 모든 사람이 받을 만한 이 말이여. 그리스도 예수께서 죄인을 구원하시려고 세상에 임하셨다 하였도다. 죄인 중에 내가 괴수니라"(딤전 1:15). 하나님이 우리와 화해하실 때까지 우리는 그분의 축복을 받을 수 없습니다. 하나님이 우리의 죄를 다루시고 용서하시며 대속하실 때까지, 우리는 그분의 축복을 받을 수 없습니다. 우리는 하나님과의 관계를 회복해야 합니다. 하나님의 뜻과 은혜에 따라 보내심을 받아 이 땅에 와서 사역하다가 죽고 부활하신 분은 그리스도이십니다. 그분은 인간과 하나님을 화해시키기 위해 오신 것입니다. 우리가 할 일은 "주 예수 그리스도를 믿는" 일입니다. 이는 우리의 공적으로 되는 것이 아닙니다. 무력하고 소망 없으며 절망에 빠진 상태 그대로 나아갈 때만이 가능합니다. 우리는 오거스터스 탑레이디와 함께 다음과 같이 고백해야 합니다.

> 내 손의 수고가
> 주의 법의 요구를 채울 수 없고
> 쉼 없는 나의 열심
> 늘 흐르는 나의 눈물도
> 죄를 사할 수 없도다.

주여, 구원하소서.

주께만 구원이 있나이다.

그래서 나는 그분에게 나아가 아룁니다.

내 손에 드릴 것 없어

주의 십자가만 붙드나이다.

벌거벗은 이 몸 입혀 주시기를 바라며 나아가나이다.

아무 힘 없이 주의 은혜만 바라보나이다.

더러운 나, 그 샘으로 달려가오니

씻어 주소서, 구주여, 죽지 않도록.*

그 고백은 바울이 디모데에게 주는 확신의 근거이기도 합니다. "내가 믿는 자를 내가 알"기 때문에, 감옥에 갇혀 죽음을 앞둔 상황에서도 부끄러워하지 않는다고 고백할 수 있는 것입니다. 그는 이렇게 말합니다. "내가 하나님의 자녀이며, 내 죄가 용서받았음을 알고 있다. 하나님이 내 아버지시며, 그의 약속은 영원히 확고함을 알고 있다. 그분께서 '내가 너를 떠나지도 버리지도 아니하리라', '내가 너를 붙들리라. 내가 너를 지키리라. 내가 너와 함께하리라' 말씀하신 것을 알고 있다." "내가 또 이 고난을 받되 부끄러워하지 아니함은 내가 믿는 자를 내가 알고 또한 내가 의탁한 것을 그날까

---

* 찬송가 188장 2, 3절.

지 그가 능히 지키실 줄을 확신함이라." 그리스도는 우리를 무지에서 구원하셨습니다. 그분이 우리를 하나님의 진노와 세상과 육체와 악마의 횡포에서 구원하셨습니다. 그분이 우리를 지옥에서 구원하셨습니다. 그분은 새로운 삶을 주기 위해 우리를 구원하셨습니다. 곧, 영혼 안에 있는 하나님의 생명이 이 땅에서 시작해 영원한 영광 가운데 꽃피게 하기 위해 우리를 구원하셨습니다.

사랑하는 여러분, 여러분에게 질문을 하나 던지겠습니다. 여러분은 여러분이 믿는 자를 알고 있습니까? 여러분은 스스로를 구원할 수 없다는 것을 깨닫습니까? 우리의 행위로 되지 않는다는 것을 알고 있습니까? 하나님은 위대하고 영원하신 뜻 가운데 놀라운 은혜로 독생자 주 예수 그리스도를 이 땅에 보내셔서, 살다가 죽어 장사되고 부활하게 하셔서 여러분의 죄를 용서하고 그분과 화목하게 하셨습니다. 여러분을 자신의 자녀로 삼으시고 영원한 기쁨의 상속자가 되게 하셨습니다. 하나님께 여러분은 모든 찬양과 영광과 존귀를 올려드립니까? 이것은 본질적인 것으로, 무슨 일이 닥치든지 여러분으로 하여금 다음과 같이 말할 수 있게 합니다. "나는 부끄러워하지 않습니다. 무슨 일이 일어나든지 나는 준비되어 있습니다. 나는 내가 믿는 자를 알고 있습니다."

제8장

풍성한 삶

이로 말미암아 내가 또 이 고난을 받되 부끄러워하지 아니함은 내가 믿는 자를 내가 알고 또한 내가 의탁한 것을 그날까지 그가 능히 지키실 줄을 확신함이라.　(딤후 1:12)

디모데후서 1:12과 이 구절이 들어 있는 단락 전체를 다시 한번 살펴보고자 합니다. 이는 오늘날 우리가 사는 이 세상을 향한 기독교의 핵심 메시지가 이 단락에 들어 있다는 확신 때문입니다. 현대인들은 기독교를 애매모호한 이상주의, 특별할 것 없는 하나의 철학, 삶과는 동떨어진 것, 혹은 본래 실제적이지 않은 것으로 간주합니다. 그러나 기독교에 대해 이보다 더 그릇된 견해는 없습니다. 그것은 엄청난 오해입니다. 성경 전체는 우리가 인생 교과서라고 불러도 전혀 손색이 없습니다. 성경은 인간으로 하여금 삶을 이어 갈 수 있도록 하나님이 주신 책입니다. 오늘날 전 세계를 통틀어 우리가 탐구하는 이 성경만큼 실제적인 책은 없습니다. 제가 거듭 말씀드렸듯이, 성경은 오늘날의 삶에 대해 신문보다 훨씬 더 많은 것을 들려줍니다. 성경은 신문보다 더 심오한 차원에서 삶을 다룹니다. 성경은 단지 피상적인 것에 관심을 두지 않습니다. 성경은 삶에 대한 실제적인 통찰을 줍니다. 삶에서 필연적으로 일어나는 일들에 대한 설명을 해줍니다. 그런 까닭에 성경은 항상 현대적인 책입니다. 성경은 삶을 다루는 하나님의 책입니다. 하나님, 인간, 삶, 죽음, 영원, 그리고 우리에게 중요한 모든 문제들, 그야말로 모든 것을 망라하는 하나님의 책입니다.

디모데후서 1:12에서 사도는 이처럼 위대하고 영광스러운 복음을 탁월하게 요약하고 있습니다. 저는 이 구절을 읽을 때마다 경탄을 금치 못합니다. 앞서 말씀드렸듯이, 사도는 한 설교자에게 편지를 쓰면서 그 설교자가 낙담하는 이유를 설명합니다. 그 이유는 단 하나, 그가 복음을 잊어버렸기 때문입니다. 여기서 사도 바울은 젊은 설교자 디모데에게 궁극적으로 기독신앙의 기본 명제가 되는 것을 상기시킵니다. 왜냐하면 참된 신앙을 소유하고 이 신앙에 헌신하며 복종하지 않는 한, 어느 누구도 삶과 죽음을 비롯한 모든 문제를 해결할 수 없기 때문입니다.

앞서 살펴보았듯이, 우리에게 가장 먼저 필요한 것은 구원받고서 하나님과 화해하며, 그분의 은혜와 긍휼과 자비를 다시 받는 일입니다. 하나님은 이것을 예비해 두셨습니다. "우리의 행위대로 하심이 아니요 오직 자기의 뜻과 영원 전부터 그리스도 예수 안에서 우리에게 주신 은혜대로 하심이라." 그러므로 우리에게 가장 절실한 것은, 용서받고 하나님과의 관계가 회복되어 그분의 은혜를 덧입는 일입니다. 오직 믿음으로 의롭게 되는 것이 기독신앙의 근본 메시지입니다. 우리는 자신의 독생자를 보내셔서 "그를 믿는 자마다 멸망하지 않고 영생을 얻게 하신" 하나님에 의해 구원받았습니다(요 3:16). 이것이 가장 중요합니다.

그러나 이것이 전부가 아닙니다. 그런데 많은 사람들은 여기에 머물러 있습니다. 그들은 기독교가 사람들에게 죄 사함과 용서를 베푸는 메시지라고 생각합니다. 하나님이 자신들을 향해 웃으시며 화해하시겠다고 말하는 메시지일 뿐이라고 생각합니다. 그런 이유로 기독교에 흥미를 느끼는 사람들이 많습니다. 그들은 지옥으로 떨어지는 것도, 고통을 당하는 것도 원치 않습니다. 그래서 그들은 죄 사함을 믿습니다. 이것이 그들의 전반적인 기독교관입니다. 하지만 그들의 견해는 사도 바울이 디모데에게 상기시키는 이 완전한 메시지와 비교하면 참으로 미흡합니다. 다른 성경 본문은 더 볼 필요가 없습니다.

인간에게 죄 사함 외에 더 필요한 것은 무엇입니까? 놀랍게도, 인간에게는 궁극적으로 생명이 필요합니다. 인간의 모든 문제는 그가 실상 살아 있지 않으며, 그에게 참 생명이 없다는 사실에서 비롯됩니다. 이것이 앞으로 제가 밝히고자 하는 바입니다. 기독교 메시지의 가장 놀랄 만한 측면 중 하나는, 그 메시지가 우리에게 생명을 부여한다는 것입니다! 기독교 메시지가 단지 죄 사함을 전하는 데만 머문다면 우리는 삶과 죽음을 비롯한 현세의 모든 문제를 해결할 수 없을 것입니다. 기독교 메시지는 죄 사함만을 전하지 않습니다. 죄 사함은 놀라운 것이지만 목적을 이루는 수단에 불과합니다. 죄 사함은 가장 먼저 이루어져야 합니다. 인간이 죄 가운데 있는 한 하나님과 교제할 수 없기 때문입니다. 하나님은 죄인을 축복하시지 않습니다. 죄인은 축복받기 전에 용서받아야 합니다. 죄가 씻겨야 합니다. 정결케 되어야 합니다. 하나님과의 교제가 회복되어야 합니다. 그러므로 우리는 언제나 죄 사함을 으뜸으로 삼아야 합니다.

하지만 거기서 그치지 않습니다. 하나님께서 인간을 용서하시는 것은 생명을 선물로 주시기 위해서입니다. 그런데 현대인들은 기독교를 잘못 알고 있습니다. 그들은 참된 진리에서 한참이나 멀어졌습니다. 결과적으로 그들은 제가 제시하는 이 복된 메시지를 깨닫지 못하고 있습니다. 생명! 주님은 말씀하셨습니다. "내가 온 것은 양으로 생명을 얻게 하고 더 풍성히 얻게 하려는 것이라"(요 10:10). 그분은 왜 그런 식으로 표현하셨습니까? 인간이 길을 잃었기 때문입니다. 예수님은 타락 이후 죄 가운데 있는 인간을 "목자 없는 양"으로 묘사했습니다(막 6:34). 그것이 인간을 바라보는 그분의 시각이었습니다. 인간은 길 잃은 양이라는 것입니다. 길을 잃었을 뿐 아니라, 어디서 목초를 찾을 수 있는지, 어디서 꼴을 넉넉히 먹을 수 있는지도 모릅니다. 게다가 사냥개와 늑대와 온갖 맹수들에게 노출되어 있어서, 언제든 그들의 먹이가 될 수 있는 위험에 처해 있습니다. "우리는 다 양 같아서 그릇 행하여"(사 53:6). 그 결과로 인간은 삶을 사는 것이 아니라 그저 목숨만 이어간다고 성경은 말합니다.

이 점은 분명 매우 중요하고 근본적인 문제입니다. 목숨을 이어가는 것 existing과 삶을 사는 것 living 사이에는 엄청난 차이가 있습니다. 이것은 중요한 문제입니다. 우리가 삶 전체를 어떻게 보느냐에 따라 이 문제들에 대한 우리의 궁극적 태도가 결정되기 때문입니다. 다소 대담하고 거친 방식이지만, 이해를 돕기 위해 현대적인 사례를 소개하겠습니다. 오늘날 의사들은 매우 뛰어나서 아주 획기적인 방법으로 죽어가는 사람의 생명을 지속시킬 수 있습니다. 실제로 몇 달 동안이나 생명을 연장하는 사람들이 있습니다. 그것은 어떻게 가능합니까? 의사들은 계속 심장과 폐, 콩팥이 제 기능을 발휘하게 해주는 기계 위에 환자를 눕힙니다. 그러면 환자는 기계의 전원이 차단될 때까지 그 상태로 있습니다. 그 환자는 아직 목숨이 붙어 있습니다. 그러나 저는 묻고 싶습니다. 그는 아직도 살아 있습니까? 우리는 어떤 사람을 목숨이 붙어 있는 상태로 만들 수 있습니다. 하지만 그것은 살아 있는 것이 아닙니다. 기계 위에 누워 있는 환자의 심장이 아직도 뛰기 때문에 그가 죽었다고 말할 수 없습니다. 사망확인서에 서명할 수 없습니다. 그러나 그는 살아 있는 것이 아니라 그저 목숨만 붙어 있는 것입니다.

이 문제를 영적인 차원에서 고찰해 보겠습니다. 성경에 따르면, 목숨만 붙어 있는 인간은 죄에 빠진 인간, 타락한 인간과 똑같습니다. 또한 사람들이 삶으로 여기는 것은 사실 빈껍데기에 불과합니다. 삶에 대한 근본적이고 참된 이해가 없다면 그것은 살아 있는 것이 아니라 목숨만 붙어 있는 상태이기 때문입니다. 거듭 말씀드립니다. 진정한 삶의 목표나 목적이 없다면 그것은 살아 있는 것이 아니라 목숨만 유지하는 상태입니다. 어떤 사람이 살아 있다는 것은 무언가를 이해하고 지배하고 통제한다는 것입니다. 거기에는 충만함이 있습니다. 그러나 오늘날 대다수 사람들이 그렇지 못합니다. 가슴 아프지만 명징한 사실입니다. 그들은 상황과 처지와 환경의 희생자가 아니겠습니까? 이것은 선조들보다 자신이 더 우월하다고 우쭐대는 현대인들의 엄청난 모순입니다. 현대인은 자신의 우월함을 뽐내지만 과거 어느 때보다 더 노예 같은 삶을 살고 있습니다. 현대인은 "대중매체에 의해 조작되는" 인간입니다. 현대인은 광고와 선전과 조작의 산물입니다. 이 점은 의심의 여지가 없습니다. 사람들은 점점 더 생각하기를 싫어합니다. 그들의 전체적인 삶의 패턴과 관점은 근래에 출현한 이 거대한 대중매체에 의해 결정되고 있습니다. 인간은 점점 더 기계를 닮아갑니다. 이 막강한 세력들은 인간의 생각과 시야를 통제합니다. 인간은 이들의 상호작용에 점점 더 영향을 받습니다.

이 사실을 되새겨 보십시오. 인간이 분명한 목적의식 없이 이런저런 일들을 한다면 그것을 과연 진정한 인생이며 삶이라 할 수 있을까요? 인간은 예전처럼 창의력을 발휘하고 있습니까? 인간은 예전처럼 개인적인 즐거움을 누리고 있습니까? 운동경기조차도 구경하는 것으로 만족하는 시대입니다. 남의 손으로 이루어지지 않는 일이 없고, 타인에 의해 조종되지 않는 사람이 없습니다. 텔레비전 프로그램이 날마다 삶의 방식을 결정합니다. 현대인은 텔레비전 프로그램을 눈여겨보고 입맛에 맞는 것을 고릅니다. 이 시간에는 이걸 보고, 저 시간에는 저걸 보고……. 현대인은 삶에 대한 통제력을 상실했습니다. 현대인은 기계로 전락했습니다. 누군가 단추를 누르면 그에 따라 움직입니다. 그것은 삶을 사는 것이 아니라 목숨만 이어가는 것입니다!

　사도 바울은 이미 1세기 당시에 그 사실을 기술했습니다. 이는 잘 알려진 구절로, 바울은 여기서 회심 이전의 에베소 교인들의 삶을 지적합니다. "그때에 너희는 그 가운데서 행하여 이 세상 풍조를 따르고 공중의 권세 잡은 자를 따랐으니 곧 지금 불순종의 아들들 가운데서 역사하는 영이라"(엡 2:2). "이 세상 풍조"를 따라 이런저런 일에 의해 조종되는 회전목마 같은 인생입니다. 이것은 살아 있는 것이 아니라 목숨을 이어가는 것입니다. 대중매체에 의해 조작되는 인간이며 기계를 닮은 인간이며, 자신의 개성과 삶에 대한 통제력을 상실한 인간입니다. 사실이 그렇지 않습니까? 다른 사람이나 사물이나 사상에 단순히 반응하기만 하는 인간은 삶을 사는 것이 아닙니다. 인간은 원래 적극적으로 자신의 삶을 통제해야 합니다. 인간은 누군가가 행한 일이나 자신에게 일어난 일에 대해 단순히 반응만 해서는 안 됩니다.

　이러한 풍조들 때문에 복되신 주님이 이렇게 말씀하셨습니다. "내가 온 것은 양으로 생명을 얻게 하고 더 풍성히 얻게 하려는 것이라"(요 10:10). 그분은 길 잃은 양을 찾기 위해 왔다고 말씀하십니다. 그분은 길 잃은 양들을 푸른 초장으로 인도하기 위해 오셨습니다. 이제 그 양들은 처량한 떠돌이 신세를 벗어날 것입니다. 호시탐탐 노리는 세력들의 표적이 되지 않을 것입니다. 배불리 먹고 편히 쉬며 통통하게 살찌울 수 있는 푸른 초장을 찾아 방황하는 일도 더 이상 없을 것입니다. 그 양들은 지금 있는 곳에서 구원받아 새로운 세계로 자리를 옮겨야 합니다. 예수님은 자신이 이 땅에 오신 이유를 설명하십니다. "내가 온 것은 양으로 생명을 얻게 하고 더 풍성히 얻게 하려는 것이라."

이 풍성한 생명은 무엇입니까? 그것을 어떻게 얻을 수 있습니까? 기독교가 인간에게 새로운 생명을 준다는 원리를 이해했습니까? 이 원리를 보고 사람들은 기독교가 동화 같다고 생각합니다. 그들은 종종 요술 지팡이처럼 그것을 흔들기만 하면 새 출발을 할 수 있다고 착각합니다. 기독교는 분명 새 출발을 할 수 있게 해줍니다. 그러나 요술 지팡이로 하는 것이 아니라 기독교의 방식대로 합니다. 우리는 어떻게 이 생명을 얻을 수 있습니까? 사도는 우리가 함께 고찰하고 있는 이 단락에서 그 질문에 대한 답을 매우 분명하게 제시합니다. 여기서 문장을 한정하는 구절을 다시 한번 읽어 봅시다. "우리의 행위대로 하심이 아니요." 바울은 "하나님이 우리에게 주신 것은…… 아니요." 주시는 분은 하나님이십니다. 이는 우리의 행위에 근거하지 않고 주시는 하나님에 근거합니다.

거듭 말씀드립니다. 이것은 대단히 근본적인 문제 중 하나입니다. 구약성경에 나오는 질문 형태로 이 문제를 설명해 보겠습니다. "구스인이 그의 피부를, 표범이 그의 반점을 변하게 할 수 있느냐?" (렘 13:23) "굽은 것을 똑바로 펼 수 있겠느냐?" (전 1:15 참고) 인간이 자신의 본성을 바꿀 수 있을까요? 인간이 갑자기 이전과는 본질적으로 다른 존재가 될 수 있을까요? 본성을 바꾸려 했던 사람치고 그것이 가능하다고 한 사람은 아무도 없습니다. 인간은 자신의 본성을 바꿀 수 없습니다. 그러나 바로 그 시점에 복된 메시지가 들어옵니다. 그 메시지는 복음이 세상 가운데 들어와 있고, 그리스도는 우리가 힘으로 할 수 없는 것을 대신 하기 위해 이 땅에 오셨다고 이야기합니다. 인간이 실패했기 때문에 하나님의 아들이 오신 것입니다. 만약 인간이 자신을 변화시킬 수 있다면 그리스도는 오시지 않았을 것입니다. 십계명만으로 충분했을 것입니다. 삶의 방식이 있어 사람들은 우리에게 "이렇게 살라"고 조언합니다. 하지만 인간은 그렇게 할 수 없습니다. 바울이 로마서 7장에서 말하듯이, 마음으로는 그렇게 하고 싶지만 자신 안에 있는 그 무엇이 하지 못하게 합니다.

그렇다면 어떻게 새로운 삶을 살 수 있습니까? 어디에서 새로운 삶을 얻을 수 있을까요? 인간에게는 생명이 필요합니다! 답은 생명을 주시는 분이 하나님이시라는 것입니다. "내가 온 것은 양으로 생명을 얻게 하고 더 풍성히 얻게 하려는 것이라." "죄의 삯은 사망이요 하나님의 은사는 그리스도 예수 우리 주 안에 있는 영생이니라"(롬 6:23). 이 구절들은 신약성경에 기록된 위대한 말씀입니다. 사도는 에베소 교인들에게 다시 편지를 씁니다. "우리는 그가 만드신 바라. 그리스도 예수 안에서…… 지으심을 받은 자니"(엡 2:10).

이것은 사람들이 반드시 이해하고 터득해야 할 가장 중요한 사실들 가운데 하나입니다. 이것을 터득하지 못하기 때문에 오늘날 많은 사람들이 기독교 메시지를 거부합니다. 그들은 기독교 메시지가 생명을 준다는 것을 알지 못합니다. 단지 어떤 관점이나 윤리적·도덕적 규범이 아님을 깨닫지 못합니다. 기독교에는 물론 이러한 측면이 있습니다. 하지만 기독교 메시지는 어떤 관점이나 규범을 능가합니다. 기독교 메시지는 우리를 살립니다. 인간에게 필요한 것은 새로운 가르침이 아니라 새로운 능력입니다. 역사상 모든 위대한 철학자들은 우리에게 가르침을 주고 권고했습니다. 하지만 그것은 인간에게 근본적으로 필요한 것이 아닙니다. 인간의 문제는, 해야 할 일은 알고 있지만 그것을 행할 능력이 없다는 것입니다. 자신이 어떤 존재가 되어야 하는지 알고 있지만 욕망으로 인해 타락한다는 것입니다. 오늘날 인간에게 필요한 것은, 가르침이 아니라 능력과 권세입니다. 복음이 우리에게 새 생명을 줄 때 우리는 능력과 권세를 받습니다.

복음은 우리에게 어떻게 능력을 부여합니까? 이것은 매우 중대한 질문입니다. 사람들은 언제나 이 문제에서 넘어졌습니다. 이 문제에 대한 복음의 가르침을 요약해 보겠습니다. 복음은 우리에게 임하시는 성령의 역사로 말미암아 우리가 새 생명을 받는다고 말합니다. 새 생명을 받는 것은 인간의 행위가 아니라 하나님의 역사입니다. 성경이 언급하는 "거듭남", "새로운 피조물", "중생"과 같은 용어들은 그것이 태초의 창조자이신 하나님이 다시 창조하시는 역사임을 분명히 보여줍니다. 하나님은 인간이 새로운 출발을 할 수 있게 하십니다. 이것이 기독교의 본질입니다. 우리가 이 사실을 깨달을 때만, 우리는 위대한 사도와 같은 방식으로 삶과 죽음에 반응할 수 있습니다.

이제 이 강력한 역사에 대해 살펴봅시다. 기독교 메시지의 핵심은, 인간이 새롭게 출발하고 새로운 생명을 가지며, 새롭게 시작함으로 또한 새로운 인간이 될 수 있다는 것입니다. 저는 이 메시지에 자부심을 느낍니다. 그러므로 저에게 복음 전하는 일은 언제나 설레임과 소망이 넘치는 일이 됩니다. 이 복음의 메시지 때문에 저는 예배 드리러 오는 사람들의 이전 상태를 중요하게 여기지 않습니다. 설령 그가 역사상 가장 큰 죄를 지었다 하더라도 상관없습니다. 아시다시피, 사도는 단지 사람들에게 더 나은 삶을 살라고 권고하지 않습니다. 그들이 용서받을 수 있다는 사실만을 말하고 끝나지도 않습니다. 그래봐야 그들이 달라지지 않는다는 것을 압니다. 오히려 그는 새 생명, "참으로 삶다운 삶", 충만한 삶, 전인적인 삶, 새로운 삶을 약속하고 있습니다. 그가 그러한 삶을 약속할 수 있는 것은, 그것이 하나님의 영의 역사이기 때문입니다. 인간은 자신을 변화시키지 못합니다. 인간이 자신을 변화시킬 수 있다는 가르침은 어느 것이든 기독교 복음에 반하는 것입니다. 사람을 변화시키는 것은 하나님이십니다. 하나님이 사람을 새롭게 하십니다. 그래서 하나님의 역사는 아주 신비로운 역사가 됩니다.

    요한복음 3장을 보면, 이 사실이 분명해집니다. 주님은 니고데모와의 대화에서 그 사실을 단번에 확증하셨습니다. 니고데모는 위대한 유대인이자 이스라엘의 선생으로, 주님의 설교와 가르침을 경청하고 그분이 행하신 기적들을 목격했습니다. 그가 밤에 예수님을 찾아와 이렇게 말했습니다. "랍비여, 우리가 당신은 하나님께로부터 오신 선생인 줄 아나이다. 하나님이 함께하시지 아니하시면 당신이 행하시는 이 표적을 아무도 할 수 없음이니이다." 니고데모는 많은 질문들을 막 쏟아내려던 참이었습니다. 그중 하나는 분명 이것이었을 것입니다. "선생님, 말씀해 주십시오. 어떻게 이처럼 비범한 능력을 가지게 되셨는지요? 저는 이스라엘의 지도자이자 선생입니다. 저는 사람들이 하지 못하는 일들을 할 수 있습니다. 그런데 선생님께는 제게 없는 것이 있더군요. 선생님의 이 특별한 것은 대체 무엇입니까? 저도 그것이 있었으면 좋겠습니다!" 그러자 주님은 그 말을 끊고 답하셨습니다. "진실로 진실로 네게 이르노니 사람이 거듭나지 아니하면 하나님의 나라를 볼 수 없느니라." 예수님은 니고데모를 진단하셨고, 그의 내면세계를 들여다보셨습니다. 예수님은 니고데모가 이처럼 중얼거리는 소리를 들으셨습니다. "나도 이처럼 비범한 능력을 갖고 싶다. 어떻게 해야 그분처럼 될 수 있을까?" 그러자 주님은 말씀하셨습니다. "니고데모야, 그만해라! 네가 뭔가 단단히 오해하고 있구나! 네게 필요한 것은 거듭나는 일이다." 니고데모는 이해할 수 없었습니다. 그분의 말씀을 잘 받아넘기면서 그가 물었습니다. "사람이 늙으면 어떻게 날 수 있사옵나이까? 두 번째 모태에 들어갔다가 날 수 있사옵나이까?" 불쌍한 니고데모! 하나님의 아들을 향해 그렇게 물었을 때 니고데모의 무지와 어리석음이 드러났습니다! 그는 "사람이 늙으면 어떻게 날 수 있사옵나이까?"라고 받아침으로써 자신이 멋지게 이겼다고 생각했습니다. 노인에게 "다시 태어나야 합니다"라고 말해봐야 무슨 소용 있습니까? 다시 태어날 수는 없습니다! 주님은 니고데모에게 이렇게 답하셨습니다. "육으로 난 것은 육이요 영으로 난 것은 영이니." 주님은 이렇게 말씀하신 것입니다. "니고데모야, 나는 육에 대해 말하는 것이 아니다. 나는 네가 모태로 되돌아갈 수 있다고 말하지 않았다. 내 말은 사람이 육체적·물질적 차원에서 다시 시작할 수 있다는 것이 아니다. 영적인 차원에서 시작할 수 있다는 것이다. 불쌍한 니고데모가 말뜻을 알아듣지 못하자, 주님은 그를 보면서 이렇게 말씀하셨습니다. "내가 네게 거듭나야 하겠다 하는 말을 놀랍게 여기지 말라. 바람이 임의로 불매 네가 그 소리는 들어도 어디서 와서 어디로 가는지 알지 못하나니 성령으로 난 사람도 다 그러하니라." 주님은 그에게 말씀하십니다. "네가 이 신비를 깨닫기 위해 애쓰는구나. 당장 그만두어라. 너는 결코 알 수 없다. 그것은 바람과 같다. 너는 다만 그 효과와 결과만을 볼 수 있을 뿐이다. 그러나 너는 그것을 깨닫지는 못한다. 그것은 신비다. 그것은 하나님이다!"

주님은 하나의 원칙을 세워 놓으셨습니다. 새로운 탄생, 곧 거듭남의 행위는 성령의 역사일 뿐 아니라 아무도 이해할 수 없는 신비라는 것입니다. 사람들은 말합니다. "하지만 당신도 알다시피, 인생이 어디 그렇습니까. 자기가 노력한 대로 열매를 맺는 거지요. 땀 흘려 공부하면 시험에 합격하고, 성실하게 근무하면 승진하거나 봉급이 올라가겠지요. 그런데 당신은 '아무것도 하지마. 하나님이 알아서 주실 거야'라고 말하는 것 아닙니까?" 그것은 사람이 아니라 하나님이시기 때문에 가능합니다. 우리는 지금 육의 영역이 아니라 영의 영역에서 이야기하고 있습니다. 그것은 하나님의 역사이자 매우 신비한 일입니다.

다시 태어나는 것은 아주 심오한 역사입니다. 이에 대해 하나님께 감사드립시다. 기독교 메시지는 약속하고 있습니다. 우리 겉사람뿐 아니라 속사람까지도 변화될 것이라고 말입니다. 기독교는 단지 표면을 씻어 내는 것이 아닙니다. 단지 겉사람을 변화시키고서 사악한 인간을 존경받는 인간으로 바꾸어 놓는 것도 아닙니다. 기독교도 그런 일을 합니다. 하지만 그보다 훨씬 더 중요한 일을 합니다. 인간의 마음과 영혼을 변화시킵니다. 나아가 인간의 깊은 내면세계, 본질 그리고 존재의 중심까지도 변화시킵니다.

사도는 이 점을 고린도후서 3:3에서 아주 분명히 설명합니다. "너희는…… 나타난 그리스도의 편지니…… 먹으로 쓴 것이 아니요 오직 살아 계신 하나님의 영으로 쓴 것이며 또 돌판에 쓴 것이 아니요 오직 육의 마음판에 쓴 것이라." 이것은 도덕과 기독교의 차이를 아주 완벽하게 묘사하고 있습니다. 도덕은 돌판에 쓰였습니다. 도덕은 "하라"와 "하지 말라"에 대한 규칙이자 규범입니다. 하나님이 모세를 통해 인간에게 주신 율법입니다. 그러나 이것은 기독교가 아닙니다. 기독교는 인간의 외면이 아닌 내면, 곧 "육의 마음판"에서 이루어지는 역사입니다. 그리스도인이 되면 순응하는 사람으로 바뀔 뿐 아니라 또한 새로운 변화를 체험합니다. 그의 존재 깊은 곳에서 변화가 일어납니다. 기독교는 다음과 같이 울부짖은 다윗의 기도에 대한 응답입니다. "하나님이여, 내 속에 정한 마음을 창조하시고 내 안에 정직한 영을 새롭게 하소서"(시 51:10). 기독교는 에스겔 선지자를 통해 주어진 예언의 성취입니다. 에스겔서 36:26에서 하나님은 말씀하십니다. "너희 육신에서 굳은 마음을 제거하고 부드러운 마음을 줄 것이며." 돌처럼 굳은 인간의 마음은 부드러운 마음으로 바뀌어야 합니다. 새로운 탄생은 굳은 마음이 사라지고 대신 부드러운 마음이 들어앉는다는 뜻입니다. 그것은 깊고 의미심장한 역사입니다. 그것이 바로 "새로운 창조"입니다. 그것이 "중생"입니다. 그것은 태초에 새 사람을 지으시고 전에 없었던 것을 생겨나게 하신 하나님이 하시는 일입니다.

거듭남은 새로운 삶을 주시겠다는 약속입니다. 그것은 우리의 옛 성품에 새로운 원리가 적용되고, 기질이 새롭게 바뀌며, 새 사람이 되어 새 삶을 시작하게 될 것이라고 말합니다.

이제 마지막 질문을 던지겠습니다. 새로운 삶의 특징은 무엇입니까? 사도 바울은 "그리스도 예수 안에서 새로운 피조물"이 되었기 때문에 삶과 죽음에 관해 이처럼 편지를 쓸 수 있습니다(고후 5:17). "그리스도 예수 안에서 새로운 피조물"은 그가 즐겨 쓰는 표현입니다. 그리스도인이란 "그리스도 안에" 있는 사람입니다. 자기만족에 빠진 교만한 다소의 사울과 사도 바울을 비교해 보십시오. 그 둘이 동일 인물이라고 믿기 어렵습니다. 그러나 사도 바울은 철저히 변화되었을 뿐이지 다소의 사울이 맞습니다. 그 둘은 동일 인물입니다. 태어난 날을 비롯해 모든 것이 같습니다. 사울이 변화된 것입니다. 그것도 아주 몰라보게 말입니다. 획기적인 변화가 일어난 것입니다.

새로운 삶의 특징들이 무엇입니까? 몇 가지 표제들을 제시해 보겠습니다. 새로운 탄생으로 우리는 "하나님의 자녀"가 됩니다. 사도 베드로의 말을 빌리면, 우리가 "신의 성품에 참예하는 자"가 되는 것입니다(벧후 1:4). 그 표제의 뜻을 이해하기만 해도 우리는 사도 바울처럼 살다가 죽을 수 있을 것입니다. 그 표제는 우리가 하늘의 왕실에 입양된 하나님의 자녀가 된다는 뜻입니다. 우리는 여전히 인간입니다. 그러나 우리에게는 새로운 것이 있습니다. 우리는 신의 성품에 참예하는 자, 곧 하나님의 자녀가 된 것입니다. 바꿔 말하면, 하나님은 더 이상 율법의 관점이 아닌 사랑의 관점에서 우리를 바라보십니다. 그분은 우리 아버지가 되십니다. 그분은 우리에게 관심을 두십니다. 하나님은 영원하고 지극히 영광스러우며 거룩하시지만, 우리는 그분에게 갈 수 있습니다. 그분의 임재 안으로 들어갈 수 있습니다. 우리는 하나님의 "자녀"입니다.

우리가 하나님의 자녀임을 깨닫는 순간, 우리의 모든 것이 바뀝니다. 우리의 견해와 관점이 전혀 새롭게 변합니다. 새 생명을 입어 사물을 이해하는 시각이 달라지면 자신을 바라보는 관점도 완전히 새로워집니다. 인간은 어떤 존재입니까? 제가 이 질문을 던지는 것은 여러분이 이 문제와 씨름하도록 하기 위해서입니다. 인간은 그저 짐승에 불과합니까? 자신이 동물에 불과한 존재라고 생각한다면 여러분은 그에 걸맞게 살아갈 것입니다. 조만간 인생에서 패배하게 될 것입니다. 인간이 어떤 존재인지를 깨닫고 인간이 하나님의 자녀임을 깨닫는 순간, 자신을 바라보는 관점은 전적으로 달라집니다. 삶 전체를 바라보는 관점 역시 완전히 새롭게 됩니다.

인간이 하나님의 자녀임을 깨닫는 순간, 삶은 우연이 아님을 알게 됩니다. 삶은 목적이나 목표, 뜻과 무관하거나 전적으로 운에 달려 있는 것도 아님을 알게 됩니다. 오히려 삶이란 엄청난 것임을 깨닫습니다. 자신이 하나님을 계속 만나야 한다는 것을 깨닫습니다. 자신을 잠시 집을 떠난 하나님의 자녀로 생각합니다. 집을 떠난 동안 하나님이 예비해 두신 것을 맞이할 준비를 합니다. 인생을 보는 관점이 완전히 새로워집니다. 자신의 운명을 보는 관점 또한 완전히 달라집니다. 사도는 이러한 변화를 다음과 같이 탁월하게 요약합니다. "그런즉 누구든지 그리스도 안에 있으면 새로운 피조물이라. 이전 것은 지나갔으니 보라, 새것이 되었도다"(고후 5:17). 이것은 글자 그대로 사실입니다. 그리스도인이 되면 과거와는 전혀 다른 관점에서 사물을 보게 됩니다.

여러분의 이해를 돕기 위해 몇 가지 사례를 들어 보겠습니다. 어느 날, 시편기자가 이런 찬양으로 새벽을 깨웁니다. 귀 기울여 보십시오. "하늘이 하나님의 영광을 선포하고"(시 19:1). 하늘이 여러분에게 하나님의 영광을 선포합니까? 앞서 말씀드렸듯이, 그리스도인이 되면 삶과 자연을 바라보는 시각이 새로워집니다. "하나님의 성품에 참예하는 자"가 되면, 만물 곧 피조세계 전체를 바라보는 시각이 달라집니다. 하늘을 쳐다보면 하나님의 영광이 보입니다. 해와 달과 별과 천둥과 번개, 이 모든 것은 하나님께서 손수 만드신 작품입니다. 자연과 피조세계를 바라보면 하나님이 그분의 손가락으로 천지만물을 지으신 흔적과 자취가 엿보입니다. 어느 시인은 다음과 같은 찬송으로 천지만물을 지으신 하나님을 노래했습니다.

영원하신 사랑으로 사랑하시며
은혜로 이끄셔서 그 사랑 알게 하시네.
위로부터 성령의 숨길을 보내셔서

내게 그분의 사랑을 깨닫게 하시네.
저 높은 하늘은 너무나 부드러운 푸른빛,
이 낮은 땅은 너무도 상쾌한 초록빛.
색조마다 무언가 살아 꿈틀거리네.
그리스도를 알지 못하는 눈으로는 결코 볼 수 없었던 무언가가.
새들은 여기저기서 즐겁게 지저귀고
햇빛 받는 꽃들은 아름다운 자태를 뽐내며
예전에도 알았고 지금도 알고 있다네.
나는 그분의 것, 그분은 나의 것임을.

자연인이나 식물학자들에게 꽃은 매우 아름답게 보입니다. 하지만 그들에게 꽃은 그저 꽃잎과 수술의 집합체에 불과합니다. 그들은 꽃에서 질서와 배열을 봅니다. 그러나 그 이상은 보지 못합니다. 하나님을 모르는 과학자는 자연계에서 많은 경이로운 현상들을 발견합니다. 그러나 위와 같은 언어로 묘사해 내지 못합니다.

강 언저리에 피어 있는 앵초櫻草 하나
노란 앵초, 그 사람 옆에 있었건만
눈길 한 번 주지 않네.*

이것이 오늘날 인생의 비극 가운데 하나입니다. 많은 사람들이 야

---

* 윌리엄 워즈워스, '피터 벨Peter Bell' 중에서.

외에 나가서도 앵초에 눈길 한 번 주지 않습니다. 그들이 앉아 있는 자리에는 빈병과 각종 쓰레기가 널려 있습니다. 그들은 자연의 영광을 보지 못합니다. 하나님을 보지 못합니다. 경이로움, 신비, 놀라움, 다양한 빛깔을 보지 못합니다. 그들은 말씀하시는 하나님, 축복하시는 하나님을 보지 못합니다. 우주를 충만하게 하시고 만물을 조성하신 전능하신 하나님을 보지 못합니다. 그러나 인간이 이 새 생명을 입는 순간, 그의 영의 눈이 열립니다. 자연의 아름다움과 대칭성, 질서가 눈에 들어옵니다. "색조마다 무언가 살아 꿈틀거리네. 그리스도를 알지 못하는 눈으로는 결코 볼 수 없었던 무언가."

그러나 사물을 바라보는 관점만 새로워지는 것이 아닙니다. 새로운 목적의식이 싹틉니다. 새로운 삶의 목표가 생깁니다. 인생은 무엇입니까? 인간은 왜 살아갑니까? 인간은 왜 삶을 이어가야 합니까? 다음주는 어떻게 보내야 합니까? 우리가 기대하고 있는 것은 무엇입니까? 인생이란 단지 일하고 월급 받고 먹고 마시고 섹스에 몰두하고 텔레비전을 보고 영화관에 가고 잡다한 일을 하는 것에 불과합니까? 인생이 그런 것입니까? 그것은 목숨을 이어가는 것에 불과합니다! 거기에는 목적도, 원대한 목표도 없습니다. 하지만 인간이 거듭나 새 생명을 받는 순간, 모든 것이 달라집니다. 사도는 거듭 이렇게 주장합니다. "우리가 생각하건대 한 사람이 모든 사람을 대신하여 죽었은즉 모든 사람이 죽은 것이라. 그가 모든 사람을 대신하여 죽으심은 살아 있는 자들로 하여금 다시는 그들 자신을 위하여 살지 않고 오직 그들을 대신하여 죽었다가 다시 살아

나신 이를 위하여 살게 하려 함이라"(고후 5:14-15).

그러므로 진정한 의미에서 그리스도인이 되면 자신을 위해서 살지 않습니다. 그리스도를 위해서, 하나님을 위해서 삽니다. 그는 영원을 향해 길을 떠나는 순례자입니다. 그에게 이 세상은 일종의 예비학교입니다. 이 세상이 전부도 아니고, 가장 소중한 것도 아닙니다. 단지 앞으로 다가올 저 영광을 예비하는 곳일 뿐입니다. 그 영광이 임하는 날, 하나님은 모든 것이 되시고 만물 안에 계실 것입니다. 거듭남이 궁극적으로 완성되어 "햇빛을 받는 곳마다 주 예수 왕이 되"실 것입니다.* 이제 이 사람은 영원히 하나님을 기쁘시게 하고, 그분을 영화롭게 하며, 그분을 즐거워하는 삶을 삽니다.

마지막으로, 새로운 삶은 새로운 소망을 줍니다. 여러분은 바울이 그 점을 어떻게 설명하는지 주의해 보셨습니까? "하나님이 우리를 구원하사 거룩하신 소명으로 부르심은." 하나님의 영이 우리를 다루실 때 그분은 "우리를 어두운 데서 불러내어 그의 기이한 빛에 들어가게" 하십니다. 이 새로운 삶은 거룩한 삶입니다. 바울은 이 점을 강조합니다. 그것이 자신의 논지와 매우 밀접한 관계가 있기 때문입니다. 현세의 삶을 이 상태로 만든 요인은 무엇입니까? 답은 오직 하나, 죄입니다. 인간은 왜 불행합니까? 어떤 사람들은 왜 자살합니까? 대다수 사람들은 왜 생각하기를 꺼려합니까? 그들은 왜 생각하는 것, 특별히 죽음에 대해 생각하는 것을 두려워합니까? 다 죄 때문입니다. 이 세상의 모든 불행은 죄에서 비롯됩

---

* 찬송가 52장 1절.

니다. 삶의 모든 궁극적인 문제도 죄에서 비롯됩니다. 하나님은 완벽한 세상을 지으셨습니다. 고통도 없고, 문제도 없고, 비극도 없는 낙원이었습니다. 성경은 곳곳에서 세상의 모든 문제가 죄의 직접적이고 즉각적인 결과라는 위대한 메시지를 전하고 있습니다. 구약성경에 이 점을 간결하게 설명하는 구절이 있습니다. "사악한 자의 길은 험하니라"(잠 13:15). 실제로 그렇습니다.

그 구절의 의미를 설명해 보겠습니다. 죄는 결코 만족하지 않습니다. 절대로 만족하는 법이 없습니다! 그 이유는 설명할 필요가 없습니다. 우리 모두는 죄를 지으려 한 적이 있고, 실제로 죄를 지었습니다. 죄가 우리에게 만족을 준 적이 있습니까? 죄는 만족하는 법이 없습니다. 그래서 계속 죄를 짓는 사들은 욕망의 제물이 됩니다. 자신보다 더 강력한 욕구와 정욕과 충동의 제물이 됩니다. 죄는 지으면 지을수록 더 짓고 싶어집니다. 술독에 빠진 사람들의 욕구는 결코 채워지지 않습니다. 인간의 정욕과 갈망 또한 결코 충족되지 않습니다. 죄에 늘 고통이 따르는 것은 바로 그 때문입니다. 하나님의 율법을 깨뜨리고 해서는 안 되는 일을 하는 이상, 인간은 만족을 누릴 수 없습니다. 그래서 인간은 계속 죄를 지어야 합니다. 한 예로, 한 번의 이혼은 또 다른 이혼으로 이어집니다. 한 번 죄를 짓기 시작하면 두 번, 세 번, 연이어 죄를 짓게 됩니다. 죄를 범할 때마다 죄는 여러분을 이렇게 꼬드깁니다. "딱 한 번만 이걸 해봐. 모든 게 다 잘 될 거야." 하지만 생각처럼 쉽지 않습니다. 여러분은 결국 죄의 수렁에 빠집니다. 탕자처럼 내리막에 치달아 더 나빠지기만 합니다. 왜 그렇습니까? 죄는 만족하는 법이 없고,

결코 잠잠해지지 않기 때문입니다. 이사야는 말합니다. "그러나 악인은 평온함을 얻지 못하고 그 물이 진흙과 더러운 것을 늘 솟구쳐 내는 요동하는 바다와 같으니라"(사 57:20). 오늘날 세상이 어지러운 것은 죄로 더럽혀졌기 때문입니다.

마찬가지로, 죄는 언제나 불행을 낳습니다. 인간은 하나님의 율법을 어길 때마다 늘 양심의 가책을 받습니다. 인간은 죄를 훌훌 털어 버리거나 술을 마셔 떨쳐 버리려 합니다. 인간은 죄를 더 지어 죄를 없애려고 합니다. 그러나 죄는 다시 돌아옵니다. 여전히 거기에 있습니다. 양심의 가책, 비참함, 패배감, 그리고 불행이 한시도 떠나지 않습니다! 죄는 늘 그런 결과를 낳습니다. 죄는 비참함, 허무함, 불결함, 사악함을 불러일으킵니다. 마찬가지로, 죄는 언제나 상실을 낳습니다. 인간은 죄를 지을 때마다 늘 무언가를 상실합니다. 그는 자신의 정직함과 순결함과 순수함을 상실합니다. 그는 자신의 이상적인 모습과 고결함을 상실합니다. 죄는 언제나 우리에게서 무언가 빼앗아 갑니다. 죄는 인격을 무너뜨립니다. 인간을 단순한 충동과 욕망의 집합체로 전락시킵니다. 죄는 인간을 거짓말쟁이와 속이는 자로 전락시킵니다. 그는 자신을 은폐하고 이중생활을 합니다. 이 모든 것은 결국 인격의 분열로 이어집니다.

마지막으로, 죄는 언제나 두려움을 낳습니다. 이 세상은 두려움으로 가득 차 있습니다. 현대인들이 쾌락에 깊이 빠지는 것은 두려움 때문입니다. 사람들은 삶에서 도피하고 있습니다. 그들은 탈출을 꾀하고 있습니다. 사람들로 하여금 삶에서 도피하게 만드는 것은 복음이 아닙니다. 사람들을 현실도피주의자로 전락시키는 것은 신앙이 아닙니다. 사람들이 그렇게 되는 것은 복음이나 신앙이 없기 때문입니다. 현대인들을 보십시오. 그들은 삶을 직시하지 않습니다. 순전히 꾸며 낸 것에 불과한, 텔레비전의 짜릿하고 흥미진진한 프로그램으로 눈을 돌립니다. 한 프로그램이 끝나면 별 생각 없이 다른 프로그램으로 채널을 돌립니다. 그는 이런 과정을 되풀이합니다. 그것은 현실도피입니다. 술 또한 이 모든 것들과 마찬가지로, 두려움에서 벗어나려는 수단일 뿐입니다.

또한 죄는 다른 이들과의 불화를 낳습니다. 사도가 디도에게 보낸 편지에서 쓴 무시무시하고 따가운 단어들을 보십시오. "우리도 전에는 어리석은 자요 순종하지 아니한 자요 속은 자요 여러 가지 정욕과 행락에 종 노릇 한 자요 악독과 투기를 일삼은 자요 가증스러운 자요 피차 미워하는 자였으나"(딛 3:3). 가면을 쓴 현대인들의 삶을 보십시오. 너무도 영리하고 현대적이어서 그리스도인이 될 수 없는 사람들의 삶을 보십시오. 유행의 첨단을 걷는 사람들의 삶을 보십시오. 겉보기에 그들은 매우 상냥하고, 서로 사랑하며, 아무 문제가 없는 듯합니다. 하지만 그들이 험담하는 말을 들어 보십시오. 그들은 비아냥거리고, 서로 조롱하며, 은연중에 서로의 목을 칩니다. 그들은 "가증스러운 자요 피차 미워하는 자들"입니다! 왜 그럴까요? 죄인이기 때문에, 마음이 부패했기 때문에, 사악하고 하나님의 형상을 잃어버렸기 때문에 그렇습니다.

하지만 그리스도인이 되면 모든 것이 달라집니다. 그에게는 새로운 소망이 생깁니다. 그는 거룩한 삶을 위해 "거룩하신 부르심으로 부르심"을 받습니다. 바울은 디도에게 말합니다. "우리도 전에는……한 자였으나 우리 구주 하나님의 자비와 사람 사랑하심이 나타날 때에 우리를 구원하시되 '우리가 행한바 의로운 행위로 말미암지 아니하고 오직 그의 긍휼하심을 따라 중생의 씻음과 성령의 새롭게 하심으로 하셨나니 우리 구주 예수 그리스도로 말미암아 우리에게 그 성령을 풍성히 부어 주사 우리로 그의 은혜를 힘입어 의롭다 하심을 얻어 영생의 소망을 따라 상속자가 되게 하려 하심이라"(딛 3:3-7). 또 바울은 그 점을 이렇게 설명합니다. "우리를 양육하시되 경건하지 않은 것과 이 세상 정욕을 다 버리고 신중함과 의로움과 경건함으로 이 세상에 살고 복스러운 소망과 우리의 크신 하나님 구주 예수 그리스도의 영광이 나타나심을 기다리게 하셨으니"(딛 2:12-13).

사랑하는 여러분, 이것이 바로 바울이 살아온 삶입니다. 그것은 **살아 있는 삶**이었습니다. 그의 삶은 거룩하고 경건한 삶이었습니다. 그는 더 이상 정욕과 욕망과 욕정에 휘둘리지 않고, 사람들을 미워하고 증오하지 않았습니다. 하나님의 형상대로 창조되어 하나님의 아들을 본받는 새 사람의 삶이었습니다. 이 새 사람은 씻음을 받았습니다. 새로워졌습니다. 다시 지음 받았습니다. "그런즉 누구든지 그리스도 안에 있으면 새로운 피조물이라. 이전 것은 지나갔으니 보라, 새것이 되었도다"(고후 5:17). 그리스도인이 되면 삶과 죽음에 대한 시각이 바뀝니다. 사실상, 그는 모든 것을 다른 시각에서 봅니다. 그가 하나님의 자녀가 되었기 때문입니다. 그는 악한 이 세상은 잠시 머물다 가는 곳이며, 또 다른 세계가 도래하고 있음을 압니다. 그리스도는 의가 거하는 새 하늘과 새 땅을 나타내실 것입니다. 그는 이 세상의 주인이 하나님이심을 압니다. 하나님께서 세상을 이 상태로 내버려 두지 않으실 것을 압니다. 그는 마귀가 최후 승리를 거두지 못할 것을 압니다. 악이 영원히 지속되지 않을 것을 압니다. 그는 이 땅에 계셨을 때 사탄을 이기시고 마지막 원수인 사망을 폐하신 하나님의 아들이 다시 오실 것을 압니다. 그때 그분이 생명과 썩지 않을 것을 드러내실 것을 또한 압니다. 그는 그리스도가 다시 오셔서 자신의 모든 적들을 쓰러뜨리시고, 자신의 모든 원수들을 이기시고, 악과 죄를 추방하실 것을 압니다. 그리고 의가 거하는 새 하늘과 새 땅이 올 것을 압니다. 그때가 되면, 전쟁이 사라질 것입니다. 사람들은 더 이상 서로 증오하고 미워하지 않을 것입니다. 서로 죽이고 해를 끼치면서 경쟁하는 일이 없을 것입니다. 사람들은 모두 새로운 피조물, 곧 하나님의 아들들이 될 것입니다. 하나님의 계명을 알고 지키는 것에서 더 없는 희열을 느낄 것입니다.

사도는 자신이 감옥생활을 견뎌 내고 다가올 죽음에 흔들림 없이 맞설 수 있는 것은, 이 약속들을 믿을 뿐 아니라 경험했기 때문임을 고백합니다. "디모데야, 아무 문제없다. 그런데 너는 왜 마음이 흔들리느냐? 왜 놀라느냐? 왜 나와 복음을 부끄러워하느냐? 왜 고난을 당하지 않으려고 네가 전할 메시지를 완화시킬 생각을 하느냐?" 바울은 말합니다. "기운을 내어 단단히 붙들어라! 네가 어떤 존재인지 기억하여라. 네가 하나님의 자녀임을 기억하여라. 네가 영원의 세계를 향해 길을 떠나는 순례자임을 기억하여라. 사람들이 네게 온갖 해를 가해 죽음으로 내몰더라도 그것은 너의 복되신 주님이자 주인의 임재 안으로 들어가는 것임을 기억하여라. '내가 또 이 고난을 받되 부끄러워하지 아니함은 내가 믿는 자를 내가 알고 또한 내가 의탁한 것을 그날까지 그가 능히 지키실 줄을 확신함이라.'"

사랑하는 여러분, 그러나 여러분이 새로운 삶, 새로운 영, 새로운 마음, 새로운 정신을 갖게 될 때까지는 그러한 고백을 결코 할 수 없습니다. 만물에 대한 여러분의 관점이 완전히 바뀌어야 합니다. 그때에야 비로소 음주와 정치와 섹스에 대한 여러분의 관점이 달라질 것입니다. 과거와 현재와 미래를 비롯한 그 모든 것에 대한 관점이 달라질 것입니다. 모든 것이 변화될 것입니다. 그것을 바라보는 시각도 새로워질 것입니다. 여러분은 "우리가 그리스도의 마음을 가졌으며, 만물을 그분의 시각으로 바라본다"고 정직하게 고백할 것입니다. 그분은 영광의 자리에서 이 땅으로 오셨습니다. 말할 수 없는 비탄에 빠진 인생들을 보셨습니다. 모든 점에서 우리와 같이 시험을 받았지만 죄는 없으셨습니다. 그분은 당당하게 죽음을 맞이하셨습니다. 죽음, 나아가 무덤까지도 폐하셨습니다. 승리하신 가운데, 죽음에서 일어나 영원한 영광의 자리로 돌아가셨습니다. 제가 이 사실을 아는 것은, 그분이 저를 소유하시고 제 영혼을 안전하게 지키시기 때문입니다. 저 역시 영광스러운 천국에 이르러 그분을 뵙고 그분과 영원토록 함께 거할 것이기 때문입니다.

하지만 여러분이 여기까지 이르려면 복음과 기독신앙의 기본 교리를 믿어야 합니다. 그것을 믿을 때 여러분은 새 생명과 그에 따르는 모든 것들을 체험하게 될 것입니다. 여러분에게 거듭 묻습니다. 여러분은 여러분이 믿는 분을 알고 있습니까? 기쁨과 확신 가운데, 여러분 자신과 여러분의 모든 상황을 복되시고 인자하시며 전능하신 그분의 손에 의탁하고 있습니까?

제9장
두려움에서 해방되다

이로 말미암아 내가 또 이 고난을 받되 부끄러워하지 아니함은 내가 믿는 자를 내가 알고 또한 내가 의탁한 것을 그날까지 그가 능히 지키실 줄을 확신함이라.   (딤후 1:12)

디모데후서 1:12을 살펴보면서 우리는, 그리스도인이란 용서받았을 뿐 아니라 철저하게 변화된 사람이고 거듭남과 중생, 새로 태어남을 체험하는 사람이라는 사실을 알 수 있었습니다. 이 용어들은 어떤 사람이 그리스도인이 되면서 일어나는 엄청난 변화를 묘사할 때 사용됩니다. 어떤 사람이 그리스도인이 되면 새로운 사람이 됩니다. 그의 전망이 새로워지고, 갈망이 새로워지고, 소망이 새로워지고, 모든 것이 새로워집니다.

 이 주제를 거듭 다루고자 하는 것은, 누군가 제게 이런 질문을 던질 것 같아서입니다. 여러분은 말합니다. "좋습니다. 저는 목사님이 하신 말씀을 전부 믿고 그대로 받아들입니다. 하지만 목사님도 아시다시피, 우리는 이 세상에서 살아야 합니다. 문제는 이 같은 세상에서 어떻게 살 수 있느냐는 겁니다. '이것을 믿어라, 주 예수 그리스도를 믿어라'는 말은 교회에서는 통하지요. 그러나 세상으로 돌아가면 세상은 여전히 그대로입니다. 세상과 육신과 마귀와 온갖 세력들이 저를 짓누르는데 제가 어떻게 살 수 있겠습니까? 어떻게 살 수 있지요? 여기에 대해 하실 말씀이 있나요? 복음이 여기에 대해 대체 어떤 말을 할 수 있습니까?"

사도는 복음이 해답을 가지고 있다고 분명하게 밝힙니다. 그 해답은 성령의 선물입니다. 그것은 성령이 우리에게 그리고 우리 안에서 행하시는 일, 우리로 하여금 무언가를 할 수 있게 하시는 일입니다. 이것이야말로 사도가 여기서 우리 앞에 제시하는 중요한 사항입니다. 저는 여러분의 주의를 그것에 환기시키고자 합니다. 사도는 이 점을 매우 흥미롭게 설명합니다. (우리는 이 시점에서 특별히 디모데후서 1:7에 집중하고 있습니다.) 그는 "하나님이 우리에게 주신 것은 두려워하는 마음이 아니요 오직 능력과 사랑과 절제하는 마음(또는 단련하는 마음)"이라고 했습니다. 바울이 이렇게 말하는 것은 당시 디모데의 문제가 이른바 "두려워하는 마음"에 있었기 때문입니다. 그래서 사도는 "우리는 두려워해서는 안 된다. 우리가 받은 것은 두려워하는 마음이 아니다"라고 말했습니다. 하지만 디모데는 두려워하고 있었습니다. 인간이 인생에서 패배하는 것은, 궁극적으로 이 두려워하는 마음에 시달리기 때문입니다.

제가 여러분에게 보여드리고자 하는 것은, 두려워하는 마음이 인생의 온갖 실패와 불행의 진정한 원인이자 궁극적 원인이라는 것입니다. 두려워하는 마음은 우리를 낙심시킵니다. 우리를 본질상 파멸에 이르게 합니다. 창세기 3장을 읽어 보십시오. 제가 생각건대, 이 장에 인류 전체의 이야기가 아주 완벽하게 묘사되어 있습니다. 여기서 우리는, 인간의 타락으로 인한 첫 번째 결과가 두려움임을 확실히 알 수 있습니다. 하나님은 인간을 자신의 형상대로 지으셨습니다. 그분은 인간을 완전한 존재로 지으셨습니다. 그분은 인간을 낙원에서 살게 하셨습니다. 그러한 인간에게 하나님과의 교제보다 더 즐거운 일은 아무것도 없었습니다. 인간은 하나님과 친교를 나누도록 지음 받았고 교제를 즐겼습니다. 에덴동산을 거니시는 하나님의 음성이 들려오자 인간은 달려가 그분을 맞이했습니다. 이보다 더 큰 기쁨은 없었습니다. 그러나 인간은 하나님께 반역하고, 불순종하며, 그분을 무시했습니다. 그 후 어떤 일이 일어났는지는 여러분도 잘 아실 것입니다. 그들은 죄를 짓는 순간 두려움에 사로잡혔습니다. 자기들이 벗은 몸인 것을 알고는 두려움에 사로잡혔습니다. 그들은 동산 나무 사이에 몸을 숨겼습니다. 그러자 여호와 하나님이 그들을 부르시며 물으셨습니다. "네가 어디 있느냐?" 아담과 하와는 떨고 겁먹은 채 불안한 모습으로 나타났습니다. 아담은 "하나님의 소리를 듣고…… 두려워하여 숨었나이다"라고 아주 솔직히 털어놓았습니다. 태어나 처음으로 아담과 하와는 두려워하는 마음에 사로잡혔습니다. 그들이 불순종하기 전에는 에덴에 두려움이라는 것이 없었습니다.

　이것이 전반적인 인생철학입니다. 그것은 어떤 의미에서, 모든 성경적 가르침의 핵심입니다. 인간은 하나님의 뜻을 거스름으로써 자유와 행복과 만족과 평안을 얻을 수 있다고 늘 생각해 왔습니다.

오늘날에도 많은 사람들이 그렇게 생각하고 있습니다. 이는 첫 번째 죄를 되풀이하는 것입니다. 어떤 사람은 이렇게 말합니다. "이제 종교에 대한 미련을 버리세요. 아직도 기독교가 궁금하세요? 아, 그건 대중의 마약이고 인민의 아편이죠. 뭐라 부르든 상관없습니다." 또 어떤 사람은 이렇게 말합니다. "지난날 기독교와 교회는 두려움을 무기 삼아 사람들을 억압했습니다. 이건 누구나 다 아는 이야기지요. 기독교와 교회는 사람들로 하여금 두려움과 불안을 느끼게 했습니다. 하나님의 진노 운운하면서 그들에게 겁을 주었지요. 뭐가 뭔지 잘 모르는 사람들이 두려워하면서 교회의 말을 믿었고, 결국에는 꼭두각시가 되었습니다."

별 생각 없이 이렇게 말하는 사람들은 해방과 독립과 평안과 안식과 자유와 기쁨을 맛보며, 삶을 짓누르는 온갖 두려움에서 벗어나는 길이 하나님께 등을 돌리고 반역하며 제멋대로 사는 것이라고 믿습니다. 하지만 성경의 전체 논지는 이와 정반대입니다. 성경은 인간이 두려워하는 마음에 사로잡히는 것은 하나님을 멀리하기 때문이라고 말합니다. 인간이 타락하면서 하나님을 떠나지 않았더라면 하등 두려워할 이유가 없었다는 것입니다. 이 두려움의 요소가 인간사에 끼어든 배경은 바로 그러했습니다. 우리는 지금도 두려움을 느끼고 있습니다. 더 나아가 저는, 이 세상에서 삶을 지배하는 것은 두려움임을 여러분에게 보여드리고자 합니다. 두려움은 상당히 많은 사람들의 삶을 완전히 망가뜨리는 주범입니다.

사도는 디모데에게 이 점을 다음과 같이 설명합니다. "디모데야, 너도 알겠지만 너는 지금 그리스도인이 아닌 것처럼 행동하고 있다. 내게 일어나는 일이나 네게 일어날 수 있는 일에 대한 너의 반응은, 내가 보기에 불신자들이 보일 법한 반응이다." 사도는 연이어 말합니다. "하지만 하나님은 그런 두려워하는 마음을 (그리스도인인) 우리에게 주시지 않았다. 그것은 세상의 마음이다." 사도는 이런 권면을 디모데의 귀가 닳도록 해야 했습니다. 그는 디모데에게 한 말과 정확히 같은 내용을 표현만 약간 바꾸어 로마 교인들에게 이렇게 전합니다. "너희는 다시 무서워하는 종의 영을 받지 아니하고 양자의 영을 받았으므로 우리가 아빠 아버지라고 부르짖느니라"(롬 8:15). 이 구절은 디모데에게 한 말과 정확히 같은 내용입니다.

우리는 이 본문도 함께 숙고해야 합니다. 먼저 두려워하는 마음이 생기는 원인을 고찰할 필요가 있습니다. 사람들이 두려워한다는 사실, 이것이 삶에서 겪는 곤경입니다. 우리가 본래 두려워하는 것은 무엇일까요? 물론 그것은 개인적으로 다릅니다. 감사하게도 사람은 열이면 열, 모두 다릅니다. 기질적으로 남들보다 더 두려움을 느끼는 사람들이 있습니다. 앞서 말씀드렸듯이, 디모데라는 청년이 바로 그러했습니다. 제가 알기로, 거듭나기 이전의 사도 바울도 천성적으로 그러했습니다. 기질적인 문제는 늘 있습니다. 그러나 기질이 어떠하든 그것은 중요하지 않습니다. 이것이 복음의 전반적인 논지입니다. 우리는 이 문제로 시간을 소비할 필요가 없습니다.

이제 여러분이 기질의 문제에 대해 아주 확실히 이해하셨으리라 믿습니다. 우리가 이 구절을 고찰하기 시작했을 때 저는 기질의 문제를 다뤘습니다. 천성이 어떠하냐 하는 것은 전혀 문제가 되지 않습니다. 기독교회의 오랜 역사를 살펴볼 때, 남녀를 불문하고 기질이나 심리나 성품 등이 천차만별인 사람들이 동일한 교회에서 동일한 경험을 함께한다는 사실보다 더 놀라운 것은 없습니다. 낙천주의자들이 있는가 하면 비관주의자들이 있습니다. 쾌활하고 희망에 찬 사람들이 있는가 하면 언제나 사물의 어두운 면을 보는 사람들이 있습니다. 변덕스러운 사람들, 무기력한 사람들도 있습니다. 우리가 저마다 다르다는 사실은 하나님께 감사할 일입니다! 우리가 어떤 사람이냐 하는 것은 중요하지 않습니다.

여기에 한 가지 덧붙일 것이 있습니다. 우리의 민족성이 어떠하냐 하는 것도 중요하지 않다는 점입니다. 민족성은 저마다 다르고 중요한 요소입니다. 특정한 민족성을 가진 사람은 다른 민족에게 없는, 내세울 만한 것을 가지고 있습니다. 그는 다른 민족이 가지지 못한 장점도 가지고 있습니다. 그러나 일단 교회에 나오면 그의 민족성이 어떠하냐 하는 것은 조금도 중요하지 않습니다. 자신의 피부색이 어떠하든, 자신의 배경이 어떠하든, 자신의 문화적 이력이 어떠하든, 그것은 전혀 문제가 되지 않습니다. 우리는 여기서 하나님의 능력과 그분이 어떤 사람에게 역사하심으로 그를 변화시키는 능력에 대해 이야기하고 있습니다. 개인의 성향이 나름대로 중요하다는 점을 저는 인정합니다. 사람은 누구나 내세울 만한 특별한 것이 있습니다. 그것은 각각 다릅니다. 그러나 누구나 같은 수단에 의해 내세울 만한 것을 가질 수 있습니다. 그 수단은 복음의 메시지입니다.

그러므로 우리는 두려워하는 마음이 생기는 더 일반적인 원인들을 고찰해야 합니다. 지금은 역사상 가장 두려워하는 마음이 많은 시대입니다. 제가 볼 때 오늘날 이 나라를 비롯해 전 세계에 두려워하는 마음이 그 어느 때보다 더 확연히 드러나고 있습니다. 이 두려워하는 마음이 생기는 첫 번째 요인은, 이른바 인간의 유한성 때문입니다. 곧 자신이 유한한 존재라는 인식 혹은 자신이 너무 왜소하다는 인식—이런 표현을 써도 된다면—때문이라고 저는 판단합니다.

이 시대와 이 세대의 사람들이 두려움에 휩싸이는 가장 큰 이유가 인간의 유한성 때문이라는 사실은 놀라운 것이 아닙니다. 우리는 이른바 우주 팽창의 시대에 살고 있습니다. 시편기자는 당시에 이렇게 노래했습니다. "주의 손가락으로 만드신 주의 하늘과 주께서 베풀어 두신 달과 별들을 내가 보오니 사람이 무엇이기에 주께서 그를 생각하시며……"(시 8:3-4). 시편기자의 과학 지식은 미미했을 것입니다. 이에 반해 지금 우리의 과학 지식은 해박하기 이를 데 없습니다. 우리는 우주 팽창을 목격합니다. 과학자들이 수십억 광년이라는 시간과 엄청난 우주 공간의 거리, 막대한 힘과 에너지에 관해 이야기하는 것을 듣습니다. 물론 이러한 이야기를 듣거나 읽을 때마다 우리 자신이 참으로 왜소한 존재임을 절감합니다. 우리는 현대인에게서 다음과 같은 엄청난 모순을 발견합니다. 그들은 우주 전체를 연구 대상으로 삼을 만큼 뛰어난 지적 능력을 과시합니다. 반면에 제임스 진스 경이 말하는 이른바 "이 신비로운 우주"의 엄청난 위력 앞에서는 자신이 아주 왜소하다는 것을 느낍니다. 우주의 광대함, 무한한 거리, 은하계, 이처럼 끝없는 광대함에 비추어 볼 때, 인간은 대체 어떤 존재일까요? 인간의 유한성! 진지하게 생각하는 사람이라면 분명 이 모든 것으로 인해 두려워 떨 것입니다. 생각만 해도 너무 무섭기 때문입니다.

이 문제를 좀 더 확대해 보겠습니다. 과학에 의해 발견되고 공개된 이 모든 보이지 않는 에너지와 힘을 보십시오. 원자 내부의 엄청난 힘과 에너지를 생각해 보십시오. 원자력을 생성하는 것은 원자의 분열입니다. 우주 전체가 이처럼 엄청난 힘과 에너지로 이루어져 있어 우리가 형언할 수 없는 긴장 가운데 살고 있음을 생각할 때, 우리는 두려움을 느끼기 시작합니다. 그런 세상에 우리가 살고 있다는 것에 놀라게 됩니다. 뇌성이 울려 퍼질 때 여러분은 겁나지 않습니까? 이 보이지 않는 힘, 전기력, 폭발력에는 엄청난 두려움을 느끼게 하는 그 무엇이 있습니다! 우리가 있는 곳은 바로 이처럼 광대하고 엄청난 세상입니다. 이러한 힘들은 부분적이기는 하지만 인간의 유한성을 말해 줍니다.

자연스럽게 우리는 우리의 무지를 실감하게 됩니다. 인간은 그 어느 때보다 지식의 진보를 자랑합니다. 하지만 지식이 진보하면 할수록 인간은 자신의 무지를 발견합니다. 인간은 자신이 무지하다는 사실을 이해하지 못합니다. 우주는 신비합니다. 우리는 이런저런 사소한 것들을 발견하고는 기뻐 날뜁니다. 아, 우리는 그것을 모릅니다! 그것은 빙산의 일각일 뿐입니다. 우리는 고작해야 수면 위로 떠오른 것을 발견했을 뿐입니다. 나머지 십 분의 구는 아직도 미지의 세계에 속해 있습니다. 그 나머지를 대체 누가 안다는 말입니까? 그래서 우리는 테니슨Alfred Tennyson처럼 말하게 됩니다.

> 우리의 보잘것없는 체계도 전성기,
> 곧 한때를 만나지만 사라지고 만다.
> 그 체계는 한갓 당신 빛의 파편일 뿐.
> 오, 하나님, 주님만이 우리의 체계를 능가합니다.*

결국 우리의 이해력은 얼마나 보잘것없습니까? 우리의 철학은 얼마나 시시합니까! 인간은 본래 자신의 유한성을 느끼게 되어 있습니다. 인간은 어둠 가운데 어떤 미지의 장소에 남겨져 거기가 어딘지, 저 울타리 너머에 무엇이 있는지, 실보퉁이에서 무엇이 나타날지 몰라 불안해 하는 것과 같습니다. 망망대해에서 나뭇잎만한 돛단배나 노 젓는 조각배를 타고서 인간보다 훨씬 더 광대하고 불가해한 힘의 파도와 사투를 벌이고 있는 것과 같습니다. 이것이 인간이 본래 느끼는 감정입니다. 우주 탐색에 나서는 순간 인간은 자신의 유한성을 절감하게 됩니다.

    인간이 두려움을 느끼게 되는 두 번째 요인은, 삶의 무의미함과 무목적성입니다. 저는 지금 비그리스도인에 관해 이야기하고 있습니다. 우주의 광대함과 신비를 일깨우는 과학자들은 우리에게 삶이란 덧없고 무의미하다고, 삶에는 목적이 없으며 죽으면 그것으로 끝이라고 말하는 사람들이기 때문입니다. 그들은 미래를 내다보지

---

* '하나님의 강하신 아들Strong Son of God' 중에서.

못합니다. 세상이 점점 더 나아질 것이라는 확신도 우리에게 주지 못합니다. 그들 중 몇몇은 낙관적으로 전망하지만, 대다수 현실주의자들은 미래를 장밋빛으로 전망할 수 없다고 합니다. 그들에게 그렇게 말할 자격이 없기 때문이라는 것입니다. 그들이 보기에, 모든 것은 눈에 보이지 않는 어떤 비인격적인 힘의 지배를 받고 있는데, 그러한 힘이 무엇을 할지는 모른다는 것입니다. 그 힘이 강해질지 약해질지 그들은 모릅니다. 그것은 지금보다 훨씬 더 멋진 형태로 향상될 수도 있지만, 모든 것을 날려 버릴 수도 있습니다. 그렇게 되면 모든 것이 끝날 것입니다. 그런데 그들은 알지 못합니다. 그 모든 것의 배후에는 어떤 정신도, 어떤 인격도 없습니다.

현대인들은 이런 가르침을 받아 왔습니다. 그래서 인생은 무의미하며 목적이 없다고 생각합니다. 그런 후에 "음, 나는 왜 살아야 하지? 내가 굳이 살아야 할 이유는 무얼까? 얻으려 애쓸 것도, 추구해야 할 목표도 없는데"라고 말합니다. 이 모든 것은 태만과 게으름으로 이어집니다. 더 나아가, 두려워하는 마음으로 이어집니다. "해봤자 아무 소용없는 일을 왜 하려는 거지?"라고 묻거나 "어차피 물거품이 될 거라면 얻으려 애쓸 이유가 없지"라거나 "그것이 어떻게 끝날지 모르겠어"라고 하는 한, 여러분은 그저 허송세월하는 것입니다. 그러면서도 거대한 에너지와 힘을 의식합니다. 이 게으름과 우주의 광대함이 재결합되면 여러분의 두려워하는 마음은 증폭됩니다.

여기에 인간이 두려움을 느끼게 되는 세 번째 요인인 불안감이 더해집니다. 불안감, 곧 미지의 세계에 대한 두려움만큼 우리를 완전히 겁먹게 하는 것은 없습니다. 여러분이 터득한 모든 지식에 대해 하나님께 감사한다고 합시다. 그런데 느닷없이 이런 생각이 듭니다. "갑자기 병이라도 들면 어쩌지? 나는 인생을 즐기고 있고 만사는 너무 순조로워. 사랑스런 가족과 풍요로운 세상, 내가 뭘 더 바라겠어. 그런데 갑자기 병이라도 들면 어쩌지? 건강을 잃거나 치명적인 손실을 입으면 어쩌지? 인생이란 한시도 마음 놓을 수 없구나." 무슨 일이 일어날지 전혀 예측할 수 없는 미지의 세계가 존재합니다. 인생이란 도무지 앞을 내다볼 수 없는 일들로 가득합니다. 무슨 일이 일어날지 예측할 수도, 감을 잡을 수도 없습니다. 사람들은 장래 일이 궁금해 점쟁이를 찾지만 그들도 모르기는 매일반입니다. 그럼에도 현대인은 뗄섬 같은 것에 흥미를 느낍니다. 미지의 세계에 대한 두려움 때문에 사람들은 "앞으로 내게 남은 세월이 얼마나 될까? 미래는 어떻게 펼쳐질까? 알 수만 있다면 무슨 방법을 써 볼 텐데, 그 방법이 무엇일지" 찾고 있습니다. 여러분은 알 수 없습니다. 미지의 세계, 질병, 상실, 또는 인간의 계획과 목표를 산산조각 낼 또 다른 전쟁의 가능성에 대한 두려움이 있습니다.

게다가 전 세계적으로 기근이 일어날 수 있다는 무서운 경고가 끊이질 않습니다! 인구가 폭발적으로 늘어나고 토양이 침식되며, 1950년대 초 인구의 두 배가 될 서기 2000년이 되면 식량은 턱없이 부족할 것입니다. 우리는 지금 굶주림의 문제에 직면하고 있습니다. 그 문제의 이면에는 언제나 죽음의 문제가 도사리고 있습니다.

이 모든 요인들이 작용하여 인간에게 두려움을 불어넣습니다.

그러나 저는 이 두려워하는 마음이 생기는 궁극적이고 주된 원인에 대해서는 아직 설명하지 않았습니다. 그 모든 원인은 창세기 3장에 나타나 있습니다. 인간이 두려워하는 진짜 이유는, 인간이 원래 하나님을 의지하도록 지음 받았기 때문입니다. 인간은 광대하고 무한한 우주에 자리를 잡았습니다. 그렇습니다. 하지만 홀로 내던져진 것은 아니었습니다. 인간은 문 앞에 버려진 아이가 아니었습니다. 작은 돛단배에 몸을 의지한 채 홀로 대서양 한가운데를 항해하는 사람이 아니었습니다. 아닙니다. 결코 아닙니다. 인간은 혼자가 아닙니다. 하나님과 교제하고 친교를 나누도록 하나님에 의해, 하나님을 위해 지음 받았습니다. 인간은 팽창을 거듭하는 광대한 우주 안에 있지만 조물주이자 창조주이신 분과 접촉하고 있습니다. 인간은 하나님을 의지하도록 지음 받았습니다. 죄에 빠진 인간의 전반적인 문제와 현대인의 전반적인 문제는, 인간이 자신에게 부여한 지위를 감당하기에는 역부족이라는 사실입니다. 현대인은 마치 이 세상에 살면서 자신의 힘과 능력을 과신한 나머지 도저히 감당할 수 없는 일에 도전장을 내미는 사람과 같습니다. 그는 자신이 속한 부서의 2인자 혹은 그보다 서열이 낮은 자리에 있으면 역할을 잘 감당합니다. 업무를 훤히 꿰뚫고 있는 상사가 뒤에 있는 한, 그는 간부로서의 역할을 원활하게 수행합니다. 그런데 그는 자신의 능력을 과신했습니다. 가업을 이어받은 많은 젊은이들이 그렇게 우쭐해져서 사업을 망치고 맙니다. 그는 자신의 아버지가 채용한 선배 직원들에게 "저 혼자 다 할 수 있습니다"라고 말하면서 스스로 회장 자리에 앉습니다. 하지만 능력 부족으로 회사는 졸지에 내리막길을 걷습니다. 그는 흔히 말하는, "분수도 모르고 까부는 사람"입니다. 자신이 감당할 수도, 관리할 수도 없는 자리에 올라앉았기 때문입니다. 결국 회사는 문을 닫습니다.

여러분도 지금까지 살아오면서 이런 일을 수없이 겪지 않았습니까? 인간은 자신의 능력을 과신한 나머지 그렇게 해왔습니다. 인간은 이렇게 말해 왔습니다. "하나님은 필요 없어. 내가 우주를 아는데다가 관리까지 할 수 있거든." 그러면서 현대인은 우주를 다스리려 하나 뜻대로 되질 않습니다. 여기저기서 삐거덕거리는 소리가 계속 들립니다. 폭발이 일어나거나 사고가 터집니다. 목숨을 잃고 손실이 생깁니다. 이에 인간은 놀라고 두려워합니다. 기계 전제가 방사시시 시작합니다. 인간은 그리 대단한 존재가 아닙니다. 위에서 군림할 입장도 아니며, 통제할 능력도 없습니다. 인간은 통제자로 지음 받은 것이 아닙니다. 하나님이 우주의 통제자입니다. 그렇기 때문에 인간은 두려워할 수밖에 없습니다. 인간은, 자신이 전공서적을 한두 권 읽었기 때문에 기계류 전체를 다룰 수 있을 것으로 자신하면서 거대한 기계실로 들어가는 사람과 흡사합니다. 각종 지레가 눈에 띕니다. 어떤 지레는 앞으로 당겨도 되고, 어떤 지레는 앞으로 당기면 안 될까요? 여기저기서, 곧이어 기계실 전체에서 문제가 발생합니다! 기계실 전체가 폭발할지도 모른다는 생각에 그는 두렵고 떨립니다. 성경 전체의 가르침에 따르면, 그런 상태가 타락 이후 이 세상에 살고 있는 인간의 자화상입니다. 그것이 두려워하는 마음입니다. 인간은 우주를 떠맡았지만 역부족이었습니다. 인간은 분수를 모릅니다. 그 결과, 지금과 같은 위기상황이 초래되었습니다. 그런데도 자신이 무슨 일을 저질렀는지 모르고 있습니다.

이것은 우리를 두 번째 원리로 이끕니다. 저는 그 원리를 이렇게 설명합니다. 그것들이 두려움을 일으키는 원인이라면 그 결과는 무엇입니까? 이제 우리는 현대인들이 당면한 문제의 핵심에 다다릅니다. 이것은 성경과 대단히 밀접한 관련이 있습니다. 두려움의 첫 번째 결과는 언제나 약함입니다. 두려움은 인간을 마비시킵니다. 여러분은 "두려움에 마비되었다"는 표현을 종종 사용하지 않습니까? 두려움은 여러분에게 해를 가합니다. 두려움은 여러분의 머리를 강타합니다. 말하자면 두뇌를 마비시키는 것입니다. 그 결과 여러분은 절뚝거리고 힘을 못 쓰게 되어 쓰러지고 맙니다. 실제로 많은 사람들이 두려움 때문에 맥없이 주저앉고 정신을 잃습니다. 만약 여러분이 동물을 두려워하면 동물은 이내 낌새를 챌 것입니다. 여러분은 여러분이 두려워하는 말의 등에 올라탄 적이 있습니까? 단언하건대, 말은 여러분이 자신감을 잃고 무서워하고 있음을 즉시 눈치챌 것입니다. 두려움은 언제나 약함과 통제력 상실로 이어집니다. 사도는 디모데에게 그가 잔뜩 주눅이 들어 있다고 말합니다. 디모데는 울먹이고 흐느끼면서 바울에게 편지를 보냅니다. 어찌할 바를 모르기 때문입니다. 거듭 말씀드립니다. 여러분에게 주어진 과제를 처리하기가 겁난다면, 여러분이 두려워하는 마음에 지배당하는 한, 여러분은 그 과제를 처리할 수 없습니다. 무슨 일을 하든지 두려움을 없애는 일이 먼저입니다. 두려움은 언제나 우리를 마비시킵니다.

둘째로, 두려움은 언제나 이기심으로 이어집니다. 이는 두려움과 관련된 특이한 현상입니다. 여러분도 아시겠지만, 두려움에 사로잡힌 사람은 늘 이기적으로 행동합니다. 남녀를 불문하고 누구든 자신에게 닥칠 일이 두렵기 때문입니다. 두려움은 자기보호와 자기보존으로 이어지고, 나아가 타인에 대한 적대감을 낳습니다. 두려움은 우리를 초조하게 만듭니다. 우리는 자신에게 무슨 일이 생기지 않을까 안절부절못합니다. 그 상태가 되면 우리는 예민해집니다. 늘 있는 일인데도 누군가 떠들면 짜증이 나고 그의 흠을 찾게 됩니다. 그리하여 여러분은 늘 곤경에 빠집니다. 속이 부글부글 끓는 것은 이기심이 낳는 결과입니다. 두려움은 으레 그런 결과를 초래합니다. 두려움에 시달리는 아이는 투정을 잘 부리는데, 이런 아이를 달래기란 진땀 나는 일입니다. 아이 자신도 어쩔 줄 모릅니다. 이와 관련해 의사들이 진단을 내릴 때에도 종종 실수가 생깁니다. 사람들은 이런저런 증상으로 의사를 찾아오지만, 그들의 진짜 문제는 그들이 무언가를 두려워한다는 것입니다. 두려움은 수없이 다양한 방식, 이를테면 육체적·정신적·도덕적·영적 또는 그 밖의 여러 방식으로 모습을 드러냅니다. 연약함이나 이기심으로 모습을 드러내기도 합니다. 불행이나 비참함으로 나타날 수밖에 없음은 물론입니다. 두려움과 행복은 공존할 수 없습니다. 아시다시피, 오늘날 이 세계에 불행이 만연한 주된 원인은 바로 두려워하는 마음 때문입니다.

그러나 제가 이 시점에서 특별히 강조하고 싶은 것이 있습니다. 두려움은 언제나 분별없는 행동으로 이어진다는 점입니다. 두려움은 실제로 마비현상을 일으킵니다. 무엇보다도 두뇌를 마비시킵니다. 두려움이 생기면 두뇌가 제 기능을 상실하면서 지극히 분별없는 행동을 하게 됩니다. 바꿔 말해, 두려워하는 마음처럼 무책임한 행동을 유발하는 것은 없습니다. 언제나 그랬습니다. 두려움에 사로잡혀 있는 사람들을 지켜보십시오. 그들은 아주 이상하고 놀랄 만한 행동을 하는데 정작 본인은 그 사실을 모릅니다. 왜 그럴까요? 두려움으로 인해 분별력을 잃었기 때문입니다.

두려움이 초래하는 또 다른 결과는 현실도피입니다. 저는 여기서 매우 실제적으로 말하고자 합니다. 사도 바울의 진단이 오늘날 현대인들이 처한 상황과 어떤 관련이 있는지를 드러내고자 합니다. 두려워하는 마음은 이 시대에 어떤 모습으로 나타납니까? 가장 극명한 형태는 쾌락에 탐닉하는 것입니다. 사람들은 왜 하나같이 쾌락에 빠지는 것일까요? 답은 하나입니다. 현실도피의 한 방편입니다. 인생에 대한 두려움 때문입니다.

전에 제가 인용한 것으로 알고 있는데, 이것은 말 그대로 역사적 사실입니다. 지난 전쟁 초기에 등화관제 규정이 도입되었을 때, 모든 극장과 영화관과 오락시설은 정부의 지시에 따라 문을 닫았습니다. 그 후에 일어난 일을 저는 잊지 못합니다. 왜냐하면 그것이 성경의 가르침을 생생하게 증거했기 때문입니다. 신문은 온갖 수단과 방법을 동원해 영화관과 극장과 오락시설을 개방하라고 관계 당국에 강력히 촉구하는 시민들의 항의시위를 연일 보도했습니다. 이는 사람들이 알게 된 바—그것은 꽤 심리학적인 관찰입니다—가 있기 때문이었습니다. 남녀를 불문하고 극장이나 영화관이나 다른 오락시설 출입이 금지된 가운데 매일 밤 방에 틀어박혀 있을 생각을 하니 전쟁으로 인한 긴장을 해소할 수 없고, 견딜 수 없다고 생각했기 때문입니다. 시민들의 항의와 압력이 거세지자 당국에서는 삼사일 정도의 폐쇄 조치 후—제 기억이 틀리지 않다면—결국 극장과 영화관의 문을 다시 열게 했습니다. 왜 이런 결과가 나타났을까요? 현실도피입니다! 현대인에게 한 일주일 정도 가끔씩 집에 머물면서 삶에 대해 생각하고 삶을 직시하며, 삶의 현실과 그 가능성에 대해 생각하라고 강요한다면 끔찍할 것입니다. 그들은 할 수 없을 것입니다. 그래서 갖가지 형태의 쾌락을 좇아 현실에서 도피합니다.

물론 음주의 경우도 마찬가지입니다. 선생의 와중에 배들이 가라앉고 국민들이 굶어죽을지도 모르는데 음주에는 거의 제한이 없습니다. 왜 그럴까요? 술을 못 마시게 하면 나라가 제대로 돌아가지 않으며, 국민들의 사기 또한 땅에 떨어질 것을 정치인들은 너무도 잘 알고 있기 때문입니다.

오늘날에는 드리나밀purple heart, 각성제pep pill 및 흥분제stimulant와 같은 여러 형태의 마약을 통해서도 그렇게 합니다. 사람들은 대체 어떤 문제가 있기에 마약에 손을 대는 것일까요? 두렵다는 이유 하나 때문입니다. 제 말에 오해가 없기를 바랍니다. 저는 여기서 마약에 손대는 사람들을 비난하려는 것이 아닙니다. 그들을 딱하게 여길 뿐입니다. 제가 복음을 설교하는 것은, 마약과 술과 쾌락과 같은 것이 없이는 한시도 살아갈 수 없는 자들을 딱하게 여기기 때문입니다. 현대인들이 나타내는 증상은 물론 여기서 그치지 않습니다. 개인이나 집단에게서 볼 수 있는 병적 흥분상태가 있습니다. 자신이 보잘것없음을 깨닫고, 아무런 목적의식도 없으며, 핵폭탄 시대를 살아가는 오늘날의 젊은이들이 딱하게 여겨집니다. 그들은 공포에 떨고 있습니다. 그들은 삶을 두려워합니다. 그들은 어떻게 합니까? 그들은 될 대로 되라는 식으로 행동하다가 병적 흥분상태에 빠집니다. 여러분은 천박한 대중스타들과 그 추종자들 그리고 그와 같은 자들이 일으키는 병적 흥분상태에 대해 알고 있을 것입니다. 그들을 비웃지 말고, 그들을 위해 눈물을 흘리십시오. 그들을 위해 정녕 눈물을 흘리십시오! 일종의 질병이자 두려워하는 마음인 이 병적 흥분상태는 결국 지극히 분별없는 행동으로 이어집니다. 그런 사람들은 삶의 의미와 목적을 완전히 상실했습니다. 이것이 바로 병적 흥분상태가 자신을 드러내는 모습입니다. 두려워하는 마음에 사로잡혀 있는 사람이 폭발하는 모습입니다. 그에게는 어떤 답도, 어떤 해결책도 없습니다.

성경의 가르침에 따르면, 두려워하는 마음이 낳는 결과가 있습니다. 두려워하는 마음은 많은 경우 인간을 절망하게 하며 종종 더 이상 견디지 못하고 자살하게 만듭니다. "이젠 못해! 이젠 벗어나야 해!" 하면서 실제로 벗어나게 만드는 것입니다. 이것은 전부 두려움의 영이 낳는 결과입니다. 두려움의 영에 사로잡힌 사람은 비이성적이 되며, 따라서 무책임해집니다. 두려움의 영에 사로잡힌 사람은 머릿속에 떠오르는 온갖 짓을 언제라도 할 수 있습니다. 자기가 무슨 짓을 하고 있는지 모르기 때문에 어떤 미친 짓도 할 수 있는 것입니다.

저는 우리가 살고 있는 이 세대만큼, 특별히 요즘만큼 성경의 가르침이 진실하다는 것을 완벽하게 보여준 시기는 없었다고 생각합니다. 우리는 두려움의 영이 매우 비이성적인 모습으로 나타나고 있는 것을 보고 있습니다. 제가 이 자리에 있는 이유는, 불쌍한 사람들을 탓하기 위해서가 아니라 이 모든 것에 대한 유일한 치료책, 해답이 있음을 알려 주기 위해서입니다. 그것이 무엇일까요? 두려움에 사로잡힌 세상, 지금 우리가 보고 있듯이 공포 때문에 비이성적으로 행동하고 있는 세상에 무슨 말을 해야겠습니까? 제가 이 자리에 있는 이유는, 바로 유일한 해답이 있다는 말을 하기 위해서입니다.

그 해답이 무엇입니까? 정신을 똑바로 차리는 것이 아닙니다. 두려움에 사로잡힌 불쌍한 사람에게 "정신을 똑바로 차리라"고 말하는 것보다 더 바보 같은 짓은 없습니다. 두려워하는 사람은 그렇게 할 수가 없습니다. 하고 싶어도 할 수가 없습니다. 그런데도 이 세상, 똑똑하기는커녕 미련한 이 세상, 일종의 강인한 인생관을 믿는 이 세상은 "정신을 똑바로 차리라"고 말하는 것입니다. 우울증이나 히스테리 같은 증상에 시달리는 사람에게 그런 말을 할 수는 없습니다. 그들은 정신을 똑바로 차릴래야 차릴 수가 없습니다. 그들은 그 수준 밖에 있습니다. 두려움에 사로잡혀 있고 비이성적인 상태에 빠져 있습니다. 비이성적인 사람의 이성에 호소하는 것은 아무 소용이 없는 짓입니다. 철학자들을 위해 덧붙이면, 바로 이것이 버트런드 러셀Bertrand Russell의 최대 약점입니다. 그는 인간이 비이성적이라고 말하면서도, 그 이성에 호소하고 있습니다. 결국 인류의 미래에 대해 그토록 심한 비관론에 빠질 수밖에 없는 이유가 여기 있습니다. 그 두 가지는 공존할 수가 없습니다. 그런데도 러셀은 그런 일을 시도하고 있는 것입니다.

사교의 가르침—예를 들어 '긍정적 사고의 힘' 같은 가르침—에서도 해답을 찾을 수 없기는 마찬가지입니다. 제 말을 오해하지 마시기 바랍니다. 제 말은 사교나 심리학 같은 것들이 전혀 도움이 되지 않는다는 것이 아니라, 근본적인 도움이 되지 않는다는 것입니다. 그런 것들에는 일시적인 마취 효과만 있을 뿐입니다. 크리스천 사이언스는 물질이란 없으며, 병 같은 것도 없다고 주장합니다. 그러니까 사람이 아프다고 생각하는 것일 뿐 실제로 아프지는 않다는 것입니다. "나는 아플 리가 없으므로 아프지 않다"라고 자신을 설득하기만 하면 된다는 것입니다. 그러나 우리는 크리스천 사이언스의 창시자인 메리 베이커 에디Mary Baker Eddy가 말년에 모르핀을 맞아야 했다는 것과 안경을 써야 했다는 것을 알고 있습니다. 그 이론이 맞다면 당연히 많은 통증과 아픔이 해결되어야 할 것입니다. 크리스천 사이언스를 비롯한 사교들은 자신들이 말하는 기능적 질병, 곧 신체기관의 문제가 아닌 가벼운 병에는 꽤 유용합니다. 그러나 신체기관에 문제가 생겼을 때는 당연히 소용이 없습니다. 결국 그 환자는 죽게 됩니다. 베이커 에디가 의사를 청한 것은 그 자신의 가르침에 완전히 위배되는 일이었습니다! 그렇습니다. 이런 가르침들은 어느 정도까지는 유효합니다. 하지만 우리가 지금 다루는 근본적인 질문들을 다룰 수는 없습니다. 이처럼 사교나 심리학이나 쿠에요법(자기암시요법)이나 낙관적이고 이상적인 철학은 문제의 해답이 되지 못합니다. 두 차례의 세계대전으로 이 모든 것들의 밑천이 드러나 버렸습니다. 바로 이런 방법들을 썼기 때문에 지금 이 세대 사람들이 이처럼 무서운 히스테리적 반응을 보이는 것이라고 저는 생각합니다.

바울은 말합니다. "하나님은 우리에게 그런 것들을 주시지 않았다. 그가 우리에게 주신 것은 성령이다. 그는 두려움의 영이 아니라 '능력과 사랑과 절제하는 마음'의 영이시다." 여러분은 사도가 계속 이 말을 한다는 데 주목하게 됩니다. 그는 말합니다. "내가 나의 안수함으로 네 속에 있는 하나님의 은사를 다시 불 일 듯하게 하기 위하여…… 우리 안에 거하시는 성령으로 말미암아 네게 부탁한 아름다운 것을 지키라." 기독교는 이런 것입니다! 단순히 용서와 중생으로 끝나는 것이 아닙니다. 기독교는 그 이상의 것입니다. 기독교는 하나님께서 성령을 보내셔서 우리 안에 '거하게' 하신다고 말합니다. "누구든지 그리스도의 영이 없으면 그리스도의 사람이 아니라"(롬 8:9). 그리스도인들은 모든 면에서 자기 속에 거하시는 성령으로부터 힘을 얻습니다. 저는 이것이야말로 가장 놀라운 일이라고 생각합니다. 우리는 홀로 방치되지 않습니다. 앞서 사용했던 예를 다시 들면, 복음은 예전에 우리가 총지배인과 맺었던 관계를 다시 회복시켜 준다고 할 수 있습니다. 우리는 더 이상 우주의 우두머리 노릇을 하지 않고 올바른 자리로 돌아가서 그의 통제를 받습니다. 그가 우리에게 할 일을 일러 주시고, 권위를 주시고 능력을 주십니다. 성령을 주심으로 이 모든 일을 하십니다.

바꿔 말하면, 인간이 홀로 방치되지 않고 살아 계신 하나님의 영을 받는다는 이 사실에 바로 복음 메시지의 영광이 있습니다. "하나님이 우리에게 주신 것은 두려워하는 마음이 아니요 오직 능력과 사랑과 절제하는 마음이니." 그러나 이 점을 명심하십시오. 성령은 자동적으로 작동하는 힘이 아닙니다. 그렇게 믿는 사람은 기독교를 사교로 변질시키는 것입니다. 그런 사람들은 집회로 모이면 저절로 그 힘이 작동된다고 말합니다. 매번 자동적으로 그 힘이 작동된다는 것입니다. 그러나 그것은 틀린 말입니다. 사도는 디모데에게 "은사를 다시 불 일 듯하게 하기 위하여 너로 생각하게 하노니"라고 말해야 했습니다. 인간 편에서 해야 할 일이 있습니다. 이것은 수동적으로 일어나는 일, 일방적으로 일어나는 일이 아닙니다. 인간이 자기 속에 있는 "은사를 다시 불 일 듯하게" 해야 합니다. 하나님은 성령을 선물로 주십니다. 인간은 이 사실을 알고 성령의 인도에 따라야 하며, 그의 힘과 능력을 가지고 앞으로 나아가야 합니다.

그렇게 할 때 무슨 일이 일어날까요? 두려움의 모든 결과를 해결할 해독제를 얻습니다. "하나님이 우리에게 주신 것은 두려워하는 마음이 아니요 오직 능력"입니다. 능력! 하나님의 능력! 우리 안에서 역사하시며 우리에게 힘을 주시는 능력입니다! "두렵고 떨림으로 너희 구원을 이루라." 왜 그래야 합니까? "너희 안에서 행하시는 이는 하나님이시니 자기의 기쁘신 뜻을 위하여 너희에게 소원을 두고 행하게 하시나니"(빌 2:12-13). 우리는 홀로 방치된 채로 세상이나 육신이나 마귀와 싸우는 것이 아닙니다. 우리는 그렇게 싸울 수가 없습니다. 하나님의 성령이 우리 안에 오셔야 합니다. 그는 능력의 영이십니다. 능히 우리를 지키시고, 우리에게 힘을 주시며, 우리 안에서 역사하시고, 우리 자신과 우리 주변의 모든 것을 변화시키시는 분입니다. 인간이 홀로 방치되지 않는다는 이 사실에 그리스도인의 큰 소망이 있습니다.

사도는 로마서 8장에서 이 점을 놀랍게 입증하고 있습니다. 그는 묻습니다. "그런즉 이 일에 대하여 우리가 무슨 말 하리요?" 그의 대답은 이것입니다. "만일 하나님이 우리를 위하시면—그리스도를 믿을 때 그는 우리 편이 되어 주시며 우리 속에 성령을 보내 주십니다—누가 우리를 대적하리요? 자기 아들을 아끼지 아니하시고 우리 모든 사람을 위하여 내주신 이가 어찌 그 아들과 함께 모든 것을 우리에게 주시지 아니하겠느냐? 누가 능히 하나님께서 택하신 자들을 고발하리요? 의롭다 하신 이는 하나님이시니 누가 정죄하리요? 죽으실 뿐 아니라 다시 살아나신 이는 그리스도 예수시니 그는 하나님 우편에 계신 자요 우리를 위하여 간구하시는 자시니라"(31-34절). 그 다음에 나오는 말씀을 들어 보십시오. "누가 우리를 그리스도의 사랑에서 끊으리요?" 이것은 도전입니다. "환난이나 곤고나 박해나 기근이나 적신이나 위험이나 칼이랴? 기록된 바 우리가 종일 주를 위하여 죽임을 당하게 되며 도살당할 양같이 여김을 받았나이다 함과 같으니라. 그러나 이 모든 일에 우리를 사랑하시는 이로 말미암아 우리가 넉넉히 이기느니라. 내가 확신하노니 사망이나 생명이나 천사들이나 권세자들이나 현재 일이나 장래 일이나 능력이나 높음이나 깊음이나 다른 어떤 피조물이라도 우리를 우리 주 그리스도 예수 안에 있는 하나님의 사랑에서 끊을 수 없으리라"(35-39절). 목숨도, 네로 황제도, 감옥도, 죽음도, 그 어느 것도 끊을 수 없습니다. 그 어느 것도! 왜 그렇습니까? 이것은 하나님의 능력이기 때문입니다. 찬송가에서 노래하는 그대로입니다.

> 그 능력으로 우리 죄 이기시고
> 그 용서하는 사랑으로
> 동이 서에서 먼 것 같이
> 우리 모든 죄 저 멀리 옮기시네.

다른 찬송가도 보십시오.

> 내 죄의 권세 깨뜨려
> 그 결박 푸시고.*

주님께서 친히 말씀하십니다. "아들이 너희를 자유롭게 하면 너희가 참으로 자유로우리라"(요 8:36).

> 매 순간 주가 필요하오니 제 곁에 계시옵소서.

왜 매 순간 계셔야 합니까?

* 찬송가 23장 4절.

주 함께 계시면 큰 시험 이기네.*

전능하신 여호와여,
나는 순례자이니
내가 연약할지라도 주는 강하옵니다.
하늘 떡을, 하늘 떡을 먹여 주시옵소서.
먹여 주시옵소서.

요단 강을 건널 때에
겁이 없게 하시고
서기 뵈는 가나안 땅
편히 닿게 하소서.
영원토록, 영원토록 주께 찬양하리라.
주께 찬양하리라.*

조지 매서슨 George Matheson의 위대한 찬송도 들어 보시기 바랍니다. 이 모든 내용을 얼마나 완벽하게 진술하고 있는지 모릅니다.

저를 포로로 잡아 주소서, 주여.
그래야 제가 자유로워집니다.

---

* 찬송가 500장 2절.
* 찬송가 451장 1, 3절.

"우주의 총지배인이 되려 했던 것을 생각하니 두렵고 무섭고 겁이 납니다. 저를 제 자리로 보내 주십시오"라고 사환이 말합니다. "당신이 본사에 계심을 알아야 제가 평안하겠습니다."

저를 포로로 잡아 주소서, 주여.
그래야 제가 자유로워집니다.

주님이 통제하고 계심을 알아야, 내가 원래 해야 할 일을 할 수 있다는 것입니다.

제 칼을 버리게 하소서.
그래야 제가 승리자가 됩니다.

혼자 있으면
인생이 울리는 경보에 놀라게 됩니다.
주의 품 안에 나를 가두소서.
그래야 제 손이 강해집니다.
주인을 찾기 전까지
제 마음은 연약하고 빈약할 따름입니다.
움직일 힘 하나 없이
바람 부는 대로 흔들립니다.

주께서 사슬로 묶으시기 전까지

자유롭게 다닐 수 없습니다.
주의 비할 데 없는 사랑으로 묶어 주소서.
그래야 죽음의 다스림을 받지 않습니다.

주의 것으로 삼아 주시기 전까지
제 의지는 제 것이 되지 못합니다.
제 의지가 군주의 보좌에 이르려면

보좌야말로 우리 모두가 이르기 원하는 곳 아닙니까? 그러나 우리는 이를 수가 없습니다. 모든 문명이 군주의 보좌에 이르고자 애써 왔지만, 결국 자신이 군주가 아닌 이릿광대임을 깨닫고 있습니다.

제 의지가 군주의 보좌에 이르려면
그 왕관을 벗어야 합니다.

문명은 스스로 만든 번지르르한 왕관을 영원한 세계의 쓰레기 더미 위에 내버리고, 오직 주님만 주실 수 있는 의의 면류관을 받아야 합니다.

주의 품에 기대어
그 안에서 생명을 찾을 때에만,
아무리 부딪쳐도
찌그러지지 않습니다.

능력의 영이 주어집니다. 여러분을 잡아 주고 호위해 주며 힘 있게 하는 하나님의 능력이 주어집니다. 그 영이 있기 때문에 사람이 나에게 무슨 말을 하고 무슨 짓을 하든지 개의치 않습니다. 하나님이 "내가 결코 너희를 버리지 아니하고 너희를 떠나지 아니하리라"고 말씀하셨기 때문입니다(히 13:5). "주의 품 안에 나를 가두소서. 그래야 제 손이 강해집니다." "저를 포로로 잡아 주소서, 주여. 그래야 제가 자유로워집니다." "능력과 사랑"의 영! 오, 이 영은 두려움의 영이 낳는 온갖 것들을 얼마나 완벽하게 해결해 주는지!

앞서 보여드렸듯이, 두려움은 항상 우리를 이기적인 사람, 짜증 내는 사람, 함께 지내기 어려운 사람으로 만듭니다. 무서워하는 사람은 불쌍한 사람입니다. 모든 것이 자기를 대적하며, 세상과 우주 전체가 자기를 대적한다고 생각합니다. 자기도 세상을 미워합니다. 스스로 불행해질 뿐 아니라 남들도 불행하게 만듭니다. 그러나 사도는 우리가 "사랑"의 영을 받았다고 말합니다. 여러분은 그것이 무엇인지 알고 있습니다. 주님이 산상설교에서 이 점을 어떻게 설명하셨는지 기억할 것입니다. "또 네 이웃을 사랑하고 네 원수를 미워하라—너를 사랑하는 사람에게 선을 베풀고, 네게 친절한 사람에게 친절을 베풀며, 너를 사랑하는 사람을 사랑하라—하였다는 것을 너희가 들었으나 나는 너희에게 이르노니 너희 원수를 사랑하며 너희를 박해하는 자를 위하여 기도하라. 이같이 한즉 하늘에 계신 너희 아버지의 아들이 되리니 이는 하나님이 그 해를 악인과 선인에게 비추시며 비를 의로운 자와 불의한 자에게 내려 주심이라. 너희가 너희를 사랑하는 자를 사랑하면 무슨 상이 있으리요. 세리도 이같이 아니하느냐. 또 너희가 너희 형제에게만 문안하면 남보다 더하는 것이 무엇이냐. 이방인들도 이같이 아니하느냐. 그러므로 하늘에 계신 너희 아버지의 온전하심과 같이 너희도 온전하라"(마 5:43-48).

바로 이 사랑의 영이 원수를 사랑할 힘을 주며, 두려움과 두려움이 낳는 온갖 짜증 및 적개심에서 인간을 건져 줍니다. 그는 자신을 헐뜯고 박해하는 사람들과 원수들까지 불쌍히 여깁니다. 복되신 주님이 십자가에 못 박히실 때 하신 말씀을 기억합니까? 그분은 말씀하셨습니다. "아버지, 저들을 사하여 주옵소서. 자기들이 하는 것을 알지 못함이니이다"(눅 23:34). 그분은 무서워하지 않으셨고, 무서워하지 않으셨기에 자신을 못 박은 저들을 미워하지 않으셨습니다. 그분은 하나님의 아들로서, 자신이 영원하신 분의 손 안에 있음을 아셨습니다. 그러므로 "아버지, 저들을 사하여 주옵소서. 자기들이 하는 것을 알지 못함이니이다"라고 말씀하실 수 있었습니다. 바로 이것이 사랑의 영입니다.

인간도 그렇게 할 수 있을까요? 물론 할 수 있습니다. 그러나 성령으로 충만할 때에만 할 수 있습니다. 사도행전에는 스데반이라는 사람의 영광스러운 예가 나와 있습니다. 사도행전 7장은 스데반 이야기를 하면서 그가 "성령 충만"했다고 말하고 있습니다. 그의 성령 충만은 다음과 같이 드러났습니다. 잔인한 자들이 아무 이유 없이 그를 돌로 쳐서 죽였습니다. 바리새인들과 사두개인들과 종교 지도자들이 말 그대로 그를 돌로 쳐서 죽였습니다. 그런데 죽어가는 그의 입에서 나온 말은 이것이었습니다. "주여, 이 죄를 그들에게 돌리지 마옵소서." 왜 그렇게 말했을까요? 두려워하지 않았기 때문입니다. 그때 그 자리에서 두려워하지 않은 사람은 스데반뿐이었습니다. 다른 사람들은 복음의 능력을 어렴풋이 느꼈습니다. 스데반이 산헤드린 공의회에서 연설할 때 그의 얼굴이 빛나는 것을 보았습니다. 영의 능력을 느끼고 겁에 질렸습니다. 그런 상태에 빠진 사람들은 항상 비이성적인 행동을 하게 되어 있습니다. 그들은 스데반을 살해했습니다! 돌로 친 자들은 겁에 질렸던 반면에, 돌에 맞아 죽어가는 사람은 지극히 평안했습니다. 그들을 불쌍히 여기면서 그들을 위해 "주여, 이 죄를 그들에게 돌리지 마옵소서"라고 기도했습니다. 그는 능력의 영뿐 아니라 사랑의 영을 가지고 있었습니다.

마지막으로, 성령은 우리에게 "절제하는 마음", 곧 자제심을 주십니다. 오, 이것은 놀라운 것입니다. 자기통제력! 성령이 우리 안에 계시면서 역사하시면 어떤 일에도 과격한 반응이 나오지 않습니다. 이성을 잃고 공황 상태에 빠지지 않습니다. 자제심을 잃고 "무슨 일이지? 하나님이 사랑의 하나님이시라면 왜 이런 일이 일어나는 거지?"라고 말하지 않습니다. 세상에 종말이 온 것처럼 미친 듯이 뛰어다니거나 비이성적인 행동을 하지 않습니다. 절대 그렇게 하지 않습니다! 하나님의 성령이 그 속에 역사하시는 사람은 강해지며, 사랑할 뿐 아니라 이성적이 됩니다. 세계의 역사를 제대로 이해할 수 있는 사람은 그리스도인밖에 없습니다. 아시다시피, 현대 세계는 이해하지 못합니다. 예컨대, 우리는 새로운 폭력 사태를 조사하기 위해 위원회가 꾸려졌다는 기사를 접합니다. 왜 위원회를 꾸릴까요? 그 사태를 이해하지 못하기 때문입니다. 사람들이 왜 이런 식으로 행동하는지 이해하지 못하기 때문입니다. 그 이유를 설명해 주실 수 있는 분은 성령밖에 없습니다. 하나님을 떠난 인간은 어떤 모양, 어떤 형태로든 폭력적인 행동을 하게 되어 있습니다. 인간은 항상 그래왔습니다. 나타나는 모습은 다양하지만 원리는 항상 동일합니다. 우리에게 자제심과 절제하는 마음과 자기 통제력을 주어 현재 일어나는 일을 이해하게 하시는 분은 성령이십니다.

다음과 같이 설명해 보겠습니다. 바울이 실제로 디모데에게 하는 말의 요지는 이것입니다. "디모데야, 온 세상이 내 설교를 듣고 기뻐할 것이라고 생각했느냐? 그들이 나를 옥에 가두고 죽이겠다고 위협하는 것을 보고 놀랐느냐? 정말 그것에 놀랐느냐? 디모데야, 네 지각은 다 어디로 갔느냐? 너는 사건에 바로 반응하고 있다. 왜 그것을 가볍게 내려다보지 못하느냐? 왜 그리스도의 마음을 작동시키지 않는 것이냐? 죄에 빠진 인간은 이렇게 행동할 수밖에 없다는 것을 왜 알지 못하느냐? 죄인이 볼 때 복음은 미련한 것이다. 그는 눈이 멀어서 복음이 자신을 대적한다고 여긴다. 하나님이 자신을 대적한다고 여긴다. 하나님의 아들이 오셨을 때에도 자신을 대적한다고 생각했다. 그는 비이성적으로 행동할 수밖에 없다. 디모데야, 이 일을 가볍게 내려다보아라. 그러면 놀라지 않고 그 실상을 꿰뚫어 볼 수 있다. 성령을 통해 이 일을 이해하여라."

성령은 이 모든 것을 이해하고 꿰뚫어 보게 하실 뿐 아니라, 감사하게도 그 너머까지 보게 해주십니다. 하나님이 허락하시면 다음번에는 이 문제에 여러분의 주의를 환기시키고자 합니다. "내가 또 이 고난을 받되 부끄러워하지 아니함은—왜 부끄러워하지 않습니까?—내가 믿는 자를 내가 알고 또한 내가 의탁한 것을 그날까지 그가 능히 지키실 줄을 확신함이라." 그날을 얼핏이라도 본 사람은 지금 이 세상, 곧 지나갈 악한 세상에서 일어나는 일을 결코 두려워하지 않습니다.

사랑하는 여러분, 여러분 안에는 하나님의 성령이 계십니까? 지금 이 순간, 여러분의 삶을 지배하는 영은 어떤 것입니까? 이것은 아주 실제적인 문제입니다. 감사하게도 저는 지금 이론적인 이야기를 하고 있지 않습니다. 여러분을 지배하는 영은 무엇입니까? 여러분은 두려워하고 있습니까? 자신의 유한성과 불확실성 때문에, 눈에 보이는 것과 보이지 않는 것 때문에, 알 수 있는 것과 알 수 없는 것 때문에 겁에 질려 있습니까? 아니면, 능력과 사랑과 절제하는 마음을 가지고 있습니까? 이것을 가지지 못한 사람이 해야 할 일은 오직 있는 모습 그대로, 지체 없이 하나님께 나아가는 것입니다. 자신의 어리석음과 실패를 인정하고 고백하십시오. 그 아들 예수 그리스도, 우리에게 나타나셔서 사망을 폐하시며 복음으로써 생명과 썩지 아니할 것을 드러내신 구주에 관한 메시지를 믿으십시오. 그분을 여러분의 죄를 위해 죽으신 하나님의 아들로 믿으십시오. 여러분을 하나님과 화목케 하심으로 그분의 자녀가 되게 하시고, 천국의 후사가 되게 하신 그분을 하나님의 아들로 믿으십시오. 그분에게 자신을 드리십시오. 그러면 그분의 영을 여러분 안에 주실 것입니다. 그분의 영은 능력의 영이요, 사랑의 영이요,

절제하는 마음의 영입니다. 그분께서 두려움의 영에서 여러분을 구해 주시며, 두려움이 가져오는 모든 비이성적인 것에서 여러분을 구해 주실 것입니다.

　사랑하는 여러분, 이 복되신 하나님의 아들을 알기 전까지 쉬지 말고 잠잠하지 마십시오. 그분은 이 모든 것을 겪으셨고, 이 모든 것을 정복하셨으며, 영원한 영광으로 들어가는 길을 열어 놓으셨습니다. 그분을 알아야 합니다. 그렇게 할 때, 여러분은 무슨 일이 닥치든지 "내가 또 이 고난을 받되 부끄러워하지 아니함은 내가 믿는 자를 내가 알고 또한 내가 의탁한 것을 그날까지 그가 능히 지키실 줄을 확신함이라"고 고백할 수 있습니다.

제10장

그날

이로 말미암아 내가 또 이 고난을 받되 부끄러워하지 아니함은 내가 믿는 자를 내가 알고 또한 내가 의탁한 것을 그날까지 그가 능히 지키실 줄을 확신함이라. (딤후 1:12)

이미 살펴보았듯이, 기독교 메시지의 영광은 인간이 홀로 방치되지 않고 살아 계신 하나님의 성령을 받는다고 선포한다는 데 있습니다. 이제껏 강조한 바대로 우리가 세상에서 승리할 수 있는 유일한 방법, 세상의 주인이 될 수 있는 유일한 방법은 바로 이 메시지를 믿는 것입니다. 그렇다고 여기에 무슨 기발한 치료책이 있는 것은 아닙니다. 저는 그런 것을 여러분에게 제공해 드릴 수가 없습니다. 물론 마음만 있다면 몇 가지 일은 할 수도 있을 것입니다. 아시다시피, 사람들의 심리를 교묘히 이용하기란 그리 어렵지 않으니 말입니다. 이처럼 저도 몇 가지 일을 할 수는 있지만, 하고 싶지 않습니다. 그렇게 잠시 행복한 느낌만 주고 마는 것은 복음을 가로막는 짓이기 때문입니다. 제가 혹 그런 죄를 지은 적이 있다면 하나님이 용서해 주시기를 바랍니다. 저는 제 힘으로는 아무것도 하지 않을 작정입니다. 제가 할 일은 오직 여러분을 복음으로 인도하고, 그 복음을 주신 주님의 영광으로 인도하며, 주님에 관한 진리를 일깨우는 것입니다. 그러므로 일종의 심리적 효과를 내기 위한 시도는 어떤 것도 하고 싶지 않습니다. 그렇습니다. 저는 오직 진리만 전할 것입니다. 주님이 배에 앉거나 산에 올라 전하셨던 그 진리만 전할 것입니다. 복음을 거들어 줄 외적인 방법들은 전혀 필요치 않습니다. 복음은 진리 그 자체이기 때문입니다. 설교자의 임무는 오직 모든 사람에게 진리를 제시하는 것입니다. 바울이 디모데에게 말하는 요지가 바로 이것입니다. "내 모습은 지금 이렇지만, 이런 상황 속에서도 내가 믿는 바로 그것 때문에 전혀 부끄럽지 않다. 너도 그래야 한다."

사도는 6절부터 14절에 이르는 단락 전체에서 이 위대한 진리를 세분하여 기독교 교리를 요약하는 수고를 함으로써, 낙담한 디모데로 하여금 다시 그 진리로 돌아가 그 진리를 명확히 확인하도록 하고 있습니다. 복음은 단 하나입니다. 배타적인 것입니다. 세계신앙대회는 필요치 않습니다. 기독신앙에는 어떤 도움도, 어떤 부가적인 것도 필요치 않습니다. 이른바 타종교들에서 얻어 올 것이 하나도 없습니다. 그런 것은 전혀 필요치 않습니다. 이 복음은 세상에 단 하나밖에 없는 유일한 것입니다. 그렇기 때문에 사도가 디모데에게 이 복음을 굳게 붙잡으라고, 그러면 모든 문제가 해결될 것이라고 말하는 것입니다. 사랑하는 여러분, 우리도 똑같은 교훈을 배워야 합니다.

우리는 이 영원한 복음을 알아야 합니다. 제가 거듭 강조하고 싶은 점은, 복음을 알되 전체적으로, 전부 다 알아야 한다는 것입니다. 일부 내용만 받아들여서는 진정한 복을 받을 수가 없습니다. 복음 전부를 있는 그대로 받아들여야 합니다. 복음의 영광은 이것이 하나의 완벽한 통일체를 이루고 있다는 데 있습니다. 복음을 읽고 연구하는 세월이 쌓이면 쌓일수록 저는 이 점에 놀라며 경탄하게 됩니다. 그 어느 때보다 오늘밤 복음은 저에게 더 놀랍게 다가오며, 똑같은 이유로 저를 떨리게 만듭니다. 복음은 얼마나 완벽한 철학인지! 복음을 보완할 것은 아무것도 없습니다. 복음은 만물을 바라보는 크고 거대하며 온전하고 균형 잡힌 관점입니다. 우리는 그 전체를 받아들여야 합니다.

　지금까지 우리는 복음의 각 부분을 살펴보았습니다. 제가 볼 때 이제 근본적인 교리를 다룰 차례가 되었습니다. 우리는 인간에 대한 교리를 살펴보았고, 바울이 강조하는바 영혼에 대한 교리, 우리와 하나님의 관계에 대한 교리, "나타나심으로……사망을 폐하시고 복음으로써 생명과 썩지 아니할 것을 드러내신" 주 예수 그리스도의 위격에 대한 교리―그의 죽음과 부활과 속죄에 대한 모든 교리를 포함하여―를 살펴보았습니다. 그 모든 내용이 여기에 완벽하게 요약되어 있습니다. 그 다음으로 우리가 듣게 되는 것은, 구속자 되신 그리스도와 구원의 본질에 관한 가르침입니다. 바울이 거듭 제시하는 다음과 같은 요약문에서도 이 가르침을 볼 수 있습니다. "우리의 행위대로 하심이 아니요 오직 자기의 뜻과 영원 전부터 그리스도 예수 안에서 우리에게 주신 은혜대로 하심이라."

바로 이것이 우리가 구원받는 방식이며, 구원의 본질입니다. 그는 연이어 그것이 어떻게 죄 사함으로 연결되고 새로운 출생으로 연결되는지 알려 줍니다. "거룩하신 부르심"을 받으면 새 생명을 얻고, 성령을 받아 우리 속에 모시게 되며, 두려움의 영에서 해방됩니다.

그 다음에 나오는 것은 기독교 교리, 기독교 가르침의 마지막 중요한 요소인데, 본문은 그것을 "그날"이라는 단어로 표현하고 있습니다. "내가 믿는 자를 내가 알고 또한 내가 의탁한 것을 **그날**까지 그가 능히 지키실 줄을 확신함이라." 앞에서 저는 기독교 교리 전체를 믿는 것이 중요하다고 했는데, 20세기에 "그날"에 관한 기독교의 가르침을 아는 것보다 더 중요한 일은 없는 듯합니다.

이것은 사도의 체험 중에서도 가장 긴요한 부분에 속합니다. 신약성경의 가르침을 접할 때마다 항상 발견하게 되는 특징 중에 하나라고 말해도 무방할 것입니다. 디모데후서 4장을 보면 사도가 다시 이 말을 하면서, 같은 내용을 다르게 표현하고 있는 것을 보게 됩니다. "전제와 같이 내가 벌써 부어지고 나의 떠날 시각이 가까웠도다. 내가 선한 싸움을 싸우고 나의 달려갈 길을 마치고 믿음을 지켰으니 이제 후로는 나를 위하여 의의 면류관이 예비되었으므로 주 곧 의로우신 재판장이 그날에 내게 주실 것이며 내게만 아니라 주의 나타나심을 사모하는 모든 자에게도니라"(6-8절).

성경 마지막 책인 요한계시록은 사실상 "그날"에 대한 주해서입니다. 성경 전체가 한 큰 날을 가리키고 있습니다. 신약 시대의 그리스도인들이나 그중에서도 특히 사도 바울 같은 사람이 어떻게 그런 삶을 살 수 있었는지 알아보려면, 그들이 "그날"을 어떻게 생각했는지를 살펴보면 됩니다. 계속 앞으로 나아갈 힘을 주고, 담대함과 용기를 주며, 기꺼이 죽을 수 있게 해준 것이 바로 이것이었습니다. 1세기에 그리스도인으로 산다는 것은 쉬운 일이 아니었습니다. 로마제국 안에 사는 자들은 모두 "황제가 주主"라고 말해야 했습니다. 그러나 그리스도인들은 그렇지 않음을 알았기 때문에 그렇게 말할 수가 없었습니다. 그리스도인들은 "예수가 주"라는 것과 예수 외에 다른 주는 없다는 것을 알았습니다. 그러나 "황제가 주"라고 말하지 않는 자는 죽임을 당하거나 경기장에 사자 밥으로 던져져야 했습니다.

그런 상황에서 초대교회 그리스도인들은 어떻게 했습니까? 조금도 주저하지 않고 "예수가 주"라고 말했습니다! 어떻게 그렇게 말할 수 있었을까요? "그날"을 생각했기 때문입니다. 사도가 감옥 안에서도 "지금 황제로 있는 네로라는 자가 나에게 무슨 짓을 하든 상관없다. 나는 그날을 생각하고 있다. 내 시선은 그날에 고정되어 있다"라고 말할 수 있었던 것도 그 때문입니다. "내가 또 이 고난을 받되 부끄러워하지 아니함은"이라고 말할 수 있었던 것도 그 때문입니다. "그날"에 관한 교리를 이해하지 못하면 신약성경도 이해할 수가 없습니다. 이들을 지탱해 주고 이처럼 놀라운 자들이 되게 해준 것이 바로 이 교리였습니다. 결국 이 교리가 로마제국과 고대 세계를 뒤흔들어 놓았습니다. 그리스도인들에게는 그리스 철학으로 결코 불가능한 방식의 삶과 죽음을 가능케 하는 무언가가 있었습니다. 철학자들 중에는 그 대단한 두뇌와 사고력에도 불구하고 자살을 택한 자들이 많았습니다. 그러나 그리스도인들은 삶과 죽음의 주인처럼 보였습니다. 실제로 고대 세계를 뒤흔든 것이 바로 이것이었습니다. 마지막 날, 그 "날"에 대한 그리스도인들의 믿음이 고대 세계를 뒤흔드는 데 크게 작용했습니다.

더 나아가 구약성경의 핵심 메시지도 동일하다고 말할 수 있습니다. 구약성경에서 이스라엘 자손들의 역사를 죽 읽어 보되, 특히 가장 뛰어난 사람들과 인물들의 이야기를 읽어 보시기 바랍니다. 성경이 무슨 말로 그들을 설명하고 있습니까? 히브리서 11장에는 아벨과 노아, 에녹, 아브라함, 모세 같은 거인들의 위대한 초상들이 나오고 있습니다. 그들의 비결이 무엇이었습니까? 히브리서 기자는 그 비결을 소개하면서 다음과 같이 설명하고 있습니다. 예컨대, 아브라함에 대해서는 "믿음으로 그가 이방의 땅에 있는 것같이 약속의 땅에 거류하여 동일한 약속을 유업으로 함께 받은 이삭 및 야곱과 더불어 장막에 거하였으니"라고 말합니다. 아브라함에 그렇게 한 이유가 무엇입니까? "하나님이 계획하시고 지으실 터가 있는 성을 바랐"기 때문입니다. 히브리서 기자는 더 나아가 좀 더 명확한 설명을 해주고 있습니다. "이 사람들은 다 믿음을 따라 죽었으며 약속을 받지 못하였으되 그것들을 멀리서 보고 환영하며 또 땅에서는 외국인과 나그네임을 증언하였으니"(9, 10, 13절).

모세의 경우를 보십시오. 애굽 공주의 아들로 자라난 이 명석한 청년은 전도가 아주 유망했습니다. 그런데 그 모든 것을 포기해 버렸습니다. 왜 그랬을까요? 이 다른 백성, 유다 백성, 이스라엘 백성에 소속되었기 때문입니다. 그 때문에 그는 우리가 아는 그 모든 일을 겪어야 했고 끝까지 감내해야 했습니다. 그렇게 할 수 있었던 비결이 무엇입니까? 들어 보십시오! "믿음으로 모세는 장성하여 바로의 공주의 아들이라 칭함 받기를 거절하고 도리어 하나님의 백성과 함께 고난 받기를 잠시 죄악의 낙을 누리는 것보다 더 좋아하고 그리스도를 위하여 받는 수모를 애굽의 모든 보화보다 더 큰 재물로 여겼으니 이는 상 주심을 바라봄이라. 믿음으로 애굽을 떠나 왕의 노함을 무서워하지 아니하고 곧 보이지 아니하는 자를 보는 것 같이 하여 참았으며"(24-27절). 이것이 비결이었습니다. 이것이 신약의 성도들뿐 아니라 구약에 나오는 모든 믿음의 거인들을 만들어 낸 비결이었습니다.

이처럼 그들은 모두 "그날"을 바라보며 살았습니다. 그것이 모든 상황을 바꾸어 놓았습니다. 그들은 삶을 다른 관점으로 바라보았습니다. 그들은 하루하루 근근이 살아가는 자들이 아니었고, 인간 역사의 희생자들이 아니었습니다. 그들에게는 다른 역사가 있었으며, 그들의 시선은 "그날"에 흔들림 없이 고정되어 있었습니다. 이것은 성경 전체를 특징짓는 큰 기조입니다.

그뿐만이 아닙니다. 이것은 기독교회사 가운데 가장 두드러진 시기와 시대를 특징짓는 큰 기조이기도 합니다. 그 이야기를 읽어 보면 얼마나 놀라운지 모릅니다! 순교자들과 증거자들confessors의 이야기를 읽어 본 적이 있습니까? 로마 경기장을 비롯한 여러 곳에서 사자들의 먹잇감이 되었던 초창기 그리스도인들에 대한 이야기는 앞에서 이미 했습니다. 그리스도인들은 그런 박해에 굴하지 않았습니다. 그 후에도 이 같은 일은 계속되었습니다. 순교자들의 이야기는 어느 시대에서나 찾아볼 수 있습니다. 종교개혁자들의 이야기를 들어 보셨습니까? 스미스필드에서 화형당한 사람들, 옥스퍼드에서 화형당한 순교자들의 이야기를 들어 보셨습니까? 그들의 행동을 어떻게 설명하겠습니까? 그들이 종교 당국이나 정치 권력에 굴복하지 않은 이유가 무엇입니까? '피의 메리Bloody Mary'라고 부르는 메리 여왕에게 항거한 이유가 무엇입니까? 그에게 굴복하고 목숨을 구하지 않은 이유가 무엇입니까? 그 대답은 한 가지뿐입니다. "그날"과 "상 주심"(히 11:26)을 바라보았기 때문인 것입니다.

장로교 지지를 맹세한 17세기 서약자들Covenanters, 초기 감리교 신자들을 비롯한 평범한 사람들도 보시기 바랍니다. 그들도 똑같았습니다. 찬송가에 "그날"에 대한 내용이 그토록 많이 나오는 이유가 바로 여기 있습니다. 어느 시대, 어느 세대 사람이든 신약 시대의 그리스도인들은 스스로 세상의 순례자요 나그네로 생각합니다. 바울처럼 "우리의 시민권은 하늘에 있는지라"고 말하면서 앞으로 다가올 "그날"에 맞추어 살아갑니다(빌 3:20). 이것이 시대를 막론하여 교회와 교회의 위대한 백성들이 가지고 있었던 비결입니다.

그러나 우리 모두 알고 있듯이, 이 교리는 20세기에 거의 전적으로 무시되고 있습니다. 이 교리에 대해 말하는 사람이 아무도 없습니다. 모두가 이 세상의 관점에 사로잡혀 있습니다. 내세는 당연히 웃음거리가 되어 있지 않습니까? 20세기, 특별히 20세기 전반 사람들은 "그날"에 대한 이야기를 "뜬구름 잡는 소리"라고 비아냥

거리는 것을 똑똑한 짓으로 여겼습니다. 왜 그랬을까요? 그들은 세상을 바로잡기 원했습니다. 그 당시는 이른바 "사회복음"의 시대였습니다. 그들은 1906년 이후로 위대한 자유당 정부가 하나님 나라, 곧 천국의 도래를 알리며 법으로 그 일을 이루어 낼 것을 진심으로 믿었습니다. 지식과 교육과 학습과 과학으로 그 일을 해낼 것을 진심으로 믿었습니다. 전쟁은 사라지고 모든 사람이 친구가 되며 전보다 더 쉽게 여행하게 될 것을 믿었고, 사람들이 서로 알고 사랑하기만 하면 된다고 믿었습니다. 이 새로운 세기에 해방이 찾아올 것을 믿었기에 더 이상 "그날"을 이야기하지 않았고, "뜬구름 잡는 소리"라며 비웃었습니다. 그들은 세상을 완벽하게 만들고자 했고, 진심으로 그렇게 될 것을 믿었습니다. 그런데 1914년 8월 4일에 그 믿음은 산산조각이 났고, 그로부터 악몽 같은 4년이 이어졌습니다.

그럼에도 이 교리는 여전히 사람들의 관심 밖에 있습니다. 인간은 그동안의 실패에도 불구하고 여전히 이 세상을 완벽하게 만들 수 있다고, 세상을 바로잡고 더 나은 곳으로 만들기 위해 그 일에 집중하기만 하면 된다고 믿고 있습니다.

오해하지 마시기 바랍니다. 물론 우리 모두는 이 세상을 더 나은 곳으로 만들 수 있다고 믿고 있으며, 상식이 있는 사람이라면 누구나 정치적이고 사회적인 행동을 하는 것이 옳다고 믿을 것이 틀림없습니다. 그러나—이 "그러나"가 아주 중요한데— 성경 가르침의 주된 강조점은 거기에 있지 않습니다. 우리의 마음에 들든 그렇지 않든, 성경은 이 옛 세상이 악한 세상이요 저주받은 세상이요

망할 세상임을 아주 분명하게 밝히고 있습니다. 이것이 기독교의 현실성입니다. 성경의 가르침에 따르면, 정치적이고 사회적인 행동으로 세상을 바로잡을 수 있다고 진심으로 믿는 사람이야말로 오늘날 누구보다 미혹에 빠져 있는 사람입니다. 바보 중에서도 큰 바보입니다. 그런 일은 일어날 수가 없습니다. 인간의 본성 자체가 죄에 빠져 있기 때문입니다. 문명의 전 역사는 세상을 완벽하게 만들려는 인간의 시도에 대한 이야기로 이루어져 있습니다. 그러나 그 시도가 성공한 적은 단 한번도 없으며, 최후의 성공이 눈앞에 다가온 것처럼 보이는 20세기에 인간은 어느 때보다 큰 실패를 겪고 있습니다.

그러나 현대인들은 여전히 이런 생각을 달가워하지 않고 있습니다. 그들은 세상에 살면서 세상을 바로잡고 싶어 합니다. 그들에게 줄 대답은 한 가지뿐입니다. 곧, 소망은 장차 다가올 세상에 있다는 것입니다. "그날"에 있다는 것입니다. 이것은 중대한 메시지입니다. 참으로 그렇지 않습니까? 세상이 진보하는 것은 좋은 일입니다. 그러나 설령 의회의 법률을 전부 통과시켜 우리가 상상할 수 있는 있는 가장 완벽한 법을 만들어 낸다 해도, 병에 걸리거나 실연한 개인에게는 큰 도움이 되지 않습니다. 복지국가가 되는 것이 각 개인에게 무슨 위안이 되겠습니까? 목숨보다 더 소중한 사람이 죽어서 내 곁을 떠날 때에는, 다른 환경이 아무리 완벽하다 한들 도움이 되지 않습니다.

아주 근본적인 문제, 참으로 중요한 영역에서는 인간이 진보를 이루어 낸다 한들 상관도 없고 소용도 없는 것처럼 보입니다. 죽음이라는 중대한 사실과 관련해서는 더더욱 그렇습니다. 이런 것들이 아무 도움도 되지 않습니다. 법을 통해 우리가 상상할 수 있는 가장 완벽한 세상을 만든다 해도 마지막 여행을 떠나는 일에는 아무 도움이 되지 않습니다. 종종 말씀드렸듯이, 현대인은 죽는 일을 제외한 거의 모든 일을 계획하고 준비합니다. 심지어 자기의 장례식도 준비합니다. 그러나 죽는 일 자체는 준비하지 못합니다. 장례를 위한 보험을 비롯하여 각종 보험을 들고 온갖 것을 준비해 놓지만, 정작 가장 중요한 일인 죽음 자체는 준비하지 않으며 한번도 직시하지 않습니다. 현대의 비극, 현대의 실패를 낳는 전적인 원인이 여기 있습니다.

"그날"에 대한 교리는 이 모든 것에 대한 대답이 됩니다. 다음과 같이 요약해 보겠습니다. 사도가 말하는 것은 이것입니다. "내가 의탁한 것을 그날까지 그가 능히 지키실 줄을 확신함이라." 이것은 단순히 죽은 후의 삶을 가리키는 말일까요? 미래의 상태를 가리키는 말일까요? 영혼 불멸을 뜻하는 말일까요? 대답은 전부 아니라는 것입니다. 물론 이런 의미들도 있지만, 이보다 한없이 더 큰 의미가 있습니다. "그날"에 대한 기독교의 특별한 교리는 고작 이런 것에 그치지 않습니다.

사도는 이 구절에서 이 세상을 향한 하나님의 큰 계획과 목적의 완성에 대해 가르치고 있습니다. 그의 표현방식에 주목하시기 바랍니다. 물론 이것은 사도가 곳곳에서 가르치는 중요한 주제 가운데 하나입니다. "하나님이 우리를 구원하사 거룩하신 소명으로 부르심은 우리의 행위대로 하심이 아니요 오직 자기의 뜻과 영원 전부터 그리스도 예수 안에서 우리에게 주신 은혜대로 하심이라." 이것은 비밀입니다. 성경이 처음부터 끝까지 전하는 메시지가 바로 이것입니다. 하나님이 이 세상을 향한 계획과 목적을 어떻게 펼쳐 나가시는지 이야기하고 있습니다. 그렇기 때문에 제가 기쁘게 이 복음을 전하는 것이며, 지금 세상에서 벌어지고 있는 온갖 일들에도 불구하고 굉장한 낙천주의자로 이 강단에 서 있는 것입니다. 저는 인간이 방치되어 있지 않음을 압니다. 하나님이 관여하고 계시며, 계획과 목적을 가지고 계십니다. 그는 그 계획과 목적을 실행하고 계시며, 곧 완성하실 것입니다. 바로 그 완성의 날이 "그날"이며 역사의 종말입니다.

그리스도인을 비롯하여 우리 모든 사람의 문제점은 나무만 보고 숲을 보지 못한다는 것입니다. 성경을 읽을 때 방향을 잡지 못하고 세부사항에만 치중합니다. 우리는 이 점에 주의해야 합니다. 물론 세부사항도 알아야 합니다. 그러나 성경 전체를 읽어야 하며, 적어도 일년에 한 번씩은 읽는 것이 좋습니다. 그렇다고 성경을 죽 훑어보기만 하면 안 됩니다. 계속 뒤로 물러나 "이것이 전체적으로 말하는 바가 뭐지?"라고 물어야 합니다. 전체를 놓치면 곤경에 빠지기 때문입니다.

디모데도 바로 이 점에서 넘어졌습니다. 저는 디모데가 주님의 위격과 구속 및 구원의 방법에 대한 교리를 제대로 알고 있었다고 확신합니다. 그러나 "그날"은 잊어버렸습니다. 하나님의 목적은 잊어버렸습니다. 오늘날에도 그런 사람들이 아주 많이 있습니다. 개인적인 용서의 확신과 이제 죄 사함을 받았으므로 행복해질 수 있다는 확신은 그토록 강조하는 복음주의자들이 복음의 세계관, 곧 "그날"은 생략하고 있습니다. 최고의 영광은 생략하고 있습니다. 이것은 아주 이기적이고 편협하며 개인적인 태도입니다. 물론 진리는 개인을 향한 것이지만, 거기에서 그치지 않습니다. 자신의 체험이나 감정에 의존하는 사람은 머잖아 곤경에 빠지게 되어 있습니다. 일이 잘 풀리지 않거나 시련과 환난이 닥칠 때, 이를테면 마귀가 풀려나 자신을 덮쳐올 때 믿음의 토대 자체가 흔들리면서 자신이 그리스도인인지 아닌지 의심하게 되는 것입니다. 그 모든 문제의 해결책 내지 해독제는 믿음을 전체적으로 바라보는 것입니다.

이와 관련하여 역사적인 측면을 우선시하는 것보다 중요한 일이 없습니다. 앞서 말했듯이 나무만 보면 안 됩니다. 숲을 보아야 합니다. 뒤로 물러나 숲을 바라보는 것보다 더 가슴 설레는 일을 저는 알지 못합니다. 역사의 내용이 무엇입니까? 제가 요약해 드리겠습니다. "태초에 하나님이 천지를 창조하시니라"(창 1:1). 이것이 역사의 시작입니다. 우주가 생겨나서 운행되었습니다. 하나님이 역사를 시작하셨고, 시간이 흘러가게 하셨습니다. 창조! 태초!

역사상 그 다음으로 큰 사건은 타락입니다. 시작은 완벽했습니다. 인간은 낙원에 살고 있었습니다. 모든 것이 훌륭했고 인간은 행복했습니다. 그러나 지금은 행복하지 않으며 모든 것이 훌륭하다고 말할 수도 없습니다. 왜 그럴까요? 타락, 인간의 타락이라는 역사적인 사건 때문입니다. 성경은 이 점을 강조하고 있습니다. 주 예수 그리스도도 이것을 가르치셨습니다. 사도 바울의 신학이 가르치는 바를 이해하려면 이것을 꼭 알아야 합니다. 타락이라는 사건을 믿지 않는다면 저는 복음을 전하지 못할 것입니다. 타락이 없었다면 세상이 왜 이 모양인지도 이해하지 못합니다. 더 나아가 인간은 타락했지만 하나님은 그 타락과 타락의 결과를 처리하려는 계획과 목적을 가지고 계신다는 것을 모른다면, 이처럼 소망을 품고 모든 상황에 맞서지 못합니다.

타락은 성경의 중대한 메시지입니다. 창세기 첫 두 장은 그 배경을 생생하게 서술하고 있습니다. 성경은 본질적으로 구원의 역사, 구속의 역사에 관심을 가지고 있기 때문입니다. 3장에는 타락의 이야기가 나오며, 연이어 하나님이 개입하여 여자의 후손을 통해 뱀의 머리를 상하게 하겠다고 약속하시는 이야기가 이어지고 있습니다. 구약성경의 나머지 부분에는 인간을 구원하시려는 이 계획의 완성에 대해 점점 더 많은 계시가 주어지고 있습니다. 하나님이 **누군가**를 보내실 텐데, 그는 바로 장차 오실 구원자입니다. "너희의 하나님이 이르시되 너희는 위로하라. 내 백성을 위로하라." "광야에서 여호와의 길을 예비하라." "골짜기마다 돋우어지며 산마다 언덕마다 낮아지며." "우리 하나님의 대로를 평탄하게 하라"(사 40:1, 3, 4). 이처럼 메시아가 약속되었고, 모든 백성이 그의 오심을 고대했습니다.

이제 우리는 전 역사상 큰 전환점에 이르게 됩니다. 신약성경이 "때가 차매"라고 부르는 일, 기원전을 기원후로 바꾸어 놓은 일—세상의 모든 것을 바꾸어 놓은 인간 역사의 핵심적인 전환점—에 이르게 됩니다. 사도는 이 일에 대해 다음과 같이 말하고 있습니다. "이제는 우리 구주 그리스도 예수의 나타나심으로 말미암아 나타났으니……." 베들레헴에서 한 아기가 태어났습니다. 그것은 역사상 가장 경이로운 사건이었습니다. 이에 비하면 율리우스 카이사르의 침공이 있었던 기원전 55년이나 프랑스 노르망디의 윌리엄 공이 영국을 침략한 1066년의 사건은 얼마나 사소한 것인지! 두 사건이 일으킨 변화는 미미했지만, 이 사건은 모든 것을—이생과 영원까지—바꾸어 놓았습니다. 때가 차매 하나님께서 그 아들을 보내서서 여자에게서 나게 하시고 율법 아래 나게 하심으로 율법 아래 있는 자들을 속량하셨습니다. 하나님의 아들이 이 세상에 계셨던 기간은 결정적으로 중요한 기간이었습니다. "말씀"이 육신이 되셨습니다! 그분은 이 땅에서 사시다가 죽어서 묻히셨으며 다시 살아나셨습니다! 그것은 충격적인 일이었습니다! 진 역사가 그 영향을 받았습니다.

이번에는 현 시점, 곧 1,900년 전 하나님의 아들이 이 땅에 오신 이후 일어난 모든 일들을 살펴보겠습니다. 성경에 따르면 이것은 그의 오심에서 비롯된 결과에 불과합니다. 하나님은 세상을 구원하고 인간을 구속하여 자기 것으로 삼기 위해 이러한 계획과 목적을 세우셨고, 하나님의 아들은 거기에 꼭 선행되어야 할 일을 하기 위해 세상에 오셨습니다. 하나님은 죄를 벌하셔야만 합니다. 그런데 어떻게 죄를 벌하시면서 동시에 인간을 구원하실 수 있습니까? 방법은 한 가지뿐입니다. 그 형벌을 다 감당해도 파괴되지 않을 만큼 큰 인물을 벌해야 하는 것입니다. 그래서 하나님의 아들이 우리 대신 하나님께 맞으시고 우리 대신 죽으시며 우리 죄를 짊어지셨습니다. 이것이 그가 죽으신 이유입니다. 이처럼 갈보리에서 일어난 일은 "자기도 의로우시며 또한 예수 믿는 자를 의롭다" 할 수 있는 구원의 방법을 마련하시기 위해 하나님께서 친히 하신 일입니다(롬 3:26).

하나님의 아들은 그 일을 이루셨고, 하늘로 돌아가 성령을 보내 주셨습니다. 그 후로 계속해서 하나님이 해오신 일은 그 백성을 자신에게로 부르시는 것이었습니다. 어느 시대, 어느 세대 사람이든 이 메시지를 믿는 자는 거듭납니다. 그리스도인이 되고 하나님 나라에 소속됩니다. 그 수는 유대인과 이방인이 "충만한 수"에 이르기까지 계속해서 늘어날 것입니다(롬 11:25). 그들은 모두 똑같은 방식, 유일한 방식, 곧 예수 그리스도와 그의 못 박히심을 통해 구원받습니다. 다른 구원 방법은 전에도 없었고 앞으로도 없을 것입니다. 유대인이 자기 힘으로 믿고 스스로 구원할 날은 결코 오지 않습니다. 그런 일은 있을 수가 없습니다! 구원 방법은 오직 하나, 하나님의 방법밖에 없습니다. 지금 우리에게 주신 이것밖에 없습니다.

그러나 이 일이 끝은 아닙니다. 이 일은 사도가 여기에서 "그 날"이라고 부르는 위대한 완성을 향해 나아갑니다. 그때까지 과정이 계속 진행됩니다. 요컨대 바울은 "내가 가면 다른 이들이 오고, 그들이 가면 또 다른 이들이 올 것"이라고 말하고 있습니다. "그 날"이 올 때까지 이런 과정이 계속될 것입니다. 그리고 끝이 올 것입니다. 끝이 온다는 것은 태초에 세상이 창조된 것만큼이나, 인간이 타락한 것만큼이나 분명한 일입니다. 끝이 온다는 것은 베들레헴 아기의 출생과 그의 죽음, 부활과 승천만큼이나 분명한 일입니다. "그날!" "그날"은 역사적인 사실이자 실재이며 장차 반드시 이루어질 일입니다.

이것이 성경의 메시지입니다. 이를 통해 우리는 역사를 철저히 재검토하게 되며, 역사의 끝에 이르게 됩니다. 거기에서 우리를 맞이하는 것은 오직 영원한 세계와 그 한없는 영광뿐입니다. 시간은 종말을 고합니다! "시간은 더 이상 존재하지 않으며" 우리는 영원한 세계에 거하게 됩니다.

어떤 이는 물을 것입니다. "그게 무슨 뜻입니까? 당신이 말하는 '날'과 '끝'이라는 게 대체 뭡니까?" 간단히 요약만 해드리겠습니다. 아마도 이것이 최선의 방책일 것입니다. 사람들은 세부사항에 매달리다가 길을 잃어버립니다. 개중에는 거기에 너무 몰두한 나머지 주된 요점을 놓치는 이들도 있습니다. 어떤 이들은 재림의 세부적인 내용을 파고들다가 정작 주님께는 영광을 돌리지 못합니다. 그들은 흥미를 잡아끄는 사소하고 세부적인 내용에 붙잡히며, 큰 성취보다는 현재의 역사에 더 큰 관심을 보입니다. 이 모든 것을 요약해 주는 말씀이 사도행전 1장 도입부에 나오고 있습니다. "이 말씀을 마치시고 그들이 보는데 올려져 가시니 구름이 그를 가리어 보이지 않게 하더라. 올라가실 때에 제자들이 자세히 하늘을 쳐다보고 있는데 흰옷 입은 두 사람이 그들 곁에 서서 이르되 갈릴리 사람들아, 어찌하여 서서 하늘을 쳐다보느냐. 너희 가운데서 하늘로 올려지신 이 예수는 하늘로 가심을 본 그대로 오시리라 하였느니라. 제자들이 감람원이라 하는 산으로부터 예루살렘에 돌아오니"(9-11절). 이것은 마지막 때 일어날 일에 대한 요약입니다.

"그날"은 하나님의 아들 주 예수 그리스도가 세상에 다시 오시는 날입니다. 신약성경 전체가 이 일을 가르치고 있습니다. 신약성경 전체가 이 일을 고대하고 있습니다. 요한계시록은 "아멘, 주 예수여, 오시옵소서"라는 말로 끝납니다. 그것은 외침입니다.

때로는 이 일을 주의 "나타나심" 내지는 "현현"이라고 부르기도 합니다. 데살로니가후서 1-2장을 보십시오. 사도의 확장된 설명을 들을 수 있습니다. 다음과 같이 요약해 보겠습니다. 이것은 성경에 근거하여 드리는 말씀입니다. 주 예수 그리스도는 육신을 입고 세상에 다시 오실 것입니다. 두 천사는 위압감에 눌려 감람산에 서 있던 제자들에게 "이 예수는 하늘로 가심을 본 그대로 오시리라"고 말했습니다(행 1:11). 제자들은 주님이 승천하신 것을 보고 놀라 하늘을 쳐다보고 있었습니다. 두 천사는 말했습니다. "괜찮다. 그는 너희가 가심을 본 그대로 다시 오실 것이다"라고 말했습니다. 그는 육신을 입고 오실 것이며 눈에 보이는 모습으로 오실 것입니다. "각인의 눈이 그를 보겠고"(계 1:7). 그때는 베들레헴의 아기로 오시지 않을 것입니다. "만왕의 왕이요 만주의 주"로 오실 것입니다(계 19:16). "하늘 구름을 타고" 거룩한 천사의 무리와 함께 오실 것입니다(마 26:64). 말할 수 없는 영광 가운데 오실 것이며, 자신이 나타나셨음을 알리는 하늘의 모든 위용과 영광의 모든 위용을 갖추고 오실 것입니다.

신약의 가르침 전체가 이 사실을 가리키고 있습니다. 사도는 "나의 의탁한 것을 그날—그가 오시는 날, 그가 나타나시는 날, 두 번째로 그 영광을 떠나 유한한 세상으로 오시는 날—까지 그가 능히 지키실 줄을" 확신하기에 지금과 같은 모습이 될 수 있었다고 말하는데, 바로 이것이 "그날"이 의미하는 핵심입니다.

좀 더 설명해 보겠습니다. 그는 왜 다시 오시는 것일까요? 이 메시지를 믿어야 하는 본질적인 이유가 무엇입니까? 여기에 더 깊이 함축되어 있는 의미가 무엇입니까? 그 대답은 이것입니다. 그가 이처럼 다시 오시는 것은 구속 사역을 완성하시기 위해서입니다. 여러분은 물을 것입니다. "하지만 구속 사역은 십자가에서 다 완성되지 않았습니까?" 어떤 의미에서는 그렇습니다. 구속의 길은 십자가에서 완전히 열렸습니다. 그러나 모든 일이 다 끝난 것은 아닙니다. 하나님은 십자가에서 가장 강력한 일을 행하셨습니다. 예수 그리스도를 통해 세상과 화목을 이루셨습니다. 그러나 여전히 남은 일이 있습니다. 십자가 이후로도 구속 사역은 계속 이어져 왔고 성취되어 왔습니다. 그러나 그가 다시 오시지 않는 한 진정으로 끝났다고 할 수는 없습니다. 왜 그럴까요? 바로 그렇기 때문에—제가 알기에 이보다 더 위로가 되고 기쁨이 되는 사실은 없습니다—세상은 결국 우리의 것이 아니라 하나님의 것입니다. 그런데 현대인은 자기 것처럼 생각하는 것 같습니다. 이것이 비극입니다. 그렇지 않습니다. 인간은 세상을 이해조차 하지 못합니다. 세상은 불가해한 대상입니다. 세상은 하나님의 것입니다. 하나님이 만드신 그의 것입니다. 이미 상기시켜 드렸듯이, 하나님은 세상을 완벽하게 만드셨습니다. 그런데 그런 하나님께서 세상이 이런 식으로 흘러가든 말든 개의치 않으신다는 말을 믿으라는 것입니까?

전능하신 하나님께서 세상이 하염없이 이런 식으로 흘러가도록 방치하신다는 것을 상상이나 할 수 있습니까? 여러분은 그것이 무엇을 의미하는지 알고 있습니까? 그것은 하나님이 마귀에게 패하셨다는 의미입니다. 하나님은 여러분과 제가 지금 보고 있는 것과 같은 이런 세상을 만들지 않으셨습니다. 여러분과 제가 보고 있는 세상은 타락의 결과물입니다.

무슨 권위로 이렇게 말하는지 알고 싶다면 다시 알려 드리겠습니다. 사도 바울은 로마서 8장 말씀에서 이 점을 아주 완벽하게 설명하고 있습니다. "피조물이 고대하는 바는 하나님의 아들들이 나타나는 것이니 피조물이 허무한 데 굴복하는 것은 자기 뜻이 아니요 오직 굴복하게 하시는 이로 말미암음이라. 그 바라는 것은 피조물도 썩어짐의 종 노릇 한 데서 해방되어 하나님의 자녀들의 영광의 자유에 이르는 것이니라. 피조물이 다 이제까지 함께 탄식하며 함께 고통을 겪고 있는 것을 우리가 아느니라"(19-22절). "서로 물고 뜯는 자연"은 하나님이 만드신 자연이 아닙니다. 인간이 죄를 짓고 타락한 결과, 피조세계 전체가 고통하고 있습니다. 자연은 부패하지 않으려고 안간힘을 쓰지만 헛수고에 불과하다는 것을 우리는 알고 있습니다. 사도가 말하는 바가 바로 이것입니다.

그러므로 제 주장은—제 주장이라기보다는 성경을 해석하는 것인데—하나님이 세상을 이대로 방치하지 않으신다는 것입니다. 구약성경에 사자와 어린양이 같이 뒹굴고 이리와 소가 같이 뒹구는 날이 온다는 중대한 예언이 있습니다. 그날은 곧 옵니다. 하나님은 마귀가 궁극적으로 승리하도록 내버려 두실 수 없기에, 온 우주를 구속하실 것입니다. 각 개인뿐 아니라 우주 자체가 구속받을 것입니다. 만물이 구속받을 것입니다. 마귀는 승리할 수 없습니다. 사도 요한에 따르면, 주 예수 그리스도는 "마귀의 일을 멸하려" 세상에 오셨습니다(요일 3:8). 그는 그 일을 하러 오셨고, 지금도 그 일을 하고 계시며, 그 일을 완성하기 위해 다시 오실 것입니다.

신약성경에서 이 크고 영광스러운 일에 대해 이야기해 주는 구절들을 몇 가지 더 살펴보겠습니다. 주님이 친히 하신 말씀을 들어 보십시오. 어느 날 베드로가 주님께 물었습니다. "보소서, 우리가 모든 것을 버리고 주를 따랐사온대 그런즉 우리가 무엇을 얻으리이까?" 예수께서 대답하셨습니다. "내가 진실로 너희에게 이르노니 세상이 새롭게 되어 인자가 자기 영광의 보좌에 앉을 때에 나를 따르는 너희도 열두 보좌에 앉아 이스라엘 열두 지파를 심판하리라"(마 19:27, 28). 마태복음 24장과 25장에는 마지막 때 일어날 일들에 대한 굉장한 묘사가 나오는데, 그것을 읽어 보면 이와 관련된 내용을 알 수 있습니다.

그리스도인 설교자들, 사도들 또한 복음을 전할 때 똑같은 이야기를 했습니다. 베드로의 말을 들어 보십시오. 기적이 나타나자 무리가 몰려와 베드로와 요한을 경배하려 했습니다. 베드로는 말했습니다. "우리를 경배하지 마라. 이 일을 한 장본인은 우리가 아니라 너희가 죽인 예수다. 너희는 생명의 주를 못 박았다! 너희 구속자를 못 박았으면서도 자신들이 무슨 짓을 했는지 모르고 있다. '그러므로 너희는 회개하고 돌이켜 너희 죄 없이함을 받으라. 이같이 하면 새롭게 되는 날이 주 앞으로부터 이를 것이요 또 주께서 너희를 위하여 예정하신 그리스도 곧 예수를 보내시리니 하나님이 영원 전부터 거룩한 선지자의 입을 통하여 말씀하신바 만유를 회복하실 때까지 하늘이 마땅히 그를 받아 두리라"(행 3:12-21).

무슨 뜻입니까? 장차 주님이 다시 와서 심판하신다는 것입니다. 이에 대해 데살로니가후서 1장에 중대한 말씀이 나옵니다. 심판하러 오시는 하나님의 아들은 의로써 온 세상을 심판하실 것입니다. 작금의 상황을 보면서도 당황하지 않는 것은 바로 이것을 믿기 때문입니다. 사람들은—유감스럽게도 그리스도인들까지—묻습니다. "교회는 이제 문을 닫을 때가 되지 않았습니까? 끝장날 때가 되지 않았습니까? 이제 마귀가 주도권을 잡고, 모든 것이 지옥으로 바뀔 때가 되지 않았습니까?" 그에 대한 대답은 "아니다!"라는 것입니다. 이것은 세상이 시작되기도 전에 하나님이 계획하신 일로서, 하나님은 이 일을 완성하기 위해 아들을 다시 보내실 것입니다. 공산주의나 이런저런 "주의ism"를 두려워하는 그리스도인은 그리스도인이라 불릴 자격이 없습니다. 그는 "그날"—하나님의 아들이 나타나시는 날, 그가 다시 와서 심판과 의를 집행하시는 날—을 잊고 있습니다. 다음과 같은 말씀도 있습니다. "환난을 받는 너희에게는 우리와 함께 안식으로 갚으시는 것이 하나님의 공의시니 주 예수께서 자기의 능력의 천사들과 함께 하늘로부터 불꽃 가운데에 나타나실 때에 하나님을 모르는 자들과 우리 주 예수의 복음에 복종하지 않는 자들에게 형벌을 내리시리니 이런 자들은 주의 얼굴과 그의 힘의 영광을 떠나 영원한 멸망의 형벌을 받으리로다. 그날에 그가 강림하사 그의 성도들에게서 영광을 받으시고"(살후 1:7-10). 엄청난 날이 오고 있습니다! 베들레헴의 아기로 오셨을 때에는 사람들이 알지도 못했고 주목하지도 않았지만, 다시 오실 때에는 각인의 눈이 그를 보게 될 것입니다. 최후의 심판이 이루어지고 최종 판결이 선포될 것이며, 그의 모든 원수와 하나님의 모든 원수, 복음과 구원의 길을 조롱하던 모든 똑똑한 자들, 육신과 마음의 정욕과 욕심대로 살던 모든 똑똑한 자들이 정죄를 당하고 멸망할 것입니다. 주님 앞에 영원히 멸망할 것입니다.

사랑하는 여러분, 이것은 엄청난 말씀입니다. 인간의 역사만 보지 말고 하나님의 역사를 보십시오. 그 역사가 어떻게 이루어져 왔는지 보십시오. 이 일은 과거에 일어난 그 모든 일들과 똑같이 확실하게 일어날 것입니다. 요한계시록 20장이 말하는 큰 사건들이 일어날 것입니다. "또 내가 크고 흰 보좌와 그 위에 앉으신 이를 보니 땅과 하늘이 그 앞에서 피하여 간 데 없더라. 또 내가 보니 죽은 자들이 큰 자나 작은 자나 그 보좌 앞에 서 있는데 책들이 펴 있고 또 다른 책이 펴졌으니 곧 생명책이라. 죽은 자들이 자기 행위를 따라 책들에 기록된 대로 심판을 받으니 바다가 그 가운데에서 죽은 자들을 내주고 또 사망과 음부도 그 가운데에서 죽은 자들을 내주매 각 사람이 자기의 행위대로 심판을 받고 사망과 음부도 불못에 던져지니 이것은 둘째 사망 곧 불못이라. 누구든지 생명책에 기록되지 못한 자는 불못에 던져지더라"(11-15절). 이런 일이 일어날 것입니다! 마귀와 그를 따르던 모든 세력과 추종자들, 그에게 속고 그의 거짓말에 넘어간 모든 자들이 최종적인 멸망을 당할 것입니다. 이것이 요한이 말하는 바입니다. 그리스도는 온 우주에서 죄와 악의 흔적과 찌꺼기를 씻어 내실 것입니다. 원래의 영광스러운 모습으로 회복시키실 것입니다. "의가 있는 곳인 새 하늘과 새 땅"이 임하리라(벧후 3:13). 우리가 붙들어야 할 것은 바로 이것입니다. 계시록에 나오는 짐승들이 누구인지 밝히느라 애쓰지 마십시오! 여러분, 큰 원리를 붙드십시오. "의가 있는 곳인 새 하늘과 새 땅"을 붙드십시오! 그는 자신의 영광스러운 나라를 세우실 것입니다. 하나님의 우주는 그가 창조하신 원래 상태대로 회복될 것입니다.

이것이 사도 바울의 믿음입니다. 그는 말합니다. "나는 그날 그 나라에 있을 것이다. 나는 그것을 기다리고 있다." 그렇기 때문에 "내가 부끄러워하지 아니함은"이라고 말할 수 있었던 것입니다. 이 위대한 말씀을 다시 읽어 보시기 바랍니다. 디모데후서가 바울이 쓴 마지막 편지라는 것은 모든 학자와 권위자들이 동의하는 사실입니다. 이제 그가 죽음을 앞에 두고 하는 말을 들어 보십시오. "전제와 같이 내가 벌써 부어지고 나의 떠날 시각―내 장막을 거둘 시간―이 가까웠도다. 나는 선한 싸움을 싸우고 나의 달려갈 길을 마치고 믿음을 지켰으니 이제 후로는 나를 위하여 의의 면류관이 예비되었으므로 주 곧 의로우신 재판장이 그날에 내게 주실 것이며 내게만 아니라 주의 나타나심을 사모하는 모든 자에게도니라"(딤후 4:6-8). 그날! 그날이 오면 이 주님, 이 구주를 믿는 모든 자, 그에게 헌신한 모든 자, 그를 따르고 좇는 모든 자가 그의 참모습을 그대로 보게 될 것이며, 그와 똑같이 될 것이고, 그 몸이 영화로워질 것입니다. 그와 함께 다스릴 것이며, 머리에 면류관을 받아쓸 것입니다. 세상을 심판하고 천사를 심판할 것이며, 그의 영원하고 영존하는 영광에 동참할 것입니다.

이런 사실들에 비추어 볼 때, 네로가 무슨 대수겠습니까? 하찮은 네로가 나를 죽일 수 있을지는 몰라도 이것은 건드리지 못합니다. 이 땅에서 사는 시간은 단축시킬 수 있을지 몰라도 나를 기다리고 있는 영원한 영광은 단 1초도 빼앗아 갈 수 없습니다. 사도는 말합니다. "나는 네로를 걱정하지 않는다. 그런데 디모데야, 네가 걱정하다니 놀랍구나. 그런 걱정을 한다는 것이 부끄럽기까지 하다. '그날'에 대해 그자가 무슨 짓을 할 수 있겠느냐! 아무 짓도 할 수 없다. 그자는 그날에 마귀와 힘께, 그를 따르는 세력 및 추종자들과 함께 불못에 던져질 것이다. 자기가 원래 속했던 곳에 던져져 영원히 쓸데없는 후회만 계속할 것이다." "그날"이 어떤 날입니까? 바울은 로마 교인들에게 "자, 그날은 '하나님의 아들들이 나타나는' 날이다"라고 말합니다. 그날은 "하나님의 자녀들"이 "영광의 자유에 이르는"—하나님이 원래 영광스러운 우주에서 누리도록 의도하신 모든 영광으로 나타나는—날입니다(롬 8:19, 21). 그날에는 슬픔도 없고, 죄도 없고, 죽음도 없고, 눈물도 없습니다. 오직 순전하며 영광으로 충만한 기쁨만 있을 뿐입니다.

바울은 이 이야기를 계속 하고 있습니다. 고린도 교인들에게 편지를 쓸 때에도 "우리가 잠시 받는 환난의 경한 것이 지극히 크고 영원한 영광의 중한 것을 우리에게 이루게 함"이라고 말합니다(고후 4:17). 이 "영광의 중한 것"이 바로 그가 말하려는 것입니다.

사랑하는 여러분, 이것은 말로 표현할 수 없는 것입니다. 저는 더 자세히 설명할 만큼 이에 대해 충분히 알지 못합니다. 제가 아는 것은, 오직 하나님이 지으신 우주가 회복되리라는 사실과 악하고 잘못된 모든 것에서 구원받으리라는 사실뿐입니다. 그 일을 하시는 분은 바로 하나님의 아들이십니다! 장차 임할 영광을 우리가 누리려면 지금 그분을 믿어야 합니다. 회개를 해야 하며, 우리의 방법이 어리석고 잘못된 것임을 알아야 합니다. 이런 궁극적인 질문들을 전혀 이해하지 못하는 우리의 지성과 지각에 대한 어리석은 자부심을 내버려야 합니다. 어린아이가 되어야 하고, 갓난아이가 되어야 하며, 구걸하는 자가 되어야 합니다. 사도가 디모데에게 일깨우는 이 "바른 말"을 믿어야 합니다. 주 예수 그리스도를 믿어야 하고, 장차 임할 큰 날에 대한 진리를 포함하여 이 큰 구원으로 인도하시는 구세주 되신 그리스도에 대한 진리를 믿어야 합니다. 이해가 되든 되지 않든 믿어야 합니다. 믿으면 그때부터 이해되기 시작합니다. 성령의 인도를 받아 마침내 그것을 자랑하고 놀라워하는 자리까지 이르게 됩니다. 감옥에 갇히거나 모든 상황이 적대적이거나 지옥이 여러분을 무너뜨리려고 달려든다 해도 "내가 또 이 고난을 받되 부끄러워하지 아니함은 내가 믿는 자를 내가 알고 또한 내가 의탁한 것을 그날까지 그가 능히 지키실 줄을 확신함이라"고 말할 수 있게 됩니다. 오, "그날"은 얼마나 놀라운 날인지. "그날"을 살짝이라도 본 적이 있습니까? "그날"에 대해 생각해 본 적이 있습니까? 헨리 앨포드Henry Alford의 시를 인용하여 살짝 보여 드리겠습니다.

만의 만 배로
환히 빛나는 옷을 입고,
구속받은 성도의 군대
빛의 비탈로 모여드네.
끝났도다!
죽음과 죄와 맞선 싸움, 다 끝났도다.
황금 문을 활짝 열고
승리자들이 들어오네.

할렐루야의 함성은
온 천지에 가득하고,
무수한 하프 소리는
방금 거둔 승리를 알리네!
오, 이날이여, 피조세계와 온 족속이
이날을 위해 지음 받았도다.
오, 기쁨이여, 과거의 모든 슬픔을
천 배로 갚아 주는 기쁨이여!

당신의 큰 구원을 이루소서,
죄인 위해 죽으신 어린양이시여.
택하신 자들의 명부를 채우시고
권세로 다스리소서.
나타나소서, 열방의 소망이시여.

포로 된 주의 백성들이 고향을 그리워하나이다.
약속의 표징을 하늘에 보이소서.
우리 왕이요 구주시여, 오소서!*

그렇습니다, 주 예수여, 오셔서 다스리소서. 아멘.

---

* '만의 만 배로 Ten Thousand Times Ten Thousand' 중에서.

제11장

확신하노니

이로 말미암아 내가 또 이 고난을 받되 부끄러워하지 아니함은 내가 믿는 자를 내가 알고 또한 내가 의탁한 것을 그날까지 그가 능히 지키실 줄을 확신함이라. (딤후 1:12)

이 놀라운 진술을 다시 한번 살펴보아야 하는 것은, 우리가 아직 고찰하지 못한 크고도 중요한 측면이 한 가지 남아 있기 때문입니다. 그것은 바로 적용의 측면입니다.

지금까지 보여드리려 했던 대로, 우리는 여기에서 기독교 복음의 위대한 도전에 마주치게 됩니다. 복음 메시지는 하나의 제안, 하나의 도전으로 우리를 찾아옵니다. 이처럼 복음은 항상 우리 자신과 우리의 인생관과 삶의 방식에 도전하면서 하나의 제안으로 우리를 찾아오는데, 위대한 사도가 자기의 경험을 간단하게 진술하고 있는 이 놀라운 구절에 그 모든 내용이 요약되어 있습니다. 앞서 살펴보았듯이, 바울이 실제로 말하는 바는 감옥 안에서도 기뻐할 수 있고 죽음조차 즐거운 마음으로 웃으며 직면할 수 있게 해

주는 것이 한 가지 있다는 것입니다. 그것은 바로 복음입니다. 여기에는 몇 가지 다른 내용들이 함축되어 있습니다. 우리는 어떻게 이런 자리에 이를 수 있을까요? 우리는 어떻게 지금 이런 자리에 와 있습니까? 여러분은 어떻게 삶에 맞서고 있으며 어떻게 세상에서 살아가고 있습니까? 늙는다는 것에 대해 깊이 생각해 본 적이 있습니까? 죽음에 대해 생각해 본 적이 있습니까? 가까운 사람의 죽음에 대해 생각해 본 적이 있습니까? 건강을 잃는 것에 대해 생각해 본 적이 있습니까? 여러분은 무엇에 의지해서 살아가고 있습니까? 물론 "지금 나는 행복하다. 지금처럼 행복했던 적이 없다"라고 말할 수도 있습니다. 좋습니다. 그런데 상황이 나빠질 경우를 생각해 보시기 바랍니다. 건강을 잃고 일자리를 잃고 전쟁이 터지고 폭탄이 떨어지고……. 그러면 어떻게 하겠습니까? 이것이 우리 앞에 주어진 문제이고 도전입니다. 여러분은 오늘밤 "무슨 일이 일어나든 나는 상관이 없다. 아무것도 달라질 것이 없다"라고 말할 수 있는 자리에 와 있습니까?

우리는 어떻게 그런 자리에 이를 수 있을까요? 사도가 주는 대답은 자신이 디모데에게 상기시키는 이 내용들을 붙들라는 것입니다. 바울이 자신을 따르는 이 청년, 제자이자 젊은 목회자인 디모데에게 준 교훈을 실행할 때에만 우리는 이런 자리에 이를 수 있습니다. 그렇다면 우리가 해야 할 일은 무엇입니까? 본질적으로 간단합니다. 사도가 이런 자리에 있을 수 있는 것은 전부 주 예수 그리스도 덕분입니다. 그는 계속 그 이야기를 해왔습니다. 지속적으로 예수의 이름을 언급하면서 예수를 디모데에게 보여주었습니다.

물론 신약성경을 조금이라도 아는 사람이라면, 다메섹 도상에서 주 예수 그리스도를 만남으로 바울 자신과 그의 삶 전체가 바뀌었다는 사실을 알 것입니다. 명석한 바리새인이자 유대인들의 세세한 계율과 율법에 정통한 전문가였던 사람이 갑자기 자신이 비방하고 박해했던 복음을 전하는 자가 되어 버렸습니다. 이것은 역사의 위대한 이야기 가운데 하나이며, 한 개인의 일생에 일어난 가장 극적인 변화 가운데 하나입니다.

무엇이 그를 변화시켰습니까? 답은 한 가지입니다. 주 예수 그리스도가 변화시켰습니다. 기독교는 **당연히** "주 예수 그리스도"입니다. 이것이 기독신앙을 검증할 수 있는 한 가지 시금석입니다. 오늘날 그의 이름은 입에 올리지 않으면서 기독교를 논하는 사람들이 있습니다. 그들은 몇 가지 기독교 용어를 사용하지만 사실상 예수와 아무 상관이 없는 철학을 신봉합니다. 그러나 바울의 가르침에 따르면 이분이야말로 알파와 오메가요, 처음과 나중이요, 시작과 끝이요, 만유요, 만유 안에 계신 분입니다. 이분 없이는 아무것도 존재할 수가 없습니다. 이분이 모든 것입니다.

사도는 자신과 같은 자리에 이르려면 절대적으로 필요한 요소가 몇 가지 있다고 말합니다. 첫 번째는 이분 주 예수 그리스도에 관한 메시지를 믿는 것입니다. "내가 믿는 자를 내가 알고." 우리가 실제 적용의 영역으로 들어왔다는 말은 이미 했습니다. 지금 여러분에게 가능한 한 간단하게 제기하고자 하는 이 질문들보다 근본적으로 더 긴요한 질문들은 없습니다. 지금까지 저는 기독신앙의 요소, 기독교 교리의 요소들을 죽 훑어 드렸습니다. 그 내용이 전부

여기에 나와 있습니다. 이것은 핵심적인 기독교 교리에 대한 아주 훌륭한 요약으로서, 우리는 그 내용을 한 가지씩 살펴보았습니다. 그러나 그것이 실제 삶에 적용되지 않는다면 우리는 시간과 힘만 낭비한 것입니다. 자신이 전하는 메시지를 적용하지 않는 설교자는 맛을 잃은 소금이며 한낱 강사에 지나지 않습니다. 설교는 곧 적용을 의미합니다. 사도가 여기에 열거하고 있는 이 특정한 요점을 모른다면, 이런 교리들을 아무리 소개해 보았자 소용이 없습니다.

다시 말하지만, 첫째로 우리가 해야 할 일은 그를 믿는 것입니다. 성찬 때 우리 앞에는 떡과 포도주가 차려집니다. 그 모든 것이 의미하는 바가 무엇입니까? 왜 우리는 그런 일을 하는 것입니까? 단순히 성찬을 그만둘 만한 인식이 없기 때문에 이 이상한 의식을 계속 치르고 있는 겁니까? 성찬은 이교적인 의식에 불과한 것일까요? 떡은 무엇이고 포도주는 무엇일까요? 성찬이 곧바로 우리에게 상기시키는 것은 역사입니다. 제자들과 마지막 식사를 하시면서 떡을 떼시고 포도주를 따르신 복되신 분 예수 그리스도입니다. 성찬은 그가 배반당하시던 날 밤에 행하신 역사적 사건입니다. 아시다시피, 지금 우리는 한 인물을 살피고 있습니다. 성경, 특히 신약성경은 한 인물을 통해 생명과 삶의 문제를 다루고 있고 풀어 나가고 있습니다. 앞서 살펴보았듯이 성경은 문제 자체에서 출발하는 대신, 만물의 배후에 있는 무언가로 되돌아가게 만듭니다. 오, 세상은 당연히 정치적·사회적·심리적으로 문제에 접근하거나 사교를 통해 접근합니다. 그러나 그것은 심리적 속임수에 불과합니다. 세상은 이런 식으로 문제를 다룹니다. 항상 문제 자체에서 출발하여 그것을 해결하고자 애를 씁니다. 그러나 성경은 그렇게 하지 않습니다. 성경은 이분 나사렛 예수를 바라보라고, 예수 그리스도에게서 시작하라고 말합니다.

다시 말해서 성경은 이분이 역사의 열쇠라고, 이분을 떠나서는 아무것도 참으로 이해할 수가 없다고, 세상의 모든 역사를 통틀어 가장 크고 결정적인 사건은 예수라는 이름을 가진 아기가 베들레헴 마구간에 태어나 구유에 누운 것이라고 가르칩니다. 나사렛 예수, 그는 누구입니까? 바울의 세계에서 중심을 차지하는 것은 하나님의 아들이신 나사렛 예수가 영원한 세계를 떠나 세상에 오셨다는 사실입니다. "말씀이 육신이 되어 우리 가운데 거하시매"(요 1:14). 성육신! 하나님이 자기 백성을 찾아와 구속하셨습니다. 앞서 살펴보았듯이 세상이 혼란에 빠지고 죄와 수치로 더럽혀지며 죄를 짓고 반역했기 때문에, 그래서 곧 무너져 멸망하게 되었기 때문에 "때가 차매", 역사의 한 시점에 "하나님이 그 아들을 보내사 여자에게서 나게 하시고 율법 아래서 나게 하신 것은 율법 아래 있는 자들을 속량" 하셨습니다. 우리는 하나님이 이 세상에 무언가 조처를 취하셨다는 것, 우리는 방치되어 있지 않다는 것, 문명에 맡겨져 있지 않다는 것, 학문에 맡겨지거나 정치적인 행동에 맡겨져 있지 않다는 것을 믿어야 합니다. 하나님은 우리를 구원할 수 있는 유일한 일, 긴요한 일을 하셨습니다. 독생자를 세상에 보내심으로 그 일을 하셨습니다.

이것이 모든 것의 중심입니다. 신약성경은 계속해서 "주 예수를 믿으라"고 말합니다. 절망에 빠졌던 빌립보의 간수를 기억하십니까?(행 16:23-31) 그는 바울과 실라라는 범상치 않은 두 죄수를 지키고 있었습니다. 그들은 차꼬에 발이 묶인 채 감옥 가장 깊은 곳에 갇혀 있었는데도, 한밤중에 노래하고 기도하며 하나님을 찬양했습니다. 그때 지진이 일어났고, 간수는 죄수들이 전부 도망쳤을 것이라고 생각했습니다. "바울이 크게 소리 질러 이르되 네 몸을 상하지 말라. 우리가 다 여기 있노라 하니." 죄수들이 다 도망갔으니 이제 큰일 났다고 생각한 간수는 자살하려 했습니다. 그런데 "네 몸을 상하지 말라. 우리가 다 여기 있노라"고 말한 것입니다. 간수는 깜짝 놀라 떨면서 이 이상한 두 죄수를 바라보았습니다. 그리고 말했습니다. "선생들이여, 내가 어떻게 하여야 구원을 받으리이까?" 그에게 주어진 대답은 한 가지였습니다. 바울은 디모데에게 한 말을 그에게도 했습니다. "주 예수를 믿으라. 그리하면 너와 네 집이 구원을 받으리라." 나사렛 예수가 하나님의 아들이시라는 사실, 하나님이 인간의 문제에 개입하시며 유일한 해결책인 이분 안에서 무언가를 행하셨다는 사실을 믿으라는 것입니다. 이처럼 여러분도 이분을 바라보아야 합니다. 목수로 일하다가 서른이 되어 놀라운 방식으로 복음을 전하고 기적을 행하기 시작했던 나사렛 예수야말로 하나님의 영원하신 아들이심을 믿어야 합니다.

충격적이지 않습니까? 이것은 엄청난 말입니다. 아시다시피, 우리는 인간적인 관점에서 생각합니다. 우리가 역사에 관심을 갖는 것은 당연한 일이며, 위인들에게 경의를 표하고 그들이 쓴 책을 읽고 교화를 받는 것은 당연한 일입니다. 그러나 그들 중 어느 누구도 문제를 해결할 수는 없습니다. 그들은 전부 실패했습니다. 아무리 애를 쓰고 노력을 해도 인간으로서는 역부족입니다. 그런데 여기 하늘에서 오신 분, 유일무이하신 분, 누구와도 비할 수 없는 분이 계십니다. 그는 인간인 동시에 하나님인 분입니다. 바로 이것이 성육신의 교리입니다. 그리스도는 한 위격 안에 두 본성을 가지고 계십니다.

이제 그가 하신 일을 다시 생각해 봅시다. 그가 세상에서 하신 일이 무엇입니까? 그의 대답을 들어 봅시다. "인자가 온 것은 잃어버린 자를 찾아 구원하려 함이니라." 그는 바로 이 일을 하셨습니다. 하루는 어떤 사람이 그의 말씀을 듣다가 생각했습니다. '음, 아주 유능한 분이로군. 유산 문제로 형과 다투면서 조언을 구할 만한 분을 찾았더니 바로 여기 있있네.' 그래서 주님께 사건 문제를 내놓았습니다. "선생님, 내 형을 명하여 유산을 나와 나누게 하소서." 그러자 주님이 그를 보며 말씀하셨습니다. "이 사람아, 누가 나를 너희의 재판장이나 물건 나누는 자로 세웠느냐?" "너는 내가 이런 분쟁을 해결하려고 세상에 왔다고 생각하느냐? 그렇지 않다!"라고 말씀하신 것입니다. "인자가 온 것은 잃어버린 자를 찾아 구원하려 함이니라." 그는 거듭 말씀하십니다. "인자가 온 것은 섬김을 받으려 함이 아니라 도리어 섬기려 하고 자기 목숨을 많은 사람의 대속물로 주려 함이니라"(마 20:28).

이 모든 것이 뜻하는 바가 무엇입니까? 그를 다시 바라보라는 것입니다. 그에게 귀를 기울이고 그의 가르침을 들으라는 것입니다. 역사상 가장 고상한 윤리적·도덕적 가르침을 주기 위해 그가 세상에 오셨다고 생각합니까? 그 목적에는 그리스 철학자들이 가장 근접했다는 것을—비록 실패하기는 했지만—여러분은 잘 알고 있습니다. 그는 단순히 가르치려고 오신 것이 아닙니다. 제가 이렇게 말하는 아주 합당한 이유가 있습니다. 만약 그가 단순히 가르치려고 오셨다면, 세상 누구보다 우리를 정죄하셨을 것입니다. 산상설교의 가르침대로 살라고 말하기는 얼마나 쉬운지 모릅니다! 그러나 실제로 그렇게 살아 보셨습니까? 십계명을 지키라고 말하기도 얼마나 쉬운지 모릅니다! 그러나 실제로 지켜보셨습니까? 십계명에 "탐내지 말지니라"는 계명이 있음을 기억하기 바랍니다. 행동은 물론이요 상상으로도 죄를 지으면 안 됩니다. 그렇습니다. 그도 가르치셨지만, 가르치려고 오신 것은 아닙니다. "예수께서 예루살렘을 향하여 올라가기로 굳게 결심하시고." 제자들이 예루살렘에 올라가지 마시라고 간청했을 때 그는 "가야 한다!"라고 하셨습니다. 그는 바로 그 일을 위해 오셨기 때문입니다. 그의 삶에는 "때"가 있었습니다. 그는 그 결정적인 때를 위해 오셨습니다.

그 때가 언제입니까? 오, 죽음의 때입니다! 신약성경 전체가 하나님의 아들은 죽기 위해 세상에 오셨다고 가르치고 있습니다. 그 이유가 무엇입니까? 그것만이 우리를 구원하실 수 있는 유일한 방법, 우리 죄를 대신 감당함으로써 하나님과 우리를 화목하게 하실 수 있는 유일한 방법이기 때문입니다. 달리 표현하면, 하나님은 죄를 짊어지게 하려고 보내신 그 아들 안에서 우리 죄를 벌하심으로 우리를 자기와 화목케 하셨습니다. 이것이 신약성경이 가르치고 있는 핵심입니다. 떡이 떼어지고 포도주가 부어지고 피가 흘려졌습니다! 이것이 복음의 본질적인 핵심입니다. "하나님이 우리를 구원하사…… 우리의 행위대로 하심이 아니요 오직 자기의 뜻과 영원 전부터 그리스도 예수 안에서 우리에게 주신 은혜대로 하심이라. 이제는 우리 구주 그리스도 예수의 나타나심으로 말미암아 나타났으니 그는 사망을 폐하시고 복음으로써 생명과 썩지 아니할 것을 드러내신지라."

그렇다면 "주 예수를 믿으라"는 말의 정확한 의미는 무엇일까요? 나사렛 예수가 하나님의 유일하신 독생자로서—인간인 동시에 하나님으로서—세상에 오신 것은 우리 죄의 형벌을 대신 받으심으로 여러분과 저의 죄를 사하시고 하나님의 아들이요 자녀가 되게 하시기 위함이라는 성경의 기록을 믿으라는 것입니다. 믿으라! 우리는 이 기록을 믿어야 합니다. 이것 없이는 구원도 없습니다. 이것 없이는 바울 같은 경험도 할 수 없습니다. 반복하건대, 바울은 다메섹 도상에서 발견한 사실—자신이 한낱 목수로 욕하고 훼방하고 핍박했던 이분, 자신과 다른 모든 바리새인들이 혐오했던 "이 자"가 다름 아닌 영광의 주요 하늘에서 오신 주요 하나님의 아들이시라는 사실—때문에 이 자리에 오게 된 것입니다. 그는 갈라디아 교인들에게 편지하면서 "나를 사랑하사 나를 위하여 자기 자신을 버리신 하나님의 아들"이라는 표현을 썼습니다(갈 2:20). 그것이 믿는 것입니다. 이것이 첫 단계입니다. "내가 믿는 자를 내가 알고."

여기에 두 번째 요소가 있음도 눈치채셨을 것입니다. 첫 번째 단계로는 충분치 않습니다. 이 단계로 나아가야 합니다. 우리는 예수에 관한 이런 사실들을 믿을 뿐 아니라 **확신해야** 합니다. "내가 또 이 고난을 받되 부끄러워하지 아니함은 내가 믿는 자를 내가 알고 또한 내가 의탁한 것을 그날까지 그가 능히 지키실 줄을 확신함이라." 사도는 이 사실들을 확신했습니다. 이것은 당연히 아주 핵심적인 요소입니다. 무엇을 아는 것과 확신하는 것은 엄청나게 다른 일이며 꼭 구별해야 하는 일입니다. 무엇을 지적으로 아는 것, 일종의 지적인 이해를 통해 아는 것과 실제로 그것을 확신하는 것은 완전히 다른 일입니다.

다음과 같이 설명하면, 그 차이가 가장 잘 보이리라 생각합니다. 지적으로만 이해하는 사람은 어느 정도 거리를 유지하면서 대상을 바라보는 사람입니다. 여러분은 말합니다. "그렇다. 나는 증거자료와 성경과 성경을 다룬 책들을 읽었고, 그 모든 것을 깊이 고찰했다. 그래서 예수에 관한 이 진술이 옳다는 견해를 갖게 되었다." 이것은 재판석에 앉아 있는 판사의 태도입니다. 여러분은 거리를 유지하며 연루되지 않으려 합니다. 그런 것은 구원에 이르는 믿음이 아닙니다. 지적인 신념입니다. 그런 것으로는 아무도 변화되지 않습니다. 물론 그것도 꼭 필요하며, 거기에서 출발해야 하는 것은 맞습니다. 그러나 거기에 멈추어서는 안 됩니다. 진리가 무엇인지 깨달았다면, 기독교를 믿는다는 것이 단순히 선을 행하거나 술독에 빠져 있는 방탕한 죄인보다는 나은 사람이 되는 것이 아님을 깨달았다면, 이 예수야말로 핵심적인 분이요 중심이 되는 분임을 깨달았다면, 그에 관한 진리를 받아들였다면, 이제 그 다음 단계로 나아가야 합니다. 이러한 진리들을 실제로 경험하며, 그 영향을 받고, 능력을 느끼기 시작해야 하는 것입니다. 이를테면 더 이상 방관

자로 멀찌감치 서서 구경하는 자리에 있지 말아야 하는 것입니다.

우리는 지금까지 거리를 유지하는 죄를 지어 왔습니다. 그것은 인간의 본능으로서 아주 자연스러운 것입니다. 우리는 책을 읽고 이런 태도를 취합니다. "그래, 나는 이슬람교의 주장을 알고, 힌두교의 주장도 알고, 유교의 주장도 알고, 기독교의 주장도 안다. 그 모든 걸 훤히 알고 있다." 이것이 여러분의 입장이라면, 이처럼 무시하는 태도를 가지고 있다면, 여러분은 아직도 기독교 밖에 있는 것입니다. 확신한다는 것은 그 사실들이 여러분에게 다가온다는 뜻이며, 그 사실들이 여러분에게 인격적으로 말을 걸어온다는 사실과 지금까지 살면서 들은 말 중에 가장 중요한 말, 또는 한번도 들어 본 적이 없는 가장 중요한 말을 한다는 사실, 참으로 여러분 자신에 대해 고민하게 만든다는 사실을 깨닫는다는 뜻입니다. 저는 우리가 곤경에 빠질 때나 잘못을 저지르고 후회할 때 "그래, 신앙이 도움이 되겠지. 이런 괴로운 심정에서 벗어나고 싶다"라고 말한다는 것을 알고 있습니다. 그런데 그런 차원을 뛰어넘어 영원의 관점에서 자기 자신을 바라보면서 "나사렛 예수가 세상에 오셔서 십자가에 죽으셨음을 나는 알고 믿는다"라고 말하게 된다는 것입니다. 불현듯 그 진리가 생각나면서 "그래, 물론 나는 그 일과 관련되어 있다. 주님은 날 위해 오셨다"라고 말하게 된다는 것입니다. 그 진리가 개인적인 것이 된다는 것입니다.

이 이야기는 전에 했던 것으로 기억합니다만, 이 같은 신앙의 개인적인 측면에 장애물이 되는 많은 것들을 완벽하게 예증해 주는 이야기여서 다시 말씀드리도록 하겠습니다. 기독교를 단순히 도덕적·윤리적인 체계 내지는 가르침으로 제시하면 반발이 일어나지 않습니다. 아니, 하나님의 아들에 대해 놀라운 진술을 해도 반발이 일어나지 않습니다. 사람들은 그런 내용이 담긴 그림이나 조각이나 건축물 등을 좋아합니다. 아주 훌륭하고 고상한 발상이라고 생각합니다. 그러나 기독교가 개인에게 다가가는 순간 반발이 일어납니다. 빅토리아 여왕 시대의 초대 수상이었던 멜번 경 Lord Melbourne은 사람의 속을 파헤치는 설교를 들은 후 교회 문을 나서면서 "종교가 개인화되기 시작하는 것은 참 딱한 일"이라고 말했다고 합니다. 아, 신학에는 관심이 있습니다. 그러나 그것이 자기 자신에게 다가오는 것은……!

그렇기 때문에 "내가 확신하노니"라고 말해야 한다는 것입니다. 바울은 확신했습니다. 확신했기에 그의 삶은 변화되었고, 누구보다 자신을 선생으로 존경하고 높여 주던 사람들에게서 조롱과 핍박을 받아야 했습니다. 그렇습니다. 이것이 두 번째 요소입니다. 우리는 이러한 진술들을 알 뿐 아니라 확신해야 합니다. 그 진리와 우리의 연관성을 깨닫고, 그것이 말하는 바에 연루되어야 합니다.

그러나 이것으로 문제가 끝나거나 다 해결된 것은 아닙니다. 사도는 그 다음 단계로, 그 진리에 자신을 의탁했다고 말합니다. "내가 믿는 자를 내가 알고 또한 내가 의탁한 것을 그날까지 그가 능히 지키실 줄을 확신함이라." 또는 (전문가들을 위해 덧붙이면) "내 예탁금deposit을 그가 능히 보호하실 줄을 확신함이라"고 해도 좋습니다. 흠정역을 번역한 사람들은 이 같은 느낌과 의미를 전달하고 있습니다. "예탁금"이 무엇입니까? 은행이나 예금계좌나 우체

국계좌에 넣어 두는 것입니다. 나는 그들이 안전하게 지켜 줄 것을 믿고 예탁합니다. "의탁한 것"은 안전합니다.

이 또한 구원에 이르는 믿음에 절대적으로 필요한 부분이며 긴요한 부분입니다. 바로 이것이 구원에 이르는 믿음과 단순한 지적 신념을 갈라놓습니다. "의탁"한다는 개념은 이런 것입니다. 더 이상 이론적이거나 학문적으로 그에게 관심을 갖지 않습니다. 여러분의 실상 때문에 그가 세상에 오셨음을 깨닫습니다. 세상 때문이 아니라 여러분 자신 때문에 오셨음을 깨닫습니다. 여러분은 세상의 일부이며, 세상은 바로 여러분 같은 사람들로 이루어진 곳이기 때문입니다. 여러분은 이처럼 개인으로서 진리를 만나는 자리에 이릅니다. 이 섬을 아주 명백히 알고, 신묘한 신리를 아주 분명히 알게 되었기에 여러분 자신과 여러분의 영혼과 영원한 안전을 그에게 의탁하게 됩니다.

사도가 그토록 분명하게 평화와 안식과 평안을 누렸던 것은 무엇보다 이 의탁의 요소 때문이었다고 저는 생각합니다. 스스로 하나님과 화해하려고 애를 쓰는 것만큼 사람을 불행하고 불안하게 만들며 삶을 겁내게 만들고 특히 죽음을 겁내게 만드는 일은 없습니다. 이보다 더 사람을 두렵게 만드는 일은 없습니다. 여러분은 이제 잠에서 깨어났습니다. 예전 같았다면 이렇게 생각했을 것입니다. "그래, 반듯하게만 살면 아무 문제 될 게 없어. 어쨌든 난 주변의 대다수 사람들보다는 훨씬 나으니까. 내가 사는 목적과 그들이 사는 목적은 달라. 난 술도 마시지 않고 간음한 적도 없지. 나는 아무 문제가 없어······."

이제 여러분은 그런 잘못된 생각, 유치한 생각에서 벗어났습니다. 하나님을 직접 만나야 한다는 것과 여러분은 기계가 아니라 사람이라는 것, 하나님이 그 형상대로 사람을 지으시고 자신의 영원한 속성 중 일부를 찍어 놓으셨다는 것, 사람에게 책임을 물으신다는 것을 알게 되었습니다. 하나님은 인간에게 찬사를 보내십니다. "너희는 인간이지 동물이나 짐승이 아니다. 나는 너희가 인간으로서 살고 생활할 것을 요구한다." 이것을 깨닫는 사람은 바울과 함께 자신이 생각했던 의가 배설물과 해害와 쓰레기에 불과하다는 것(빌 3:8), 자신의 모든 의가 "더러운 옷"에 불과하다는 것을 깨닫습니다(사 64:6). 그렇습니다. 여러분은 자신이 인간임을 깨닫기 시작합니다. 자신을 만드시고 마지막 때 심판하실 하나님을 의식하면서 "내가 뭘 할 수 있을까? 시간이 없다. 더 잘 살아야 한다"라고 말하게 됩니다. 그래서 노력하기 시작하지만, 그렇게 할 수 없음을 발견하고 자신의 실패와 흠을 점점 더 의식하게 됩니다. 자신의 실패를 의식하는 사람들은 대부분 다음과 같은 말을 점점 더 많이 하게 됩니다. 자기가 경험했기 때문에 이렇게 말하는 것입니다.

내 손의 수고가
주의 법의 요구를 채울 수 없고
쉼 없는 나의 열심
늘 흐르는 나의 눈물도
죄를 사할 수 없도다.
주여, 구원하소서.

주께만 구원이 있나이다.
― 오거스터스 탑레이디

스스로 하나님과 화해하려는 사람이 겪는 영혼의 고뇌는 무엇과도 비할 수가 없습니다. 세월이 흘러 죽음과 영원한 세계와 심판이 다가오면, 자기 속에 있는 모든 악과 잘못을 알게 됩니다. 아니 자신의 본성 자체가 잘못되어 있음을 알게 됩니다. "문제는 나의 악한 행실이 아니라 악을 원하는 내 마음, 내 속에 자리잡고 있는 바로 이것이다……. 오, 더러운 육신이여, 내 지체 속에서 나를 끌어내리는 이 다른 법, 내면의 갈등, 이 이중성에서 어떻게 벗어날 것인가. 오호라, 나는 곤고한 사람이로다! 누가 나를 건져내랴?" 여러분은 아무런 소망이 없습니다. 물론 그런 상태에 있는 인간에게 죽음보다 더 무서운 일은 없습니다. 눈을 떠서 자기 영혼의 실상과 하나님을 보게 된 사람은 죽음보다 끔찍한 일이 없음을 알게 됩니다. 왜 그럴까요? 죽음은 집행유예의 시간, 시험과 기회의 시간이 끝났다는 것을 의미하기 때문입니다. 주님은 천국과 지옥 사이에 큰 구렁이 있어 죽고 난 후에는 이쪽에서 저쪽으로 건너갈 수가 없다고 친히 말씀하셨습니다. 사람들은 두 번째 기회가 있지 않느냐고 말합니다. 무슨 근거로 그런 말을 하는 것일까요? 두 번째 기회는 없습니다. 인간은 이 세상에서 자신의 영원한 운명과 상태를 결정짓게 되며, 그에게 주어진 시간은 짧다고 성경은 말합니다. 자기 영혼의 실상과 하나님을 보게 된 사람은 이렇게 말합니다. "하나님이 보이고 나 자신이 보이는구나. 내가 할 수 있는 일이 대체 무엇일까? 나는 평온하고 침착하고 평화롭게 죽음을 맞을 수가 없다. 도저히 그럴 수가 없다. 죽음은 나의 마지막 원수다. 나는 모든 수단을 동원해서 그것을 피하고 있고 미루려 하고 있다. 나에게는 시간이 더 필요하고 기회가 더 필요하다. 그러나 시간이 더 주어져도 소용이 없다는 것을 알고 있다. 나 자신이 원래 잘못되어 있는데다가 과거의 죄도 지울 수가 없기 때문이다. 하나님께 반역하고 그를 무시하며 훼방했으니 그의 사랑을 요구할 수가 없다. 난 벌을 받아 마땅하다."

이 같은 상태에 있는 인간은 심히 불행하고 비참합니다. 제대로 살지 못할 뿐 아니라 죽음도 두려워합니다. 그런데 사도는 여기에서 피할 길을 알려 주고 있습니다. 나사렛 예수에 관한 사실들만 믿어서는 안 된다는 것입니다. 그가 자신을 위해 죽으신 것을 일종의 놀라운 그림이나 이론이나 사상으로만 믿어서는 안 된다는 것입니다. 거기에서 더 나아가야 한다는 것입니다. 다음과 같이 말하는 지점까지 나아가야 한다는 것입니다.

흠 없는 하나님의 어린양
예수께 내 죄를 맡기네.*

극심한 절망 속에서 그에게 나아가 이렇게 말해야 합니다.

* 찬송가 90장 1절.

> 큰 죄에 빠진 날 위해
> 주 보혈 흘려 주시고
> 또 나를 오라 하시니
> 주께로 거저 갑니다.*

위대한 기독교 시인들은 아주 다양한 방식으로 이 같은 고백을 했습니다(이것도 앞에서 이미 인용한 찬송입니다).

> 만세반석 열리니
> 내가 들어갑니다.
> 창에 허리 상하서
> 물과 피를 흘린 것
> 내게 효험 되어서
> 정결하게 하소서.
>
> 내가 공을 세우나
> 은혜 갚지 못하네.
> 쉬임 없이 힘쓰고
> 눈물 근심 많으나,
> 구속 못할 죄인을

---

* 찬송가 339장 1절.

이 찬송의 마지막 행은 이것입니다.

>예수 홀로 속하네.

여러분은 그에게 나아가 말합니다.

>빈손 들고 앞에 가
>십자가를 붙드네.

바로 이것이 의탁하는 것입니다. "붙드네!"

>의가 없는 자라도
>도와주심 바라고
>생명 샘에 나가니
>맘을 씻어 주소서.*

이것이 의탁하는 것이며, 인간에게 일어날 수 있는 가장 엄청난 일입니다. 이것이야말로 평안을 얻는 유일한 길이며, 죽음의 두려움을 떨쳐 내는 유일한 길이고, 삶을 정복할 수 있는 유일한 길입니다. 보석이나 돈을 보관소에 맡기듯이, 자신의 영혼을 형편없는 누더기를 걸치고 있는 모습 그대로, 악의 오물과 진흙과 먼지가 묻어

---

* 찬송가 188장 1, 2, 3절.

있는 모습 그대로 맡겨야 합니다. 있는 모습 그대로 그의 손에 드리고, 더 이상 자신의 영혼에 대해 생각하거나 걱정하지 말아야 합니다. 마귀는 다가와 말합니다. "네가 어떤 사람이지?" 세상도 손가락질을 합니다. 그러나 "날 건드리지 마" 하면서 하나님을 향해 이렇게 말합니다.

> 나의 방패와 피난처 되사
> 주의 곁에 숨겨 주소서.
> 사나운 고소자 앞에
> 말하리이다, 당신이 죽으셨다고.

여러분은 평안과 안식을 찾습니다.
  여러분은 자신이 확신하는지 입증할 수가 있습니다. 확신하는 사람은 자신의 문제를 전적으로 그에게 맡기게 되어 있습니다. "예수께 내 죄를 맡기네." 이것이 의탁하는 것입니다. 나는 의탁합니다. 더 이상 걱정하지 않습니다. 마귀에게 시달리는 사람들을 돕기 위해 제가 종종 사용하는 예가 있습니다. 그런 사람들은 저를 찾아와 말합니다. "아시겠지만, 저는 신자인데도 고민에 빠져 있습니다. 행복하지가 않습니다. 어떻게 해야 할지 모르겠어요……." 그러면 저는 말합니다. "왜 계속 마귀의 말을 들으십니까?" 어떻게 해야 더 이상 마귀의 말을 듣지 않을 수 있을까요? 그럴 때 저는 아주 간단한 예를 들곤 합니다. 그것이 제게도 도움이 되고 그런 사람들에게도 도움이 되는 것을 보았기에 다시 한번 말씀드리겠습니다. 저는 다음과 같이 설명합니다.

여러분이 휴가를 떠나는데, 그 자체로 값진 것은 아니지만 여러분에게는 아주 소중한 어떤 물건을 두고 가야 한다고 생각해 보십시오. 개인적인 사연 때문에 그 어떤 것보다 이것을 잃고 싶지 않고 빼앗기고 싶지 않습니다. 문제는 휴가는 가야겠는데 그 물건은 가져갈 수 없다는 것입니다. 그래서 저를 찾아와 말합니다. "제가 없는 동안 이 물건을 맡아 주실 수 있는지요? 3주간 집에 계실 건가요?" 저는 집에 있을 것이고 기꺼이 맡아 주겠다고 말합니다. "저한테 맡기시고 아무 걱정 말고 다녀오십시오." 그러면 여러분은 "네, 감사합니다" 하면서 즐겁게 여행을 떠납니다. 그러고 나서 제가 서재에 가 책을 읽거나 글을 쓰고 있는데, 한 시간쯤 지나 전화가 울립니다. 전화기를 들고 "누구세요?"라고 묻습니다. 여러분이 전화한 것입니다. "무슨 일이시지요?"라고 하자 여러분이 근심스럽게 묻습니다. "제가 맡긴 물건이 잘 있는지요?"

자, 여러분이 이 이야기를 재미있게 들었기를 바랍니다. 자신의 영적인 모습도 이와 똑같은 것을 보고 웃으셨기를 바랍니다. 사람에게 물건을 맡기고 이렇게 하는 사람을 보면 웃음이 나옵니다. 아시다시피, 그런 사람은 계속 같은 짓을 합니다. 두어 시간 후에 전화가 또 울립니다. "누구세요?" "제가 맡긴 물건이 잘 있나요?" 마침내 제가 말합니다. "이보십시오. 저를 믿는 겁니까, 못 믿는 겁니까? 저한테 부탁하고 맡겼는데 계속 이렇게 하시는 건 저를 모욕하는 겁니다. 가서 마음껏 휴가를 즐기세요. 물건 생각은 접으시고 말입니다. 계속 이렇게 저를 모욕하시면 절 못 믿으시는 걸로 알겠습니다." "내가 의탁한 것을 그날까지 그가 능히 지키실 줄을 확신함이라." 사도는 말합니다. "나는 걱정하지 않는다. 죽음을 겁내지 않는다. 삶이든 죽음이든 무엇이든 겁내지 않는다. 그분께 의탁한 것은 더 이상 생각하지 않는다. 이제 지키는 이는 내가 아니라 하나님이시니까." 이것이 믿음으로 의탁하는 것입니다. 우리에게는 이 일이 절대적으로 꼭 필요합니다. 어느 지점에서든 구원의 어떤 부분을 다시 자신이 책임지려 하는 것은 그를 모욕하는 짓이며, 자기 자신 또한 비참하게 만드는 짓입니다. 자신의 공로나 노력이나 수고에 다시 기대는 사람은 비참한 그리스도인이 됩니다. 그렇습니다. 의탁해야 합니다. 믿고, 확신하고, 의탁해야 합니다.

여기에는 몇 가지 의미가 함축되어 있는데, 그 의미들이 질내적으로 중요합니다. 첫째로, 여기에는 그분이 우리의 삶 전체를 통제하신다는 의미가 있습니다. 사도의 경험을 원한다면 사도처럼 살아야 합니다. 이 또한 반드시 구별해야 합니다. 옛 청교도 중 한 사람이 구약성경의 발람에 대해 한 말을 기억하십니까? 발람은 "나는 의인의 죽음을 죽기 원하며 나의 종말이 그와 같기를 바라노라"고 말했습니다(민 23:10). 그런데 문제가 무엇이었습니까? 훌륭한 심리학자였던 그 청교도는 이렇게 말했습니다. "발람은 의인처럼 죽기 원했지만 의인처럼 살기는 원치 않았다." 의인처럼 살지 않으면 의인처럼 죽지 못합니다. 영적 생활에 지름길은 없습니다. 하나님을 농락해서는 안 됩니다. 단 것만 삼키고 쓴 것은 뱉으면 안 됩니다. 그리스도인의 삶을 전적으로 살든지, 아예 포기하든지 둘 중에 하나를 택해야 합니다.

참으로 믿고 의탁하는 사람은 삶 전체에서 주 예수 그리스도의 통제를 받는 사람이라고 바울은 말합니다. 그분은 어디에나 계시는 분이며, 삶 전체를 주관하시는 분입니다. 시작과 끝을 포괄하시며 중심과 주변과 포괄하시는 분입니다. 어떻게 알 수 있습니까? 바울은 주님과 그에 관한 진리가 세계관 전체를 결정짓는다고 주장하며, 이보다 놀라운 일은 없다고 주장합니다. 어떤 이들은 기독교를 "예수를 찾아와 믿으면 행복해진다"라는 메시지로 생각하는 것처럼 보입니다. 이것은 우스운 가짜 복음이며 완전한 거짓말입니다.

오늘날 기독교 복음만큼 세상의 삶에 현실적으로 접근하는 관점은 없습니다. 제가 복음에 대해 가장 자랑스러워하는 점은, 복음이 저를 불신자의 거짓 낙관론에서 벗어나게 해주었다는 것입니다. 불신자들은 가련하게도 이 세상이 완벽해질 것이라는 희망을 버리지 못합니다. 정치적·사회적 행동이나 그 밖의 행동을 통해 참으로 완벽한 세상을 만들 수 있다고 믿습니다. 오, 가련하고 몽매하며 현혹된 영혼들이여! 그들이 그토록 불행한 이유, 잡을 수 없는 것을 항상 잡고자 애쓰는 이유가 여기 있습니다. 복음은 처음부터 이 모든 미망에서 벗어나게 해줍니다. 복음은 다른 것들과 달리 이 세상이 아주 악하다고 말합니다. 사도는 갈라디아 교인들에게 편지를 보내면서 이 세상을 "이 악한 세대"라고 부르고 있습니다(갈 1:4). 한쪽 측면에서 볼 때 성경의 세계관은 더 이상 비관적일 수 없을 만큼 비관적입니다. 삶을 있는 모습 그대로 볼 때 그렇다는 것입니다. 다른 사람들은 전부 세상을 바로잡을 수 있다고 생각합니다. 그러나 성경은 그럴 수 없다고, 세상에는 아무 소망이 없기 때문에 하나님의 아들이 오셔서 이 문제를 해결해 주셔야 했다고, 그리고 장차 다시 한번 세상에 오셔야 한다고 말합니다.

그렇기 때문에 성경은 처음부터 우리에게 큰 해방감과 편안함을 줍니다. 성경은 말합니다. "세상의 삶을 장밋빛으로 그리지 말라. 장밋빛 안경을 쓰지 말라. 일정한 풍조의 시인들이나 빅토리아 시대 사람들의 그럴듯한 낙관론과 거짓 이상주의에 현혹되지 말라. 삶을 견실하게 바라보고, 총체적으로 바라보고, 현실적으로 바라보라. 그러면 지금과 같은 모습 외에 기대할 것이 없다는 것, 오히려 점점 더 악화되리라는 것을 알게 된다."

사도는 이 모든 이야기를 디모데에게 하고 있습니다. 디모데는 이것을 깨닫지 못해서 곤경에 빠졌습니다. 바울은 디모데후서 2장에서 말합니다. "너는 그리스도 예수의 좋은 병사로 나와 함께 고난을 받으라. 병사로 복무하는 자는 자기 생활에 얽매이는 자가 하나도 없나니 이는 병사로 모집한 자를 기쁘게 하려 함이라"(3-4절). 또한 "내가 죄인과 같이 매이는 데까지 고난을 받았으나…… 모든 것을 참음은……"이라고 말합니다(9-10절). 바로 이것이 성경의 관점입니다. 주님도 같은 말씀을 하셨습니다. "세상에서는 너희가 환난을 당하나"(요 16:33). 이것은 하나님의 아들이 친히 하신 말씀입니다. 그는 "나를 믿고 마법의 세계 내지 이상향에 들어오면 절대 어려움이 생기지 않는다"라고 하시지 않았습니다. 오히려 "아니, 세상에서는 너희가 환난을 당한다"라고 하셨습니다. 그렇기 때문에 환난이 닥쳐도 그리스도인은 놀라지 않으며 세상이 무너진 것처럼 여기지도 않습니다. 그는 말합니다. "내가 지금 살고 있는 세상은 하나님의 아들이 오셨을 때 그를 거부한 세상이다. 그가 '자기 땅에 오매 자기 백성이 영접하지 아니'하였다(요 1:11). 나는 지금 그런 세상에 살고 있기 때문에 사람들이 반듯하고 질서 있게 살 것을 기대하지 않으며 현재의 모습 이외의 것을 기대하지 않는다. 인간은 죄와 사탄의 노예로서 그에 맞게 살고 있기 때문에 놀랄 것이 없다. 세계대전도, 원자폭탄과 수소폭탄도 놀랄 것이 없고, 간음과 정욕도 놀랄 것이 없다. 도적질과 강도질도 놀랄 것이 없고, 청소년 범죄와 작금의 도덕적 혼란도 놀랄 것이 없다. 나는 그런 것에 놀라지 않는다. 그런 것은 다 내가 예기하고 예견했던 일이다. 설사 세상이 그리스도인들을 대적하고 학살한다 해도 놀라지 않을 것이다. 죄에 빠진 인간이 저지르지 못할 악은 없다. 나는 '죄악 중에서 출생'했다. '어머니가 죄 중에서 나를 잉태'했다(시 51:5). 나는 내 마음의 역병을 알고 있다. 하나님의 은혜가 아니었다면 어떻게 되었을까 생각하면 몸이 떨린다. 나는 완벽함과 거리가 먼 사람이다. 오, 내가 어떤 사람이었는가! '내가 나 된 것은 하나님의 은혜로 된 것이니!'(고전 15:10) 나는 너무나 악해서 하나님의 은혜가 아니면 벗어날 수가 없다."

그렇습니다. 그리스도인이 되는 즉시 인생관 전체가 완전히 바뀌어 버립니다.

둘째로—여기에 주목하시기 바랍니다—주 예수 그리스도를 믿고 그에게 자신을 의탁한 사람은 그를 부인하느니 고통을 감수할 준비가 되어 있습니다. 이 위대한 본문을 고찰할 때 다음과 같은 놀라운 구절에 주목하셨습니까? 바울은 디모데에게 말합니다. "그러므로 너는 내가 우리 주를 증언함과 또는 주를 위하여 갇힌 자 된 나를 부끄러워하지 말고……"(딤후 1:8). 바울은 네로 황제의 죄수임에도 그렇게 말하지 않았습니다. 자신은 그렇게 생각하지 않았기 때문입니다. 그는 자신을 "주 예수 그리스도의 죄수"라고 부르고 있습니다. "주를 위하여 갇힌 자 된 나를……." 그리고 12절에서 말합니다. "이로 말미암아—전파하는 자와 사도와 이방인의 스승이 되었기 때문에—내가 또 이 고난을 받되 부끄러워하지 아니함은 내가 믿는 자를 내가 알고 또 내가 의탁한 것을 그날까지 그가 능히 지키실 줄을 확신함이라."

그가 말하는 바는 이것입니다. "당국자들은 이 복음을 계속 전하면 옥에 갇혀 있을 것이요, 전하기를 포기하면 석방될 것이라고 했다. '예수가 주'라고 말하는 대신 '황제가 주'라고 말하기만 하면 자유가 주어지는 것이다. 그런데 왜 그렇게 말하지 않는가? 그렇게 말할 수가 없기 때문이다." 바울은 말합니다. "나는 그를 믿었고, 그에게 내 영혼을 의탁했다. 그는 하나님의 아들이시요 나의 구주시다. 그런 분을 부인하느니 차라리 죽는 편을 택할 것이다. 그를 부인한다고? 생각도 할 수 없는 일이다. 죽음은 아무것도 아니다. 오, 그렇다, 내 삶을 전적으로 결정하고 통제하는 분은 주님이시다." 그는 디모데에게 말합니다. "그러므로 너는 내가 우리 주를 증언함과 또는 주를 위하여 갇힌 자 된 나를 부끄러워하지 말고 오직 하나님의 능력을 따라 복음과 함께 고난을 받으라." 하나님이 고난을 견딜 힘을 주신다는 것입니다. "고난에 지배당하지 마라. 그러면 위협이 있어도 겁나지 않을 것이다. 사람들이 '우리가 네 주인도 가두었으니 너도 가두겠다'라고 말하면 무섭고 겁이 나고 의심이 생기기 시작한다. 그러나 디모데야, 붙들어라. 네가 믿는 바를 다시 돌아보고 그것을 붙들어라. 네가 주님의 손안에 있는데 그들이 무슨 짓을 할 수 있겠느냐? 그런 것은 아무것도 아니다! 그가 삶 전체를 주관하신다. 그리스도인은 자기가 믿는 주님을 부인하느니 자기 목숨을 비롯하여 모든 것을 잃는 편을 택하는 사람들이다."

주 예수 그리스도에 대한 믿음은 여기에서도 더 나아갑니다. 그 믿음은 환난을 오히려 자랑하게 만듭니다. 사도는 지치지도 않고 이 이야기를 계속 합니다. 로마서 5장에서 그가 어떻게 이 말을 하는지 기억하실 것입니다. 그는 말합니다. "그러므로 우리가 믿음으로 의롭다 하심을 받았으니 우리 주 예수 그리스도로 말미암아 하나님과 화평을 누리자. 또한 그로 말미암아 우리가 믿음으로 서 있는 이 은혜에 들어감을 얻었으며 하나님의 영광을 바라고 즐거워하느니라." 이것이 전부가 아닙니다! "다만 이뿐 아니라 우리가 환난 중에도 즐거워하나니 이는 환난은 인내를, 인내는 연단을, 연단은 소망을 이루는 줄 앎이로다. 소망이 우리를 부끄럽게 하지 아니함은 우리에게 주신 성령으로 말미암아 하나님의 사랑이 우리 마음에 부은 바 됨이니"(1-5절). 그는 환난 중에도 즐거워합니다. 그 이유가 무엇입니까?

환난 중에도 즐거워하는 이유는 이것입니다. 그리스도인은 환난과 시험을 당할수록, 핍박과 투옥을 겪을수록, 복되신 주님이 자신의 영혼을 안전하게 지키고 계심을 깨닫습니다. 세상이 욕을 하면 할수록 주인 되신 주님께 나아갑니다. 어느 시대든지 성도의 간증에 보편적으로 나타나는 점이 바로 이 점입니다. 그들은 핍박의 때에 최고로 영광스러운 경험을 합니다. 상황이 좋으면 주님을 잊기 쉽습니다. 그런데 상황이 나빠지고 모든 쾌락과 오락을 빼앗긴 채 세상에 홀로 버려지면 주님께 가까이 나아가지 않을 수 없고, 그렇게 나아가면 그의 미소와 능력을 경험하게 됩니다. 바울은 고린도 교인들에게 이렇게 말하고 있습니다. "우리가 잠시 받는 환난의 경한 것이 지극히 크고 영원한 영광의 중한 것을 우리에게 이루게 함이니 우리가 주목하는 것은 보이는 것이 아니요 보이지 않는 것이니 보이는 것은 잠깐이요 보이지 않는 것은 영원함이라" (고후 4:17-18). 이처럼 그리스도인은 주 예수 그리스도를 믿는 자, 그분에 대해 확신하는 자, 자신을 그분에게 의탁하는 자, 삶 속에서 그분의 지배를 받는 자입니다.

　마지막으로, 그리스도인은 한 점 흔들림 없이 그분을 신뢰하는 자입니다. "내가 또 이 고난을 받되 부끄러워하지 아니함은." 왜 부끄러워하지 않습니까? "내가 믿는 자를 내가 알고 또한 내가 의탁한 것을 그날까지 그가 능히 지키실 줄을 확신함이라." 나는 그분을 압니다. 그분을 알기에 그분에 관한 것도 알고, 그분에 관한 진실이 무엇인지도 압니다. 그 진실이 무엇입니까? 그리스도인이 최종적으로 신뢰하는 것이 바로 이것입니다. 그리스도인을 옥에 가두든 경기장 사자에게 던지든 마음대로 하십시오. 아무 문제도 되지 않습니다. 그는 자기가 믿는 분이 누구인지 알고 있기 때문입니다. 그렇다면 그리스도인이 그분에 관해 아는 바가 무엇일까요?

이것을 생각해야 합니다. 이것을 숙고하는 데 남은 시간을 보내야 합니다. 이것은 여러분이 영원토록 계속할 일입니다. 그분의 사랑. 그분의 사랑! 그분의 사랑을 내가 어떻게 알 수 있습니까? 그분이 나 대신 갈보리 언덕 십자가에 달리신 것을 보고 알 수 있습니다. 날 위해 그분의 몸이 찢겼고 그분의 피가 흘렀습니다. 하나님의 아들이 "나를 사랑하사 나를 위하여 자기 자신을" 버리셨습니다(갈 2:20). 바리새인으로서 하나님을 훼방했던 다소의 사울은 다메섹 도상에서 그분을 뵈었고, 그 일이 그의 가슴을 찢어 놓았습니다. 그는 자신이 주님의 이름을 욕하고 훼방하고 핍박하는 동안에도 그분이 자신을 사랑하고 계셨음을 깨달았습니다. "나를 사랑하사 나를 위하여 자기 자신을 버리신 하나님의 아들을 믿는 믿음 안에서 사는 것이라." 그분이 날 위해 죽으셨다면 다른 일들도 당연히 해주실 것입니다. 그분은 나를 사랑하여 나를 위해 자기 목숨을 내어 주셨습니다. 이것이 내가 그분에 관해 확실히 알고 있는 내용입니다. 그분과 나는 이런 관계를 맺고 있다는 것을 나는 압니다. 그분이 하늘의 영광을 버리고 세상에 오신 것은 나를 사랑하셨기 때문입니다. 그분은 이 땅에 계시는 동안 죄인들의 적개심에 시달리셨습니다. 날 위해 그렇게 하셨습니다. 그분은 홀로 포도즙 틀을 밟으셨습니다(사 63:3). 나를 위해 그렇게 하셨습니다. 그분은 나무에 못 박히셨습니다. 날 위해 그렇게 하셨습니다. 그분은 아무 잘못도 저지르지 않으셨습니다. 사람들은 그에게서 어떤 흠도 찾아내지 못했습니다. 죄인들과 달리 그분은 무죄하셨습니다. 그런데도 죽어서 무덤에 묻히셨습니다! 나는 그분의 사랑을 의심할 수가 없습니다! 내가 그분에게 나를 맡길 수 있는 이유가 여기 있습니다. 나는 내가 이해할 수 없는 방식으로 그분이 진정 나를 사랑하심을 알고 있습니다. 나는 내가 그 사랑에 대해 무언가 알고 있다고 생각하지만, 사실은 얼마 알고 있지 못합니다. "지금은 내가 부분적으로 아나"(고전 13:12). 내 지식은 얼마나 보잘것없는 것인지! 그러나 나를 향한 사랑은 얼마나 큰지! 그 높이와 깊이와 길이와 넓이가 어떠한지! 그리스도의 사랑은 지식으로 이해할 수 없는 것입니다. 그러나 그분을 신뢰할 만큼은 그분에 대해 알고 있습니다. 십자가에 그 완벽한 증거가 나타났습니다.

또한 내게는 그분의 약속이 있습니다. 나는 삶이 두렵지 않습니다. 왜 두렵지 않습니까? 그분이 "내가 결코 너희를 버리지 아니하고 너희를 떠나지 아니하리라"고 말씀하셨기 때문입니다(히 13:5). 결코! 그분은 영원한 영광에 들어가기까지 나를 지키시고 내내 인도해 주겠다고 약속하시고 맹세해 주셨습니다.

이것이 전부일까요? 그분은 또 다른 엄청난 약속도 해주셨습니다. "너희는 마음에 근심하지 말라. 하나님을 믿으니 또 나를 믿으라. 내 아버지 집에 거할 곳이 많도다. 그렇지 않으면 너희에게 일렀으리라. 내가 너희를 위하여 거처를 예비하러 가노니 가서 너희를 위하여 거처를 예비하면 내가 다시 와서 너희를 내게로 영접하여 나 있는 곳에 너희도 있게 하리라"(요 14:1-3). 네로가 무슨 대수입니까! 하찮은 관원들이 무슨 대수입니까? 세상과 지옥이 무슨 대수입니까? 날 위해 거처를 예비하러 가신 분이 다시 오실 것입니다. 이것이 그분의 약속입니다. 그분의 약속은 확실합니다.

이제 우리는 세 번째 요소로 나아가게 됩니다. 그것은 그분이 한결같으시다는 것입니다. 사도는 디모데후서 2장에서 아주 인상적인 방식으로 이 점을 설명하고 있습니다. "미쁘다, 이 말이여. 우리가 주와 함께 죽었으면 또한 함께 살 것이요 참으면 또한 함께 왕 노릇 할 것이요 우리가 주를 부인하면 주도 우리를 부인하실 것이라. 우리는 미쁨이 없을지라도 주는 항상 미쁘시니." 이것이 전부가 아닙니다. "자기를 부인하실 수 없으시리라"(11-13절). 이로 인해 감사드리십시오! 그분은 자신을 부인하실 수 없습니다. 우리는 한결같지 못하고 항상 변하지만 그분은 변하지 않으십니다. 그분의 성품은 변하지 않습니다. "예수 그리스도는 어제나 오늘이나 영원토록 동일하시니라"(히 13:8). 그분은 변할 수 없습니다! 그분은 변할 수 없다는 이것이 내 영혼의 닻 역할을 합니다. 나는 변할 수 있어도 그분은 변할 수 없습니다. 그분의 말씀은 진실하며, 그분은 변함없이 한결같으십니다. 그렇기 때문에 최악의 순간에도 다음과 같이 말할 수 있습니다.

무섭게 바람 부는 밤
물결이 높이 설렐 때
우리 주 크신 은혜에
소망의 닻을 주리라.
굳건한 반석이시니

그 위에 내가 서리라.

그 위에 내가 서리라.*

나는 그분의 사랑을 알고, 그분의 약속을 알고, 그분의 한결같으심을 알고, 그분의 힘과 능력을 압니다. 어떤 이는 찾아와서 말할지 모릅니다. "다 좋습니다. 나사렛 예수가 아주 훌륭한 분이라는 말은 기꺼이 받아들이겠습니다. 그러나 그는 죽어서 사라졌고, 당신은 여전히 세상에 살고 있습니다. 삶은 더럽고 악하고 비열하며, 죽음은 다가오고, 상황은 전부……. 그런데도 괜찮겠습니까?" 물론 괜찮습니다! "내가 의탁한 것을…… **능히** 지키실 줄을 확신함이라." "그걸 어떻게 압니까?"라고 묻는 이도 있을 것입니다. 제가 그것을 아는 것은 그분이 이미 "사망을 폐하시고…… 생명과 썩지 아니할 것을 드러내셨기" 때문입니다. 제가 그분에 대해 아는 바는 이것입니다. 그분은 세상에 계셨고, 그 당시 세상은 지금 세상과 똑같았습니다. 저는 그분이 "모든 일에 우리와 똑같이 시험을 받으신 이로되 죄는 없으"셨다는 것을 압니다. 마귀가 직접 그분을 시험했지만 넘어뜨리지 못했다는 것을 압니다. 이것은 마귀가 모든 세력을 끌어 모아 덤볐는데도 그리스도께 패했다는 뜻입니다. 그분은 마귀를 쫓아내셨고, 모든 악한 세력을 정복하셨습니다. 그분이 하실 수 없는 일은 하나도 없었습니다.

그러자 마귀가 마지막 승부수를 던졌습니다. 자기가 가진 죽음

* 찬송가 539장 2절.

의 권세로 그분을 죽이고 완전히 끝장냈다고 생각한 것입니다. 그러나 우리는 무슨 일이 일어났는지 알고 있습니다. 그분은 부활하셨습니다! 죽음을 폐하시고 무력화하시며 산산조각 내셨습니다. 사망의 줄을 끊고, 무덤을 밟고 살아나셨습니다. 생명과 썩지 아니할 것을 드러내셨습니다! 마지막 원수가 정복되었습니다! 능히! "내가 확신하노니 사망이나 생명이나 천사들이나 권세자들이나 현재 일이나 장래 일이나 능력이나 높음이나 깊음이나 다른 어떤 피조물이라도 우리를 우리 주 그리스도 예수 안에 있는 하나님의 사랑에서 끊을 수 없으리라"(롬 8:38-39).

사랑하는 여러분, 한 가지 묻겠습니다. 여러분은 확신하고 있습니까? 이것들을 확신하고 있습니까? 삶의 한복판에서 이것들을 확신하고 있습니까? 그분에 대해, 그분이 누구시며 무슨 일을 하셨는지에 대해 확신하고 있습니까? 이것들을 확실히 알고 있습니까? 그분을 신뢰하며 그분에게 자신을 드리고 여러분의 영원한 장래를 의탁했습니까? 그분이 지금 여러분의 삶을 지배하며 다스리고 계십니까? 여러분은 그분과 그 힘의 능력을 의지하고 있습니까? 이 같은 자리에 와 있습니까? 확신하고 있습니까? 그분에게 다시 귀를 기울여 보십시오. 그분의 말씀을 들어 보십시오. "내가 온 것은 양으로 생명을 얻게 하고 더 풍성히 얻게 하려는 것이라." "내가 온 것은 잃어버린 자를 찾아 구원하려 함이니라." 그분의 말을 들으십시오!

그 말은 사실일까요? 그분을 믿는 자들, 그분을 확신하는 자들, 그분에게 자신을 의탁하고 의지한 자들의 말을 들어 보십시오. 이 사람 바울과 다른 사도들, 로마의 경기장과 다른 많은 곳에서 사자의 먹이로 던져진 무명의 사람들이 하는 말을 들어 보십시오. 지금도 로마 외곽에 있는 무덤들에 묻힌 자들의 말을 들어 보십시오. 순교자들과 증거자들, 종교개혁자들, 서약자들의 말을 들어 보고, 시대와 상관없이 하나님의 백성들을 찾아 그들의 말을 들어 보십시오. 전부 똑같은 말을 할 것입니다. 그분은 "능히!" 도우십니다! 기꺼이 도우십니다! 더 이상 의심할 필요가 없습니다. 여러분은 이것을 확신하고 있습니까?

그대 지쳤는가, 연약한가,
몹시 괴로운가?
"내게로 오라" 하는 이 있네.
"와서 쉼을 얻으라" 하네.

그가 정말 내 인도자라면
날 이끄신다는 표시가 있을까?

그 대답은 "그렇다!"는 것입니다.

그 손과 발에 상처가 있구나.
옆구리에도.

왕처럼 그 머리에
왕관이 있는가?

그분을 찾기 위해 궁전이나 위대하고 강한 자들이 있는 곳으로 가야 할까요?

    그렇다네, 분명히 왕관이 있다네.
    그러나 가시로 만든 관이라네.

이제 "그후로 그들은 행복하게 살았습니다"라고 말하면 그만일까요? 하늘 열차를 타고 장미 침대에 누워 천국으로 가면 그만일까요? 아니, 그렇지 않습니다!

    많은 슬픔, 많은 수고,
    많은 눈물.

    계속 그의 곁에 있으면
    결국 무엇을 해주실까?

이 "결국"이 문제입니다.

    슬픔은 사라지고, 수고는 끝나고,
    요단 강을 건넌다네.

그분은 사망의 쏘는 것을 제하셨습니다. "내게 사는 것이 그리스도니 죽는 것도 유익함이라." "요단 강을 건넌다네!"

나를 영접해 달라고 청하면
안 된다고 하실까?

그분은 지금까지 내가 지은 모든 죄를 일깨우실까요? 내 마음이 얼마나 더러운지 일깨우실까요? "나를 영접해 달라고 청하면 안 된다고 하실까?"

천지가 사라지지 않는 한
그럴 리 없네.
찾고, 계속 따르고, 씨름하면
확실히 축복해 주실까?

그 다음 말을 들어 보십시오!

성도와 사도와 선지자와 순교자들이
대답하네. "그렇고 말고!"*

오, 여러분이 "그렇고 말고"라는 이 말을 들을 수 있기를! 그분은 친히 말씀하셨습니다. "내게로 오라." 시대를 막론한 증인들의 말을 들어 보십시오. "성도와 사도와 선지자"의 말을 들어 보십시오. 화형당한 순교자들, 스미스필드나 옥스퍼드에서 죽은 자들의 말을

* 존 니일John M. Neale, '그대 지쳤는가, 연약한가Art Thou Weary, Art Thou Languid.'

들어 보십시오. 어디에서 죽은 자들이든 그들에게 가서 물어 보십시오. "성도와 사도와 선지자와 순교자들이 대답하네." 오, 저도 "그렇고 말고!"라고 말할 수 있다면! 성도와 사도와 선지자와 순교자들이 부르는 이 놀라운 합창을 지휘할 수 있다면 무엇을 내놓지 못하겠습니까? 여기 위대한 하늘의 합창대가 있습니다. 소프라노와 알토와 테너와 베이스가 있습니다. 저는 그들에게 묻습니다. "여러분의 대답은 무엇입니까?" 그들의 대답이 들립니까? "성도와 사도와 선지자와 순교자들이 대답하네. '그렇고 말고!'" 그렇고 말고! "그러니 그를 신뢰하라"고 그들은 말합니다. 그분을 신뢰하십시오! 여러분의 영혼을 그분에게 의탁하십시오! 그분이 여러분을 영접하시고 지켜 주실 것입니다.

> 어떤 권세인들 그토록 사랑하시는 분에게서
> 내 영혼을 떼어 놓을 수 있으랴?
> 삶? 죽음? 세상? 지옥?
> 아니! 난 영원히 그의 것이라네.

사랑하는 여러분, 확신하십시오. 여러분의 영혼과 영원한 행복을 그분에게 의탁하십시오. 그러면 세상에 살면서 무슨 일을 겪든 항상 말할 수 있을 것입니다. "내가 또 이 고난을 받되 부끄러워하지 아니함은 내가 믿는 자를 내가 알고 또한 내가 의탁한 것을 그날—영광스러운 날—까지 그가 능히 지키실 줄을 확신함이라."